Regina Stockmann

MIT DEM WOHNMOBIL INS MÜNSTERLAND

und in den Teutoburger Wald

Die Anleitung für einen Erlebnisurlaub

womo®
DER WOHNMOBIL-VERLAG
D-36452 Kaltennordheim
OT Mittelsdorf

Die Deutsche Bibliothek – CIP-Einheitsaufnahme

Bibliografische Information der Deutschen Bibliothek

Die Deutsche Bibliothek verzeichnet diese Publikation in der Deutschen Nationalbibliografie.
Detaillierte bibliografische Daten sind im Internet über <http://dnb.ddb.de> abrufbar.

Titelbild: Schloss Hülshoff, Geburtsort von Annette von Droste-Hülshoff, (Tour 4)

Bild in vorderer Klappe: Externsteine vor dem Teutoburger Wald (Tour 10)

Karten: Joana und Regina Stockmann
Bildnachweise: vordere Klappe: AdobeStock/mojolo, Seite 175 oben: drei Fotos mit freundlicher Genehmigung von NaturZoo Rheine, Seite 194 oben: mit freundlicher Genehmigung von Reinhard Stockmann, Motorradmuseum Ibbenbüren.
Alle weiteren Fotos: Regina und Lars Stockmann

1. Auflage - 2022

Druck:
Louis Hofmann Druck- und Verlagshaus GmbH und Co KG, 96242 Sonnefeld

Vertrieb:
GeoCenter GmbH, 70794 Filderstadt

Herausgeber:
WOMO-Verlag, OT Mittelsdorf, 36452 Kaltennordheim
GPS: N 50°36'38.2" E 10°07'55.6"

Fon: 0049 (0) 36946-20691
Fax: 0049 (0) 36946-20692
eMail: verlag@womo.de
Internet: www.womo.de

Autoren-eMail: Stockmann@womo.de

ISBN 978-3-86903-581-9

EINLADUNG

Wir machen uns auf den Weg durch das Münsterland und den Teutoburger Wald – eine sehr vielfältige Region im Westen Deutschlands. Ziel dieses Buches ist es, Ihnen sowohl die bekannten Highlights wie Schlösser und Altstädte zu zeigen, die kleinen Sehenswürdigkeiten am Wegesrand und besonders auch die vielen überraschend wilden Naturschutzgebiete der Region. Sowohl zu Städten und Sehenswürdigkeiten als auch den Naturlandschaften habe ich genaue Fußwege direkt vom Parkplatz oder Stellplatz aus beschrieben, so dass Sie nichts verpassen und alles finden!

Bekannt ist das Münsterland für seine Parklandschaft und die vielen Schlösser. Einhundert an der Zahl liegen am so benannten Radweg. In diesem Buch sind diejenigen beschrieben, die mit dem WOMO oder auf kurzen Fußwegen erreichbar sind. Die Schlösser haben mich vor allem in ihrer Unterschiedlichkeit überrascht, von romatisch an Gräften gelegenen Häusern über wehrhafte Gemäuer bis zu prachtvollen Prunkbauten. Auch historische Stadtkerne, von Heimatvereinen liebevoll gepflegte mittelalterliche Bauten und Museen zeugen von Geschichte und Kultur der Region. Wer weiter in die Vergangenheit eintauchen möchte, kann eine Turmhügelburg, eine Landwehr oder auch eines der Freilichtmuseen besuchen.

Die Naturschutzgebiete und Naturlandschaften möchte ich Ihnen besonders an Herz legen. Sei es der Spaziergang zu einer Aussicht, rund um einen Moorsee oder eine Wanderung in eines der vielen Venngebiete der Region. Im Buch sind viele kleine und größere Ausflüge in die Natur beschrieben. Die wilden, renaturierten Flussauen an der Ems und die Weite in den stillen Venngebieten des Münsterlandes haben mich sehr überrascht ebenso wie beeindruckende Aussichtspunkte in Münsterland und Teutoburger Wald.

Ich wünsche mir, dass dieses Buch Ihnen dabei hilft, Ihre persönlichen Highlights des Münsterlandes zu entdecken und zu genießen und wünsche Ihnen dabei allzeit gute Fahrt und viel Freude

Ihre Regina Stockmann

Warendorf

In der historischen Altstadt können wir Pferdestatuen und anderes tierisches Zierwerk suchen. Der Park am Emssee und die renaturierten Auen sind beeindruckende Landschaften.

Tour 2, Seite 32

Lüdinghausen

Vischering und Lüdinghausen sind zwei Burgen mit unterschiedlichem Charakter. Der Ort steht stellvertretend für die vielen Burgen und Schlösser des Münsterlandes.

Tour 3, Seite 70

Wildpferdebahn

In der Wildpferdebahn im Meerfelder Bruch leben etwa 400 Pferde ganzjährig frei. Diese ungezähmte Seite des Münsterlandes lädt zum Spazieren und Wandern ein.

Tour 4, Seite 84

Billerbeck

Die Perle des Münsterlandes punktet mit der Kombination aus historischem Zentrum und den Auen an der Berkel. Historische Bauten finden sich in vielen kleinen Orten.

Tour 4, Seite 98

Zwillbrocker Venn

Flamingos im Münsterland? Von Februar - September können sie von einem Turm aus beobachtet werden. Gut angelegte Wege ermöglichen einen entspannten Besuch.

Tour 5, Seite 111

Burgsteinfurt

Wir entdecken die historische Altstadt mit Kopfsteinpflastergassen, die romantische Burg und den weitläufigen Landschaftspark Bagno. Ein abwechslungsreiches Programm!

Tour 6, Seite 156

Emsaue Hembergen

Für uns war die renaturierte Ems bei Emsdetten ein ganz besonderes Highlight an einem frühen Wintermorgen. In der Nähe warten weitere unerwartet wilde Naturräume.

Tour 7, Seite 171

Tecklenburg

Großartig ist die Aussicht von der Ruine der Tecklenburg. Neben dem historischen Zentrum und den Festspielen lockt außerdem der Teutoburger Wald zu Spaziergängen.

Tour 8, Seite 214

Hagen am Teutoburger Wald

Gelegen in einer flachen Senke des Teutoburger Waldes bieten die Hänge rund um das Zentrum von Kirschanbau und Pferdesport wunderschöne Aussichten.

Tour 9, Seite 225

Externsteine

Externsteine und Hermannsdenkmal sind die Touristenmagnete des südlichen Teutoburger Waldes. Unbedingt lohnend sind die umliegenden, weiten Waldgebiete!

Tour 10, Seite 256

Inhaltsverzeichnis

Gebrauchsanleitung

Aufbau dieses WOMO-Führers

In der hinteren Umschlagklappe finden Sie eine Übersichtskarte der Touren durch Münsterland und Teutoburger Wald. Hier können Sie sich eine erste Orientierung verschaffen.
Jedes Kapitel beginnt mit einer Tourenkarte, auf der Stell- und Campingplätze eingetragen sind sowie die wichtigsten Sehenswürdigkeiten wie Schlösser und Burgen, historische Stadtzentren und Highlights in der Natur. Dazu beginnt jedes Kapitel mit einer kurzen Einleitung, die den Hauptcharakter der Tour beleuchtet.

Die Gestaltung der Touren

Für das Münsterland führen die Touren wie Kleeblätter von Münster weg und bogenförmig wieder in die Nähe der Stadt mit Ausnahme von „Westen - Grenzland“ . So können Sie die Touren sehr unterschiedlich kombinieren je nach Ihren Wünschen. Außerdem können Sie an vielen Stellen zwischen den Touren wechseln. Schließllich bietet die bogenförmige Tourengestaltung den Vorteil, dass Sie sich an den Besichtigungs- und Wandervorschlägen einer Tour orientieren können, auch wenn Sie an einem festen Ort Urlaub machen.
Die Touren bieten einen möglichst vollständigen Überblick über die jeweiligen Sehenswürdigkeiten, um Ihnen eine Wahl zu geben zwischen großen Highlights und kleinen Entdeckungen.

Stadtrundgänge – Finden statt suchen

Die Beschreibung der einzelnen Ortschaften oder Ziele beginnt mit einer kurzen Einleitung und manchmal einem Info-Kasten. Dann folgt die konkrete Beschreibung der jeweiligen Sehenswürdigkeiten. Stell- und Campingplätze werden erst im Anschluss daran angegeben.
Damit Sie **nicht suchen müssen und nichts verpassen**, sind anschließend oft **Stadtrundgänge** beschrieben, die vom jeweilgen Parkplatz oder WOMO-Stellplatz starten und die Sehenswürdigkeiten anlaufen. Wo dies nicht der Fall ist, stehen bei den WOMO-Stellplätzen unter „Hinweis“ oft **stichpunktartige Wegbeschreibungen**.

Wandern im Münsterland

Ebenso wie Stadtrundgänge sind auch viele kurze Wanderungen und Spaziergänge beschrieben oder aber es wird auf gut beschilderte Wanderungen hingewiesen. Falls Sie mehr wandern möchten, schauen Sie bitte in Reisetipps unter „Wandern“.

Parkplätze für WOMOs
Was nützen die schönsten Sehenswürdigkeiten, wenn Sie sie nicht erreichen können? Ich habe mich deshalb bemüht, überall Parkplätze herauszusuchen, die auch für WOMOs geeignet sind. Die Angabe „nur für kleine WOMOs“ bedeutet etwa eine Länge von 6 – 6,50 Meter und eine Breite, die die eines Transportes nur wenig übersteigt. Wie gut sich ein einzelner Platz aber eignet, hängt von der aktuellen Belegung ab und von den Fähigkeiten des Fahrers – wer beruflich mit LKW rangiert, kann über manche Platzprobleme wahrscheinlich nur lächeln! Bitte überprüfen Sie, wenn Sie unsicher sind, möglichst einen Parkplatz zuerst zu Fuß, ehe Sie anschließend Schwierigkeiten haben!

Straßen im Münsterland
Im Münsterland liegen viele Gehöfte verstreut. Um diese Ansiedlungen an größere Straßen anzubinden, gibt es viele schmale, teils einspurige Straßen, manchmal auch ohne Seitenstreifen. Mein Navi hat mich immer wieder auf Strecken geschickt, bei denen ich froh war, nur mit der Breite eines Transporters unterwegs zu sein. Bitte berücksichtigen Sie dies mit großen Fahrzeugen.

Stell- und Campingplätze
Da viel meiner Recherche während des Corona-Lockdowns stattgefunden hat, zeigen manche Stellplatzbilder keine Fahrzeuge. Dies sagt nichts aus über ihre Beliebheit!

Öffnungszeiten und Preise
Zu fast allen Sehenswürdigkeiten und Stell-/Campingplätzen habe ich aktuelle Preise und Öffnungszeiten angegeben, um Ihnen eine Vorstellung zu geben, was Sie erwartet. Diese können sich jedoch jederzeit ändern, vor allem nach den Corona-Einschränkungen der letzten Jahre.

Bitte um Mithilfe
Informationen können sich ändern, Stellplätze werden neu angelegt oder geschlossen, Sehenswürdigkeiten anders präsentiert. Natürlich werde ich selbst regelmäßig vor Ort recherchieren, aber **ich kann nicht so viel reisen und überprüfen, wie die WOMO-Lesergemeinde zusammen!** Deshalb bitte ich Sie, mir zu melden, wenn eine Information nicht mehr aktuell ist! Sie können dazu das Info-Blatt am Ende des Buches verwenden, das Forum des WOMO-Verlages oder mich direkt kontaktieren unter Stockmann@womo.de. Herzlichen Dank!

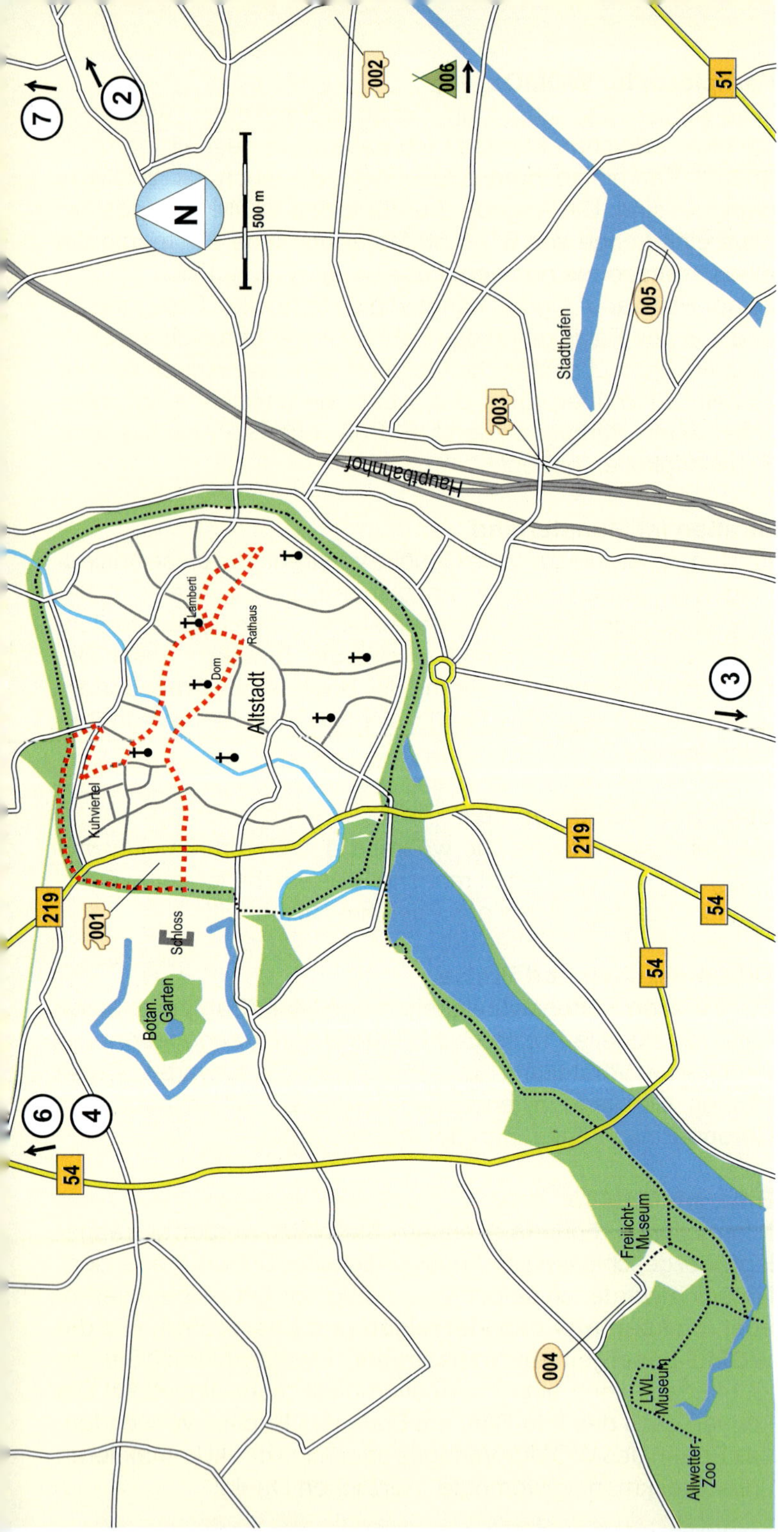

N
500 m
Hauptbahnhof
Stadthafen
Altstadt
Dom
Lamberti
Rathaus
Kuhviertel
Schloss
Botan. Garten
Freilicht-Museum
LWL Museum
Allwetter-Zoo
001
002
003
004
005
006
219
54
51
2
3
4
6
7

TOUR 1 Münster – Grünes Zentrum

Stellplätze:	Schlossplatz Nord, Am Ostbad, Bahnhof, Mühlenhof, Am Kanal
Campingplätze:	Campingplatz Münster
Besichtigen/ Stadtrundgang:	Altstadt, Allwetterzoo, LWL-Museum für Naturkunde, Mühlenhof-Freilichtmuseum, Hafen
Spaziergang/ Wandern:	Promenade, Aasee, Botanischer Garten

Münster ist Dreh- und Angelpunkt unserer Touren. Deshalb widmen wir der Stadt ein eigenes Kapitel. Tage und Wochen können wir in Münster verbringen, um die vielen Facetten und Attraktionen kennen zu lernen. Münster gilt als Fahrradstadt, Stadt der Kirchen und lebendige Studentenstadt. Die Altstadt mit dem Prinzipalmarkt, das Schloss mit Botanischem Garten, der Aasee mit seinem Parkgelände und der Stadthafen sind beliebte Ziele. Dabei befinden sich historische Gebäude manchmal in direkter Nachbarschaft zu modernen, ein spannender Wechsel. Glockenspiele und das Glockengeläut von einer der vielen Kirchen scheinen in Münster allgegenwärtig, so entstand das Sprichwort: „Entweder regnet es in Münster, oder es läuten die Glocken. Geschieht beides gleichzeitig, ist Sonntag". Münster mit seinen 316.000 Einwohnern, davon etwa 55.000 Studenten, ist Sitz des gleichnamigen Regierungsbezirks, des Verfassungs- und Oberverwaltungsgerichts von NRW, des Bistums und mehrerer Universitäten.

Fürstbischöfliches Residenzschloss Münster – Damm des Zitadellengrabens

Buddenturm

Münster – Geschichtssplitter

An der Stelle einer kleinen sächsischen Siedlung an der Furt über die Münstersche Aa gründete der friesische Missionar Liudger 793 ein Kloster. Daher rührt auch der Name der Stadt: lateinisch „monasterium“ bedeutet Kloster. Nach der Ernennung Liudgers 805 zum Bischof begannen die Bauarbeiten des ersten Doms.

Im 12. Jahrhundert erhielt Münster Stadtrechte und die Stadtbefestigung wurde gebaut. Im 14. Jahrhundert wurde die Stadt Mitglied der Hanse, des großen norddeutschen Handelsverbandes. Dies führte zu Reichtum und die Händler bauten sich repräsentative Kaufmannshäuser wie heute noch am Prinzipalmarkt zu sehen.

Als nach 1520 die Idee der Täufer in deutsch- und niederländischsprachigen Teilen Europas um sich griff, hatte dies besondere Auswirkungen auf Münster. Die wortgetreue Auslegung des Neuen Testamentes, derentwegen sie zum linken oder radikalen Flügel der Reformation gerechnet wurden, kam in den 1530'ern auch in Münster an. Konflikte mit dem römisch-katholischen Klerus und Unterstützung durch die Handwerkergilden führte zur Gründung des Täuferreiches von Münster und in der Folge zu gewaltsamen Auseinandersetzungen. 1535 wurde Münster von protestantischen Truppen zurückerobert. Drei gefolterte und hingerichtete Anführer der Täufer wurden am Turm von St. Lamberti in Metallkörben öffentlich ausgestellt. Die Körbe sind heute noch zu sehen.

1648 wurde im Friedenssaal von Münster der Westfälische Friede unterzeichnet. Er beendete den Dreißigjährigen Krieg um die Vormachtstellung im Heiligen Römischen Reich und in Europa und den Spanisch-Niederländischen oder Achtzigjährigen Krieg.

Bis 1801 blieb die Stadt unter der Regentschaft der Fürstbischöfe, dann wurde sie von preußischen Truppen und 1806 von den französischen Truppen Napoleons besetzt. Durch den Wiener Kongress 1815, der Europa nach der Niederlage Napoleons neu ordnete, wurde Münster wieder Preußen zugeschlagen und Hauptstadt der Provinz Westfalen.

Wirtschaftlicher Aufschwung und Eingemeindungen ließen Münster 1915 zur Großstadt mit mehr als 100.000 Einwohnern wachsen.

Während des Nationalsozialismus war Münster Sitz der Gauleitung „Westfalen-Nord“, die für die fürchterliche und massenhafte Ermordung von Juden, Sinti, Roma und anderen verantwortlich zeichnete. Als „Löwe von Münster“ wurde der Münsteraner Bischof Clemens August Graf von Galen bekannt, der in Schriften und Predigten öffentlich gegen die Massenvernichtung eintrat.

Gegen Ende des zweiten Weltkrieges wurde Münster massiv bombardiert, was neben unfassbarem Leid auch zur Zerstörung von über 90% der Altstadt führte. Ein Teil der Altstadt wurde nach dem Krieg auch auf Wunsch der Bewohner wieder originalgetreu oder nahe am Original aufgebaut.

Schloss, Seitenflügel

Um etwas Übersicht in einen Münster-Besuch zu bringen, teilen wir die Stadt in drei Bereiche: die Altstadt und das Schloss mit einem Stadtrundgang, den Aasee und die umliegenden Ziele und als drittes den Stadthafen. Am Ende folgen Infos zur Münstercard und WOMO-Stellplätzen.

Wir beginnen unsere Entdeckung Münsters in der Altstadt.

Das Zentrum der Altstadt erstreckt sich zwischen dem Dom mit seinem großen Domplatz und der „Guten Stube“ Münsters, dem historischen Straßenzug Prinzipalmarkt mit edlen Boutiquen. Interessanterweise öffnet sich der Prinzipalmarkt zur Sankt Lamberti-Kirche, während der Dom auf seiner Rückseite liegt. Das Historische Rathaus mit dem Friedenssaal befindet sich am südlichen Ende des Prinzipalmarktes. Umgeben ist die Altstadt von der Promenade, einer Radstraße mit Fußgängerwegen, die die Altstadt entlang der ehemaligen Stadtmauer umrundet und durch eine Lindenallee verläuft. Doch jetzt zu den einzelnen Sehenswürdigkeiten:

Der heutige **St.-Paulus-Dom** ist der dritte Dombau an gleicher Stelle. Er wurde von 1225-1264 als frühgotische Basilika gebaut mit den monumentalen Maßen von fast 109 Metern Länge. Durch Wiederverwendung der beiden Seitentürme des Westbaus blieben romanische Stilelemente erhalten. Im Dom ist eine spätmittelalterliche astronomische Uhr ausgestellt, ein technisches Wunderwerk mit Kalender bis 2071. Die Grabkapelle des „Löwen von Münster“, August Kardinal von Galens, befindet sich daneben. Die Domkammer zeigt Goldschmiede- und Textilkunst des Doms aus zwölf Jahrhunderten.

Der Dom zu Münster mit Domplatz, im Hintergrund St. Lamberti

Das Krameramtshaus

Auf dem großen Domplatz findet Mittwoch- und Samstagvormittag der Wochenmarkt statt mit frischen Lebensmitteln, typisch westfälischen Spezialitäten und verschiedenen kulinarischen Angeboten.

Südlich des Doms liegen drei der vielen Museen Münsters: Das **LWL-Museum für Kunst und Kultur** ist in einem modernern Bau mit überwiegend flächigen Betonfassaden untergebracht. Es zeigt auf 7500 Quadratmetern Ausstellungsfläche eine Reise durch 1000 Jahre abendländische Kunst und Kultur vom Mittelalter bis in die Gegenwart und verfügt über eine Sammlung von 350.000 Objekten (Di-So 10:00-18:00, jeden 2. So im Monat bis 24:00, 9 €, ermäßigt 4,50 €, bis 17 Jahre frei, mit Münstercard frei). Benachbart befinden sich das Bibelmuseum und das Geomuseum der Universität.

Das **Historische Rathaus** mit seinem hochaufstrebenden, gotischen Schaugiebel vereinigt mehrere Bauten: Der ursprüngliche Fachwerkbau wurde um 1200 durch einen massiven Steinbau ersetzt, in dessen unterem Teil der Friedenssaal liegt. Noch hinter dem Prinzipalmarkt zurückliegend wurde das Gebäude zu Beginn des 14. Jahrhunderts erweitert bis zur Flucht der umgebenden Kaufmannshäuser. Um 1395 schließlich wurde ein vier Meter breiter Vorbau angelegt mit Bogengang und dem prachtvollen Giebel. An der Nordseite ist der Ansatz des Vorbaus an das alte Gemäuer deutlich zu erkennen. Nach den Kriegszerstörungen wurde zum 300. Jahrestag des Westfälischen Friedens der Friedenssaal wiederhergestellt, dessen Innenausstattung zuvor ausgelagert worden war und deswegen weitgehend unversehrt blieb. 1950 begann der Wiederaufbau des restlichen Gebäudes, finanziert durch die Kaufmannschaft und alle Bürger. Alleine die Rathauslotterie mit Losen zu je 50 Pfennig brachte 873.000 DM ein und damit fast die Hälfte der Gesamtkosten (Eintritt Friedenssaal: Di-Fr 10:00-17:00, Sa/So 10:00-16:00, 2 €, ermäßigt 1,50 €).

Das **Stadtweinhaus** von 1615 schließt sich nördlich an das Rathaus an. Hier wurden Weinvorräte gelagert und die Stadtwaage untergebracht. Der sich nach Norden erstreckende Prinzipalmarkt, Münsters „Gute Stube“ und Flaniermeile, war früher die „Haupt“-Marktstraße der Stadt. Hier reihen sich Giebelhäuser aus Baumberger Sandstein mit Bogengang im Erdgeschoss aneinander. Sie wurden nach dem zweiten Weltkrieg überwiegend originalgetreu, manchmal etwas vereinfacht wiederaufgebaut.

Am Prinzipalmarkt

Nach Norden geht der Prinzipalmarkt über in Roggen- und Fischmarkt. Hier erhebt sich **St. Lamberti** und bildet den Abschluss des Hauptmarktes. Örtliche Kaufleute finanzierten den Bau der spätgotischen Kirche, der 1375 begann und 150 Jahre dauerte. Auch St. Lamberti musste nach dem Krieg wieder aufgebaut werden. An der Südseite des Turms sind noch die Täuferkörbe zu sehen. In St. Lamberti hielt Bischof Clemens August Graf von Galen zwei seiner Predigten gegen die Massenmorde der Nationalsozialisten. Vom Turm der Kirche erschallt allabendlich zwischen 21 und 24 Uhr ein Kupferhorn, geblasen von der Türmerin, die nach mittelalterlicher Tradition halbstündlich die Anwohner informiert, dass alles sicher ist.

Auf der Chorseite des Doms liegt das älteste Gildehaus Münsters, das **Krameramtshaus** aus rotem Backstein mit gelben Sandsteinverzierungen. Es wurde 1589 gebaut für

Prinzipalmarkt und Lamberti-Kirche

die Kramergilde, die vor allem mit Luxusgütern handelte. Der niederländischen Delegation für die Verhandlungen des Westfälischen Friedens diente es als Unterkunft. Dahinter befindet sich das moderne, schwarz-weiße und in fließenden Formen gestaltete Gebäude der Stadtbücherei.

In der nordwestlichen Ecke der Altstadt befindet sich das Kuhviertel. Ende des 19. Jahrhunderts als „Ganovenviertel"

mit schlechten Wohnbedingungen und vielen sozialen Konflikten verschrien, ist es heute bekannt für eine lebendige Kneipenlandschaft und Kunstgewerbe. Mit der Pinkus Müller Brauerei ist hier die letzte der historischen Altbierbrauereien Münsters angesiedelt.

Das prachtvolle, barocke **Schloss Münster** wurde ab 1767 als Residenz für die Fürstbischöfe errichtet und grenzt direkt an den Westrand der Altstadt. In 20 Jahren Bauzeit ließ der Architekt Johann Conrad Schlaun die dreiflügelige Anlage aus hellem Baumberger Sandstein und rotem Backstein bauen. Die drei Flügel umfassen einen weiten Ehrenhof. Mehrfach wurde das Schloss im Zweiten Weltkrieg getroffen und brannte im März 1945 mehrere Tage, weil die Straßen Münsters so zerstört waren, dass keine Einsatzwagen herankommen konnten. Die Außenmauern blieben weitgehend erhalten, Teile der Einrichtung konnten gerettet werden. Zuerst blieb das Gebäude ohne Dach der Witterung schutzlos ausgesetzt und sollte abgerissen werden. Da jedoch alle Universitätsgebäude völlig zerstört

Das Schloss von der Parkseite

waren, wurde das Schloss als „weniger zerstörtes" Gebäude ab 1946 entkernt, wieder aufgebaut und 1954 offiziell zum Sitz der Westfälischen Wilhelms-Universität ernannt.

Täglich um 8:00, 12:00 und 18:00 spielt das Glockenspiel im Schloss, das im Schlossgarten besonders gut zu hören ist. Dreimal jährlich findet der Send, die größte Kirmes im Münsterland, auf dem Schlossplatz statt (Ende März, Mitte Juli, Ende Oktober).

Der **Botanische Garten** hinter dem Schloss alleine lohnt einen mehrstündigen Aufenthalt, und: Er ist kostenlos einschließlich der Gewächshäuser! Er wurde 1803 als Lehr- und Forschungsstätte gegründet. Mehrfach umgestaltet bietet er auf fünf Hektar rund um einen See Moor- und Heidelandschaft, Kalkmagerrasen, Pflanzen aus Australien, Neuseeland, den Alpen, Pyrenäen und dem Mittelmeerraum, Bauerngarten, Tropenhaus und neun weitere Gewächshäuser und mehr. Geplant ist ein Baum-Erlebnispfad. Finanziert wird der Park von der Universität und einem Förderkreis (15. März bis 14. Okt. 8:00-19:00, Winter 9:00 – 16:00, Pflanzenschauhäuser ab 11:00, Fahrräder, E-Scooter und Hunde sind nicht gestattet, Wege dürfen nicht verlassen werden).

Umgeben sind Schloss und Botanischer Garten von einem sternförmigen Schlossgraben mit fünf Spitzen. Er zeichnet die Bastionen der fünfeckigen Zitadelle von Münster nach, die 1661 zum Schutz der Stadt gebaut und an die Stadtmauer angeschlossen wurde. Die Zitadelle wurde 1764 geschleift, drei Jahre bevor der Bau des Fürstbischöflichen Schlosses an gleicher Stelle begann.

Im Botanischen Garten

In der Altstadt sind mehrere **Adelshöfe** erhalten. Als repräsentative Stadthäuser des münsterländischen Adels entstanden 18 dieser Bauten Ende des 17. und im 18. Jahrhundert.

Der östlich von St. Lamberti gelegene barocke **Erbdrostenhof** von 1757, den der Architekt diagonal auf ein rechteckiges Grundstück bauen ließ, gilt als prächtigste Anlage. Wenige Meter weiter liegt das **Stadtmuseum Münster**, das sich der Geschichte der Stadt von ihren Anfängen bis zur Gegenwart widmet (Di-Fr 10:00-18:00, Sa/So/Feiertag 11:00-18:00, Eintritt frei).

An der Königsstraße, die Richtung Süden verläuft, liegen das Pablo Picasso Museum und weitere ehemalige **Adelshöfe** (Reihenfolge stadtauswärts): Das **Pablo Picasso Museum** (Nr. 5) wird vom Druffelschen Hof beherbergt. Es verfügt mit 800 Werken über die umfangreichste Sammlung an Lithografien des Künstlers und beleuchtet in wechselnden Ausstellungen seine Schaffensperioden und Techniken (Di-So/Feiertage 10:00-18:00, 10 €, Schüler 4 €, mit Münstercard frei).Der Kettlersche Hof (Nr. 51-53) wurde modern wieder aufgebaut. Der Heeremannsche Hof von 1564 (Nr. 47) zeigt eine prächtige Renaissance-Front und beherbergt heute Tagungsräume der Uni Münster. Vom barocken Beverfoerder Hof von 1702 (Nr. 46) ist nur noch ein Seitenflügel teilweise original erhalten, die beiden anderen Flügel wurden an gleicher Stelle aber schlicht wiederaufgebaut. Der Oer'sche Hof von 1748 (Nr. 43) präsentiert sich als relativ schlichtes Backsteingebäude, heute ein Restaurant. Mit einer Backstein-Sandsteinfassade ist der Sendensche Hof gestaltet (Nr. 39), heute Sitz der Commerzbank. Gegenüber liegt St. Ludgeri, eine romanische Kirche aus dem 12. Jahrhundert und einer der ältesten Sakralbauten Münsters. Nach dem Brand von 1383 wurde das Dach erhöht und der

Die Promenade

Vierungsturm aufgestockt mit einem gotischen Geschoss und einem offenen Obergeschoss. Die beiden Westtürme wurden erst 1876 wieder aufgesetzt.

Kunst an der Promenade

Die **Promenade**, die lindengesäumte Radstraße rund um die Altstadt, gehört ebenfalls zu den Sehenswürdigkeiten Münsters. Mit 4,5 Kilometern Länge ist sie der schnellste Weg rund um die Stadt. An den Stellen der ehemaligen Stadttore wird sie von zehn Straßen gekreuzt, teils über Brücken oder Unterführungen. Entlang der Promenade verteilen sich mehrere kleine und größere Parks. An der Straße „Schlossplatz" nach Nordwesten und an der Mauritzstraße nach Osten sind noch die ehemaligen Torwärterhäuschen aus dem 18. Jahrhundert erhalten. Entlang der Promenade gibt es weitere Denkmäler zu sehen. Zu ihnen gehören: nördlich des Schlossplatzes eine Trümmerlok, die nach dem Zweiten Weltkrieg Trümmer aus der Stadt brachte, und auf der Rückseite des gegenüberliegenden Gebäudes der Lazarettbunker, getarnt als spätmittelalterliche Befestigungsanlage. Im nördlichen Abschnitt ist mit dem Buddenturm aus dem 12. Jahrhundert ein Teil der Stadtbefestigung erhalten. Der Zwinger aus dem 16. Jahrhundert in der nordöstlichen Ecke gehörte ebenfalls zur Stadtbefestigung und diente als Kaserne.

Der riesige **Promenadenflohmarkt** zwischen Schloss und Aasee findet im Mai, August und September statt, jeweils etwa Monatsmitte, mit rund 900 privaten und professionellen Verkäufern.

Überwasserkirche

Stadtrundgang Altstadt und Schloss, 3,5 km ohne Botanischen Garten

Wir starten am Parkplatz Schlossplatz Nord (GPS N 51°57'54.9" E 7°37'01.1"). Wir gehen zur Sichtachse zwischen beiden Parkplätzen, die mittig auf das Schloss zuläuft, und wenden uns Richtung Stadt. Die breite Straße Schlossplatz überqueren wir und spazieren geradeaus weiter in die Frauenstraße. Ihr folgen wir bis zur Überwasserkirche. Vor der Kirche gehen wir rechts über den Kirchplatz, überqueren die Aa und laufen geradewegs auf den Dom zu. Wer sich als Abstecher für das LWL-Museum für Kunst und Kultur interessiert, geht am Rande des Domplatzes nach rechts.

Wir überqueren den Domplatz leicht diagonal an der Kirche vorbei und auf die auffällige Glasfassade der Bezirksregierung zu. Vor dieser nach links sehen wir schon das Historische Rathaus. Am Rathaus biegen wir links ab und schlendern über den Prinzipalmarkt bis zur Lamberti-Kirche.

Bei dieser biegen wir rechts ab zum Krameramtshaus, das dem Chor der Kirche gegenüber liegt. Dahinter liegt der moderne Bau der Stadtbücherei. An dieser vorbei dem Straßenverlauf leicht rechts folgend biegen wir in der nächsten Linkskehre rechts ab in die breite Ringolsgasse mit Baum. An ihrem Ende leicht links blicken wir auf den Erbdrostenhof. Das Stadtmuseum liegt vom Ende der Ringolsgasse 50 m nach links.

Vom Erbdrostenhof gehen wir wenige Schritte zurück zur Ringolsgasse mit Baum, lassen sie aber rechts liegen. Statt dessen schlendern wir geradeaus auf der Salzstraße zurück zur Lamberti-Kirche. Dort biegen wir auf Höhe des Prinzipalmarktes rechts ab in Drubbel und Roggenmarkt in Verlängerung des Prinzipalmarktes. Dem Straßenverlauf folgen wir bis zum Rosenplatz, an dem die Brauerei Pinkus Müller ihren Stammsitz hat. Hier liegt das Kuhviertel und wir können zum Beispiel rechts von Pinkus Müller in der Kreuzgasse nach einem netten Café oder einer Kneipe stöbern. Am nördlichen Ende der Kreuzgasse treffen wir auf die Münzstraße und gehen nach rechts. Wir sehen den Buddenturm auf der anderen Straßenseite und können wenige Meter weiter die Straße Richtung Turm überqueren. Vom Turm aus gehen wir ein paar Meter stadtauswärts zur Promenade und biegen links ab unter die Lindenallee. Sie führt vorbei an der Trümmerlok, überquert die Straße Schlossplatz und erreicht wieder den Parkplatz.

An der Brücke über die Münstersche Aa

Jetzt sollten wir wieder Richtung Schloss gehen und an seiner linken Seite vorbei noch einen gemütlichen Spaziergang durch den Botanischen Garten hinter dem Schloss unternehmen.

Schön und oft übersehen ist der Rundweg auf dem Damm innerhalb des Zitadellengrabens, teils von hoher Allee gesäumt.

An den Aaseeterrassen

Jetzt wenden wir uns dem Bereich um den Aasee zu.

Der **Aasee** selbst ist ein flacher Stausee der Münsterschen Aa mit etwa 2,3 Kilometern Länge, einer Fläche von 40 Hektar und einer Tiefe von etwa zwei Metern. Vom Domplatz ist er nur 900 Meter entfernt. Gebaut wurde ein Damm hier schon 1660, um bei der Belagerung von Münster die Einwohner von der Wasserzufuhr abzuschneiden. Ein Dammbruch führte dann zur Überschwemmung der Stadt. Wegen der latenten Hochwassergefahr wurde ab 1914 mit dem Bau des heutigen Stausees begonnen und dazu die sumpfigen Aawiesen ausgehoben. Heute führt der See mit seinem großen Parkgelände zu angenehmem Klima in der Stadt, weil es die meist von Südwesten in die Stadt wehenden Luftmassen reinigt und kühlt.

Auf der Stadtseite wurden 2008 die Aaseeterrassen angelegt, genannt auch **Münsters schönste Freitreppe**. Zusammen mit der Seebühne sind sie kultureller Veranstaltungsort und umgeben von zwei Restaurants und Segelschulen und Bootsverleih.

Westerholtsche Wiese an der Aa am Nordrand des Aasees

Rund um den See befinden sich viele Skulpturen, die für die großen Skulpturenausstellungen 1977 bis 2007 geschaffen wurden. Die bekanntesten und zugleich ein Symbol der Stadt sind die **Giant Pool Balls** am Nordufer, Billardkugeln mit 3,5 Metern Durchmesser.

Mühlenhof-Freilichtmuseum

Etwa an der Mitte des langgestreckten Sees am westlichen Ufer warten drei Attraktionen auf Besucher:

Der **Allwetterzoo Münster** ist Nachfolger des bereits 1875 gegründeten zoologischen Gartens zu Münster und bekannt auch durch die ARD-Serie „Pinguin, Löwe & Co.“. Namensgeber des Zoos sind die überdachten Fußwege. Auf etwa 30 Hektar werden 300 verschiedene Tierarten gehalten und gezeigt, darunter viele afrikanische Tiere, Menschenaffen, Raubkatzen, Robben, verschiedenste Vögel und Tiere im Streichelzoo. Bei der Elefantenfütterung dürfen auch Besucher die Tiere verwöhnen. Das Westfälische Pferdemuseum Hippomaxx befindet sich auf dem Gelände (Parken GPS N 51°56‘57.7“ E 7°35‘12.9“, April-Sept. 9:00-19:00, Nov.-Febr. 9:00-17:00, März/ Okt. 9:00-18:00, online-Preise 17,90, ermäßigt 11,90, Kind 3-14 Jahre 9,90 €, alle Tickets: + 1 € an der Kasse + 1 € freiwilliger Artenschutzeuro, Münstercard 50% Rabatt, Feierabendtickets ab 16:00 10,90/ 10,90/ 5,90 €)

Das **LWL-Museum für Naturkunde mit Planetarium** zeigt auf gut 4000 Quadratmetern die Dauerausstellungen „Westfälische Artenvielfalt im Wandel, eine Zeitreise“ und „Dinosaurier, die Urzeit lebt“ sowie wechselnde Sonderausstellungen. Im 2021 modernisierten Planetarium werden der an die Deckenhalle projizierte Kosmos und seine Erforschung in beeindruckenden Bildern erklärt. (Parken s. Zoo, Di-So 9:00-18:00, 7,50, ermäßigt 4 €, bis 17 Jahre frei, mit Münstercard frei).

Die Dritte im Bunde ist das **Mühlenhof-Freilichtmuseum**. Hier wird in 30 Gebäuden aus den letzten 400 Jahren vermittelt, wie die Menschen im Münsterland früher lebten, darunter Bauernhäuser, Werkstätten, eine alte Schule und Bauerngärten. In der Adventszeit werden während des Weihnachtsmarktes auf dem Gelände die Gebäude illuminiert (Parken GPS N 51°57'02.1" E 7°35'43.3", März-Nov. 10:00-18:00, Dez.-Febr. 10:00-17:00, 6 €, ermäßigt 4 €, Kind 6-16 Jahre 3,50 €, Familienkarte 15 €., mit Münstercard frei). Freilichtmuseum und Zoo sind durch einen Weg der Jahresbäume verbunden.

Um von der Stadt- bzw. Nordseite des Aasees zu den drei Attraktionen zu kommen, gibt es zwei Möglichkeiten: Direkt am Uferweg des Aasees entlang sind es etwa 3 km. Die gesamte Umrundung des Aasees ist etwa 7 km lang. In den Sommermonaten verbindet die **Aaseeschifffahrt** mit dem Solarschiff SOLAARIS Norden und Mitte des Sees (einfache Fahrt bis Freilichtmuseum/Allwetterzoo 5/7 €, Kind bis 14 Jahre 4/5,50 €, 15/30 min, Rundfahrt 10 €, Kind 8 €, Anf. April - Ende Okt., 10:00-18:00, mit Münstercard eine Fahrt frei)

Schließlich folgt als **letztes und drittes Besichtigungsziel** der **Stadthafen**. Seine Nordseite, der Kreativhafen, lockt mit vielen Restaurants, Cafés und Musik-Clubs. Hier lässt es sich entspannt zwischen *waterfront* und überwiegend neuen Hafengebäuden flanieren, einkehren oder die Stimmung mit einem Snack an der Kaimauer genießen. Die Kunsthalle Münster im Speicher II zeigt zeitgenössische Werke (Di-So 12:00-18:00, Eintritt frei). Einmal im Jahr findet im Juni das dreitägige Hafenfest statt, ein großes Spektakel und Volksfest mit buntem Programm. Der Stadthafen lässt sich von den Stell- und Parkplätzen (003) und (005) zu Fuß erreichen.

Abendstimmung am Hafen

Zuletzt folgt noch ein Hinweis auf die Museen in Münster, 26 an der Zahl werden gelistet, von denen einige bereits im Text genannt werden. Wer sich für weitere interessiert, kann unter www.museen-in-muenster.de die gesamte Liste und Informationen abrufen.

Schnell lohnt sich der Kauf der **Münstercard**. Sie bietet freien Eintritt in verschiedenen Museen, Teilnahme an Stadtführungen, kostenlose Tageskarte für den Münsterbus und ÖPNV, kostenlose Aaseerundfahrt, kostenlose Rad-Ausleihe an der Radstation Münster und 50% Ermäßigung für den Allwetterzoo (Verkauf online, googeln „Münstercard", Tageskarte 20 €, Kind 6-17 Jahre 12 €, als Zweitageskarte 30 €, Kind 16 €).

In Münster gibt es drei offizielle Stellplätze, zwei Stellplatzmöglichkeiten, einen Campingplatz östlich bei Wolbeck und einen Stellplatz bei Lauheide, der in Tour 2 vorgestellt wird.

(001) Offizieller WOMO-Stellplatz: Münster - Schlossplatz

GPS: N 51°57'55.2" E 7°37'01.9", Schlossplatz Nord. **Max. WOMOs:** 10+.
Ausstattung: Öffentliches WC.

Beschreibung: Sehr großer Schotterplatz in absolut zentraler Lage.
Preis: 22 € pro Tag, gilt von 7 – 21 Uhr, große WOMOs zahlen doppelten Preis. Kassenhäuschen besetzt bis 20:00, samstagabends Anreise nach Schließung Kassenhäuschen, morgens ab 7:00 2,50 €/ h.
Anfahrt: An der B 219 durch Münster bzw. der Beschilderung „Schloss" folgen.

(002) Offizieller WOMO-Stellplatz: Münster - Am Ostbad

GPS: N 51°57'33.4" E 7°39'31.8", Mauritz-Lindenweg. **Max. WOMOs:** 10.
Ausstattung: Keine.
Beschreibung: Stellplätze auf „normalem" Parkplatz, umgeben und bestanden mit einzelnen Bäumen, stadtnah, Plätze oft dauerbelegt, aber außerhalb der Schulzeit genug Platz auf dem Parkplatz.
Preis: Kostenlos.
Anfahrt: Auf der B 51 östlich um Münster fahren, Ausfahrt Wolbeck, Richtung Innenstadt, nach der Überquerung des Kanals 1. rechts, an der nächsten großen Kreuzung rechts, dann auf der linken Seite.
Hinweis: in die Stadt mit Rad: Mit Blick aufs Hallenbad nach rechts, an der Manfred-von-Richthofen-Straße rechts. An der Kreuzung mit dem Hohezollernring rechts ab, nächste (Lortzingstraße) links. In der Linkskehre geradeaus über den Platz und rechts, an der T-Kreuzung links. Am Ende nach rechts zur Warendorfer Straße, dort links. Unter der Eisenbahntrasse hindurch, Promenade kreuzen (das Schloss liegt auf der gegenüberliegenden Seite der Promenade, also in beide Richtungen gut 2 km entfernt). Straße um eine Rechtskehre folgen, vor der Stadtbücherei (ragt mit einer weißen Gebäudeecke zur Straße) links abbiegen Richtung Lamberti-Kirche (2 km zur Promenade, 2,4 km bis zur Lamberti-Kirche).

(003) Offizieller WOMO-Stellplatz: Münster - Bahndamm

GPS: N 51°57'07.4" E 7°38'09.6", Albersloher Weg. **Max. WOMOs:** 6.

Ausstattung: Keine.

Beschreibung: Der schlechteste der Stellplätze, hier nur der Vollständigkeit halber aufgeführt, Asphaltplatz mit einzelnen Bäumen zwischen Bahndamm und großer Kreuzung, laut, nah zum Hafen.

Preis: 1 €/ 30 min von 13:00-21:00, Fr/ Sa bis 23:00, So ab 11:00.

Anfahrt: Auf der B 51 östlich um Münster fahren, Ausfahrt Hafen/Gremmendorf am Gasometer, Richtung Zentrum/Hafen, am Hafenplatz vorbei, dann links.

(004) WOMO-Stellplatz: Münster Sportanlagen / LWL-Museum

GPS: N 51°57'02.1" E 7°35'43.2", Theo- Breider-Weg.

Max. WOMOs: 10.

Ausstattung: Keine.

Beschreibung: Parkplatz mit Bäumen im Grünen, nah am Aasee, sehr beliebt bei Wohnmobilisten.

Anfahrt: Beschilderung Allwetterzoo / LWL-Museum folgen.

(005) WOMO-Stellplatz: Münster - Am Kanal

GPS: N 51°56'57.0" E 7°38'47.9", Hafengrenzweg. **Max. WOMOs:** 10.

Ausstattung: Keine.

Beschreibung: Sehr langer und breiter Schotterstreifen direkt am Dortmund-Ems-Kanal 100 Meter südlich vom Stadthafen.

Anfahrt: Auf der B 51 östlich um Münster fahren, Ausfahrt Hafen/Gremmendorf am Gasometer, Richtung Zentrum/ Hafen, nach der Überquerung des Kanals 1. rechts.

Hinweis: 800 m zum Hafenplatz, wo die Hafenpromenade am nördlichen Kai startet.

(006) WOMO-Campingplatz: Münster - Münster

GPS: N 51°56'47.7" E 7°41'26.6", Laerer Werseufer. **Tel.:** 0251/ 311982.

Geöffnet: Ganzjährig.

Ausstattung: Moderne Sanitäranlagen, Gaststätte, Fahrradverleih, Spielplatz und -haus.

Beschreibung: Wohnmobilstellplatz mit Schotterrasen, Bäumen und Nutzung der Sanitärgebäude oder parzellierte, gepflegte Stellplätze.

Preis: WOMO-Platz 16 € inkl. Strom, Campingplatz 31,50 € inkl. 2 Pers.

Anfahrt: An der Wolbecker Straße Richtung Wolbeck/Freckenhorst direkt nach der Wersebrücke.

Hinweis: Entfernung zur Altstadt 5 km, 200 m zur Bushaltestelle Freibad Stapelskotten.

Bielefeld
Werther (WF)
Halle (WF)
Steinhagen
Tatenhausen
Versmold
Glandorf
Harkotten
Füchtorf
Vinnenberg
Milte
Sassenberg
Schachblumenwiesen
Harsewinkel
Marienfeld
Gütersloh
Verl
Kaunitz
Steinhorster Becken
Rietberg
histor. Altstadt
Rheda-Wiedenbrück
Herzebrock-Clarholz
Langenberg
Stromberg
Oelde
Westkirchen
Ostenfelde
Enningerloh
Warendorf
Histor. Altstadt
Freckenhorst
Einen
Emsaue
Ems
Everswinkel
Hoetmar
Sendenhorst
Albersloh
Rinkerode
Drensteinfurt
Telgte
Klatenberge
Westbevern
Ostbevern
Vadrup
Handorf
Wolbeck
Hiltrup
Hiltruper See
Münster
Motte
Rieselfelder
Bockh. Berge
Dortmund-Ems-Kanal
10 km
N

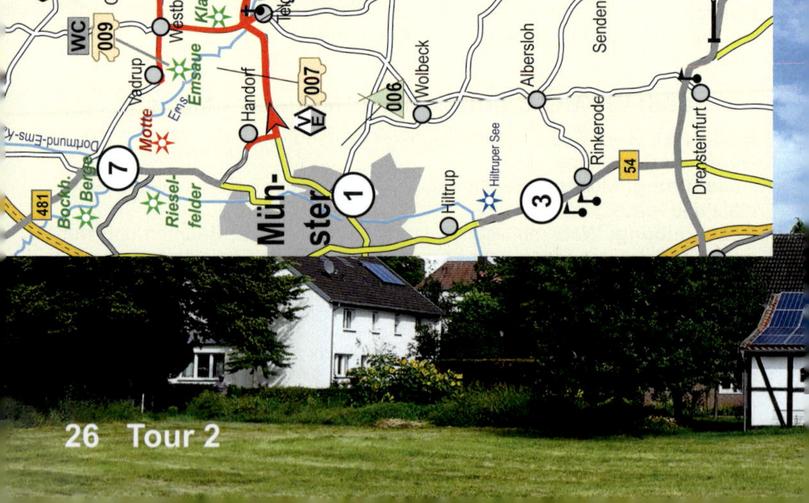

TOUR 2 180 km

Osten – Historische Stadtkerne

Telgte – Westbeveren – Warendorf – Harkotten – Versmold Gütersloh – Rietberg – Rheda-Wiedenbrück – Stromberg Oelde

Stellplätze:	Telgte, Warendorf, Sassenberg, Versmold, Harsewinkel, Gütersloh, Rheda, Herzebrock, Stromberg, Oelde
Campingplätze:	Warendorf, Sassenberg
Besichtigen/ Stadtrundgang:	Telgte, Warendorf, Freckenhorst, Schloss Harkotten, Kloster Marienfeld, Gütersloh, Rietberg, Rheda-Wiedenbrück, Klöster Herzebrock-Calrholz, Burg Stromberg
Spaziergang/ Wandern:	Emsaue Vadrup, Emsaue Einen, Schachblumenwiesen Sassenberg, Steinhorster Becken

Dies ist die Tour der historischen Stadtkerne. Mit Warendorf, Wiedenbrück und Rietberg erleben wir herausragende Beispiele mittelalterlicher und bürgerlicher Stadthäuser. Daneben liegen Wallfahrtsorte und Klöster an unserem Weg ebenso wie Burgen und ein Schloss. Mit Gütersloh erreichen wir eine entspannte Großstadt, in der sich Stadtleben vermischt mit Erholung im großen Stadtpark.

Für Naturliebhaber bietet die Ems mit drei Stationen Erlebnisse im Grünen in den beiden renaturierten Emsauen Vadrup und Einen sowie am Steinhorster Becken.

Altes Gehöft bei Verl

Wallfahrtskapelle Telgte

Das kleine **Handorf** am Flüsschen Werse war schon im 19. Jahrhundert beliebtes Ausflugsziel. Als Landgasthof setzt die Pleistermühle die Tradition der Kaffeewirtschaften fort mit großem Außenbereich sowie Minigolf-Anlage und Kanuverleih auf der fast strömungsfreien Werse (GPS N 51°57‘46.9“ E 7°42‘02.5“). Von hier führt ein schattiger Fußweg am Westufer der Werse nach Süden.

Westlich von Handorf liegt die Dyckburg-Kirche am Westfälischen Jakobsweg im Boniburger Wald, einem schönen Laubwaldgebiet, der zum Spazieren einlädt (GPS N 51°59‘10.4“ E 7°40‘47.2“). Nördlich an Handorf schließt sich militärisches Gelände an mit der Lützow-Kaserne der Bundeswehr sowie den Truppenübungsplätzen Dorbaum und Handorf-Ost.

Telgte ist Ziel einer großen Marienwallfahrt und liegt am Westfälischen Jakobsweg.

Telgte – Geschichtssplitter

Telgte entwickelte sich an einer wichtigen Furt durch die Ems, nach der sich die Handelsstraße vom Rhein teilte in Richtung Nord- und Ostsee. Seit 1651 findet jährlich eine große, regionale Wallfahrt zum Telgter Gnadenbild statt, eine Pietà von Maria mit dem Leichnam Jesu aus dem 14. Jahrhundert, und zieht bis 150.000 Wallfahrer in die Stadt.

Die gotische Hallenkirche St. Clemens stammt aus dem 16. Jahrhundert, die barocke Wallfahrtskapelle daneben von 1650. Die Große Mühle ist Sitz einer Ordensgemeinschaft.Westlich der Kirche erstreckt sich die historische Altstadt mit vielen Restaurants und Cafés.

Straßenzug in Telgte

Das Kornbrennerei-Museum wurde im Brennereigebäude von 1900 eingerichtet, die technischen Anlagen sind fast vollständig erhalten (geöffnet nur während Führungen/ Ausstellungen). Die Kulturspur, ins Pflaster eingelassene rote Steine, verbindet die Sehenswürdigkeiten der Stadt.

(007) Offizieller WOMO-Stellplatz: Telgte - Lauheide

GPS: N 51°59'54.2" E 7°45'14.4", Lauheide 3. **Max. WOMOs:** 100.
Ausstattung: V/E (nur Grauwasser), Strom inklusive.
Beschreibung: Gepflegtes, weitläufiges Wiesengelände, einzelne Bereiche für jeweils mehrere WOMOs sind durch Büsche getrennt.
Preis: 12,50 €.
Anfahrt: Am Eingang des Waldfriedhofs Lauheide Richtung Telgte, sofort rechts.
Hinweis: Münster ist mit der Buslinie 4 erreichbar und mit dem Rad (12 Kilometer zum Zentrum).
Das Gasthaus ist von morgens bis nachmittags geöffnet, Mi Ruhetag.

(008) Offizieller WOMO-Stellplatz: Telgte - Bushof

GPS: N 51°59'05.2" E 7°47'29.8", Emstor. **Max. WOMOs:** 6.
Ausstattung: Strom (Gebühr), max. 2 Nächte.
Beschreibung: markierte Schotterplätze mit Längsseiten zu Wiesenstreifen am Emsufer, nah zum Zentrum.

Preis: Kostenlos.
Anfahrt: Von Norden Richtung Zentrum vor Emsbrücke.
Hinweis: Zum Zentrum nach der Emsbrücke erste Straße rechts, an der folgenden Verzweigung rechts, Richtung Kirche, oder links, Richtung Marktplatz, als Rückweg bei der Mühle hinter der Kirche die Ems überqueren und durch den Park auf der anderen Emsseite zurück spazieren.
Emsspaziergang: Fußweg am Stellplatz nach links und über die Fußgängerbrücke, dann links, ab der nächsten Brücke wird die Ems auf beiden Seiten von Wegen begleitet.
Alternative: Offizieller Stellplatz Waldschwimmbad Klatenberg, ruhige Lage auf asphaltiertem Parkplatz, GPS N 51°59'33.2" E 7°47'12.1".

Ein Abstecher führt uns nach Ostbevern und zur **Emsaue Vadrup**. Hier wurden Altarme wieder angebunden und Flutrinnen gebildet. Dem Auerochsen ähnliche Heckrinder und Koniks, wildpferd-ähnliche Ponys, weiden ganzjährig frei im Gebiet. Zwei Aussichtstürme sorgen für Überblick.

Wanderung in die Emsaue Vadrup, 6,5 km

Start am Sportpark Vadrup GPS N 52°01'39.3" E 7°44'28.2". Wir folgen dem Weg parallel zur Landstraße an der Reithalle vorbei und biegen hinter dem Reitplatz rechts ab. Dem schmalen Sträßchen folgen wir um eine lange Links- und dann eine Rechtskehre durch typische Parklandschaft.

An der nächsten Kreuzung geht es geradeaus weiter durch ein kleines Waldstück und im Feld an der T-Kreuzung rechts. Weiter durch Felder erreichen wir eine Kreuzung, an der es rechts weitergeht. Zuerst sollten wir einen Abstecher geradeaus in die Emsauen unternehmen und an der alten Eiche links gehen zur Ems mit schönem Blick auf das wilde Gebiet auf der anderen Flussseite. Zurück an der Kreuzung biegen wir jetzt links auf den breiten Naturweg ab. Er führt vorbei an weiten Auwiesen, auf denen Koniks und Heckrinder weiden, sowie Aussichtpunkt auf die Emsschleife „Ringemanns Hals“. In der Rechtskehre gehen wir weiter geradeaus und können an einem Stall einen Storchenhorst sehen. An der nächsten Kreuzung führt ein kurzer Abstecher nach links zum Aussichtturm an der Ems. Auf dem Rückweg gehen wir an der Kreuzung geradeaus und auch an der nächsten Verzweigung. Dann überqueren wir die nächste Straße leicht nach rechts versetzt und kommen zurück zum Sportpark.

(009) Offizieller WOMO-Stellplatz: Telgte Isländerhof Beck

GPS: N 52°01‘11.7“ E 7°44‘21.3“ Sickerhook 22. **Max. WOMOs:** 5.
Ausstattung: Strom, Toilette.
Beschreibung: An der Rückseite der Reithalle mit Ausblick in die Emsausen.
Preis: 11 €, Strom 4 €
Anfahrt: In Vadrup Richtung Sportanlagen, nach Unterfahrung der L588 und vor dem Reitplatz der RuF links, Straße folgen, an Verzweigung im Wald rechts
Hinweis: Sehr guter Start für die Wanderung Emsaue Vadrup, Start vom Hof nach links, Fahrweg folgen um Linkskurve, an nächster Kreuzung rechts führt der Abstecher zur Alten Eiche.

(010) Offizieller WOMO-Stellplatz: Warendorf BeverBad Ostbevern

GPS: N 52°02‘11.0“ E 7°50‘38.2“, Hanfgarten 22. **Max. WOMOs:** 6.
Ausstattung: V/E, Strom (Gebühr), WC/Dusche im Bad.

Beschreibung: Von Hecken umgebenes Areal mit Rasengittersteinen, dadurch Privatsphäre, teilweise Schatten durch Bäume, schön angelegt.
Preis: Eine Nacht kostenlos, mehr oder Nutzung von V/E 10 € (inkl. Eintritt BeverBad für 2 Personen).
Anfahrt: B 51 am Kreisverkehr nach Ostbevern, 2. links.

Das frühere Zentrum von **Ostbevern** bilden die Pfarrkirche St. Ambrosius und das alte Pastorat, ein typisch westfälisches Hallenhaus. **Schloss Loburg** am östlichen Ortsrand ist umgeben von einem Schlosspark im englischen Stil mit einem großen Bestand an Rhododendren, die vor allem im Mai farbenprächtig blühen, sowie bis zu 100jährigen amerikanischen Douglasien.

Der Park ist frei zugänglich, das Schloss beherbergt ein privates Internat (GPS N 52°02'47.7" E 7°51'38.4"). Beim Gasthof Mersbäumer mit klassischer und moderner Küche, wie Tapas, dürfen WOMO-Gäste über Nacht bleiben (GPS N 52°02'35.3" E 7°52'33.7").

Der **Klatenberg**, ein Gebiet mit Kiefern-Mischwald und Wacholderheide, liegt an der Straße zwischen Westbevern und Telgte. Mitten im Heidegebiet mit seinen sandigen Wegen warten Aussichtsbänke und Picknicktisch auf Besucher (GPS N 52°00'28.1" E 7°46'46.5", dort Infotafel mit Wanderwegen).

Zurück in Telgte geht es in Richtung Warendorf weiter. Dabei kommen wir an **Einen** vorbei, wo 2009 die Renaturierung der Ems begann.

Die Ems – vom Münsterland in die Nordsee

Die Ems entspringt am Südrand des Teutoburger Waldes in der Senne und fließt über 371 Kilometer zuerst nach Nordwesten und ab Rheine nach Norden in die Nordsee. Dabei überwindet sie nur 134 Höhenmeter. Zur Trockenlegung der Uferwiesen und für den Landgewinn wurde die Ems vor allem im 19. Jahrhundert stark begradigt und in ein künstliches, mit Steinen befestigtes Flussbett gezwängt. Durch Renaturierungen und Durchstechen von Totarmen wurde der Flusslauf verlängert, es entstanden Flachwasserstellen genauso wie natürliche Uferböschungen und Überflutungs- und Aubereiche, wichtige Lebensräume für unzählige Tiere.

Rundweg Emsrenaturierung Einen, 4 km

Parken GPS N 51°58'22.0" E 7°53'54.4" an der Brücke nach Einen (nur kleine WOMOs). Vom Parkplatz wenden wir uns Richtung Brücke und vorher nach rechts auf den Naturlehrpfad am Ufer der Ems. Zuerst durch Wald und vorbei an einem Bienenhotel, dann zwischen Ems und Feldern entlang erreichen wir den Bereich der Renaturierung: Das Flussbett ist immer wieder durch kurze Dämme versperrt, so dass Totwasser entstehen, und der Fluss beschreibt Bögen, bildet sandige Bereiche und Steilufer. Wir überqueren einen fast abgeschnittenen Altarm und erreichen kurz danach den Aussichtsturm an der Lonn-Brücke. Hier warten ein Rastplatz und auf der anderen Seite der Brücke ein kleiner Strandbereich.

Lonn-Brücke über die Ems

Am Aussichtsturm biegen wir rechts ab. Dann treffen wir auf einen querverlaufenden Forstweg, den historischen Postweg zwischen Warendorf und Telgte. Diesem folgen wir nach rechts zurück nach Einen. Vorbei am Landcafé Altes Backhaus biegen wir hinter der Kirche St. Bartholomäus rechts ab. Schnell wird die Straße zum Fahrweg und bringt uns zur Ems, wo wir nach links auf dem schon bekannten Lehrpfad zurück zum WOMO gehen.

Mit **Warendorf** erreichen wir die **Stadt des Pferdes**, ein Mittelzentrum mit knapp 40.000 Einwohnern, das mit einem gut erhaltenen, historischen Stadtkern punkten kann.

Warendorf – Geschichtssplitter

Im Mittelalter entwickelte Warendorf sich zu einer wichtigen Handels- und Hansestadt aufgrund seiner günstigen Lage zwischen Münster und Oelde und durch Produktion und Handel mit Leinen. Ein Stadtbrand 1404 zerstörte weite Teile des Zentrums. 1826 wurde das Westfälische Landgestüt gegründet.

Die Pfarrkirche St. Laurentius wurde ab 1404 als gotische Hallenkirche mit einem mächtigen Turm gebaut. Seit dem 18. Jahrhundert ist sie Ziel von Wallfahrten zu Mariä Himmelfahrt. Das Historische Rathaus von 1404 wurde 1970 mit einem neugotischen Risalit ergänzt, dem vorspringenden Gebäudeteil um den Haupteingang. Den angrenzenden Markt umgeben historische Bürgerhäuser aus sechs Jahrhunderten, oft mit Blend- und Treppengiebeln geschmückt. Ein Blick nach oben lohnt, denn in luftiger Höhe sind Drachenköpfe und anderes Zierwerk zu finden.

Der Bentheimer Turm ist der Einzige von fünf Türmen der Stadtbefestigung aus dem frühen 14. Jahrhundert. In seiner Nähe befinden sich die Franziskanerkirche von 1673 sowie das zugehörige Kloster, heute Sitz des Westpreussischen Landesmuseums.

Marktplatz in Warendorf

Der Turm der Marienkirche, wuchtig und im Stil der Wehrtürme, gehörte zu einem ersten Bau von etwa 1200. Als dezentrales Stadtmuseum können fünf Gebäude besichtigt werden und sollen ein Bild von Arbeiten und Wohnen in der Stadt vermitteln: das Historische Rathaus, das Gadem, ein einfaches Arbeiterhaus (Zuckertimpen 4), ein klassizistisches Bürgerhaus (Klosterstraße 7), die Fabrikantenvilla Haus Bispinck (Münsterstraße) und das Torschreiberhaus am Osttor (Start/Info beim Historischen Rathaus, SO/Feiertags 15:00-17:00).

Das **Nordrhein-Westfälische Landgestüt Warendorf** mit etwa 100 Voll-, Warm- und Kaltbluthengsten kümmert sich um Zucht und Ausbildung von Zuchthengsten verschiedener Rassen. Angegliedert ist die Deutsche Reitschule mit Fortbildungen und Prüfungslehrgängen und etwa 50 Hengsten und Wallachen. Bei der Symphonie der Hengste im August und den klassischen Hengstparaden werden die Pferde und ihr Ausbildungsstand einem breiten Publikum vorgestellt.

(011) Offizieller WOMO-Stellplatz: Warendorf - Emsauen

GPS: N 51°57'16.4" E 7°59'57.9", Sassenberger Str. 26. M**ax. WOMOs:** 15.

Ausstattung: V/E, Strom (Gebühr), WC (tagsüber).

Beschreibung: Gepflasterter PKW-Parkplatz mit Unterteilungen durch Hecken und Bäume, hinterer Bereich ist für WOMOs ausgewiesen, zu kurz für lange WOMOs, trotzdem soll nicht quer gepark werden, direkt am Emssee.

Preis: Kostenlos.

Anfahrt: Richtung Sassendorf fahren, am Kreisverkehr der B 475 östlich des Zentrums 3. Ausfahrt, nach 1 km auf der linken Seite.

Alternative: Ausweichplatz am Wiesengrund, großes Gelände mit Schotter/Wiese an der Ems, keine Ausstattung, April - Sept. (GPS N 51°57'26.6" E 7°59'12.5"), zwei Plätze zwischen den Emsbrücken (direkt an der Straße)

Rundgang durch Warendorf und Emsseepark, 4,1 km

Vom Stellplatz gehen wir am Ufer des Emssees nach rechts vorbei an der Fußgängerbrücke bis zur Autobrücke. Hier biegen wir links ab über die Brücken über einen Ausläufer des Emssees und die Ems. Wir gehen geradeaus weiter und kommen zum Markt mit Historischem Rathaus. Etwa an der Mitte des Platzes biegen wir nach rechts ab und folgen der Fleischhauerstraße bis zur Hohe Straße.

Gegenüber sehen wir die Kirche St. Marien mit dem wehrhaften Turm. An der Hohe Straße biegen wir links ab und in der nächsten, Münsterstraße, wieder links. An der nächsten Kreuzung geradeaus erreichen wie die Straße Krickmarkt, den ehemaligen Pferdemarkt. An einem kleinen Platz gehen wir am vor Kopf stehenden Haus links vorbei. Um eine Linkskehre führt die Petersiliengasse zum Schweinemarkt. Von dort nach links blicken wir auf die Pfarrkirche St. Laurentius. Weiter geradeaus laufen wir auf das Scala Filmtheater zu. Dort rechts folgen wir der Straße auf Franziskanerkirche und -kloster zu. Direkt vor dem Gebäudeensemble halten wir uns links und dann rechts auf einen Fußweg außen am ehemaligen Klostergelände vorbei und zum Bentheimer Turm. Nach dem Parkplatz des Malteser Seniorenzentrums biegen wir links ab, an der Zufahrtstraße rechts und nach wenigen Metern auf einen Fußweg nach links. Um eine 90°-Kehre und über eine Brücke bringt uns in den Emsseepark. Hier gehen wir nach rechts und laufen erst durch eine Allee an der Ems entlang, dann am Damm des Emssees nach links an dessen Ufer entlang. Schließlich erreichen wir Fabrikgebäude, gehen rechts über die Fußgängerbrücke und dann nach rechts zum WOMO.
Für Familien mit Kindern: Wenn wir den Damm des Emssees überqueren, wartet am anderen Ende ein Piratenspielplatz auf kleine Abenteurer. Von dort nach links geht's zum WOMO.

Der Campingplatz Alsmann bei Warendorf empfängt seit Sommer 2021 nur noch Dauergäste.

Ein Abstecher nach Süden führt nach **Freckenhorst** mit dem Bauerndom St. Bonifatius und historischen Gebäuden.

Bauerdom Freckenhorst

Der wuchtige Bau mit fünf Türmen ist die Stiftskirche des im Jahr 854 gegründeten, adeligen Damenstiftes und wurde 1129 geweiht. Sie ist in wesentlichen Bauteilen original erhalten und gilt als eine der bedeutendsten romanischen Sakralbauten Westfalens. Ein aufwendig verzierter Taufstein stammt ebenfalls aus dem 12. Jahrhundert. Die Grabplatte der Geva, Gründerin des Klosters, in der Krypta weist die älteste niederdeutsche Inschrift auf. Die Petrikapelle gegenüber dem Kirchenportal soll die erste Kirche in Freckenhorst sein aus dem 10./11. Jahrhundert.

An der Südseite der Stiftskirche lag die Klosteranlage, von der ein Kreuzgang aus dem 13. Jahrhundert erhalten ist. An den Kirchenchor schließt sich das Freckenhorster Schloss an, ein repräsentativer Barockbau von 1740. Er ist in Privatbesitz und nicht zu besichtigen. Die Petrikapelle beherbergt die Stiftskammer, ein kleines Museum mit Schätzen aus Jahrhunderten Klostergeschichte (April – Okt. So 15:00–16:00, 1 €).

Interessant ist die Häusergruppe rund um das **Bürgerhaus**. An das große Hallenhaus drängt sich dicht eine Gruppe von Handwerkerhäusern (Parken an der Kirche GPS N 51°55‘15.0“ E 7°58‘02.0“, zum Bürgerhaus: an der Sparkasse vorbei, Warendorfer Straße an der Fußgängerampel überqueren, dort schräg links).

Der Bauerndom Freckenhorst

Hallenhaus und Handwerkerhäuser

Richtung Norden fahren wir jetzt nach **Vinnenberg**, neben Eggerode der älteste Marienwallfahrtsort des Münsterlandes.

Kloster Vinnenberg

Das Kloster Vinnenberg wurde in der ersten Hälfte des 13. Jahrhunderts gegründet. Ältester erhaltener Bau ist das Priesterhaus von 1722. Die anderen Gebäude stammen vom Ende des 19. Jahrhunderts.
Die Marienwallfahrten entwickelten sich rund um ein Gnadenbild, einer aus Eichenholz geschnitzten, auf einem Thron sitzenden Madonna mit Jesuskind. Das alte Gnadenbild verbrannte im Zweiten Weltkrieg und wurde durch ein neues, etwas anders interpretiertes Gnadenbild ersetzt. Seit 2005 dient das Kloster als Haus für Bildung und Besinnung.

Die ehemalige Mühle beherbergt heute ein Gasthaus mit Biergarten. Vom Parkplatz kann der Ausflug noch mit einer kleinen Spazierrunde durch den Staatswald Vinnenberger Busch beendet werden (GPS N 52°01‘39.2“ E 7°57‘55.6“, den linken Forstweg wählen, an der Verzweigung geradeaus, dann dreimal links und zum Schluss rechts, 1,6 km).

Unsere nächste Station ist das **Spargeldorf Füchtorf**. Aufgrund des Klimas und sandigen Bodens wird hier viel Spargel angebaut und der Füchtorfer Spargelfrühling mit Spezialitätenverkauf findet im April statt. Nördlich liegt die Doppelschlossanlage Harkotten.

Doppelschlossanlage Harkotten

Bereits im 14. Jahrhundert wurde eine bestehende Burg unter zwei Nachfahren aufgeteilt. Der östliche Teil der Anlage wurde 1755 durch ein Barockschloss mit Freitreppe ersetzt, heute Sitz einer Designagentur. Der westliche Teil der Anlage, Schloss von Korff, wurde Anfang des 19. Jahrhunderts durch ein klassizistisches Schloss ersetzt. Es wird von der Familie von Korff bewohnt.

Im Wappensaal von Schloss Korff gibt es Gastronomie mit Außenterrasse (Mittagstisch, Kuchen, ab 11:00, FR Ruhetag). Das Erdgeschoss des Schlosses mit aufwändigen Wandmalereien wird als Museum hergerichtet (GPS N 52°03‘44.1“ E 8°01‘42.4“).

Adam und Eva

Südlich von der Schlossanlage liegt **Sassenberg** mit seinen berühmten **Schachblumenwiesen**. Im Zentrum des Ortes steht die Pfarrkirche St. Johannes Evangelist und nebenan die fürstliche Mühle von 1578. Gegenüber vom Eiscafé Zanelle sind die Skulpturen von Adam und Eva zu sehen, die weit im Münsterland bekannte Landstreicher aus den 1920ern darstellen.

Die Schachblumenwiesen

Die Schachblumenwiesen in den Hesselauen gehören zum ehemaligen Tiergarten, dem Jagdrevier des nie fertiggestellten Schlosses Sassenberg. Hier blühen die streng geschützten, 15 bis 30 Zentimeter hohen Schachblumen etwa in der zweiten Aprilhälfte bis Anfang Mai. Die kleinen Liliengewächse mit violett-gemustert oder weißen Blütenköpfen wachsen natürlich nur noch an vier Orten in Deutschland und brauchen magere Feuchtwiesen ohne Beweidung, Düngung, Entwässerung oder frühe Mahd.

(012) WOMO-Stellplatz: Sassenberg - Freibad

GPS: N 51°59'08.7" E 8°03'02.8", Telgenkamp.
Max. WOMOs: 2.
Ausstattung: Keine.
Beschreibung: Nur außer der Saison, Parkplatz mit vielen Bäumen am Rand eines Wohngebietes.
Anfahrt: Auf der Straße nach Beelen links in den Telgenkamp (beschildert Sportpark).

Rundgang Tiergarten und Schachblumenwiesen, 2,4 km

Vom Stellplatz am Freibad aus gehen wir weiter Richtung Sportanlagen und zwischen diesen hindurch. An der T-Kreuzung vor der Hessel biegen wir nach rechts ab und bei der nächsten Verzweigung links. Wir überqueren die Hessel und gehen direkt nach rechts auf den romantischen Uferweg. Bei der nächsten Brücke überqueren wir die Hessel erneut und sind jetzt im Gebiet der Schachblumenwiesen (nicht betreten!). Der Weg führt in den Wald, wo wir den nächsten Forstweg rechts wählen. Wir kommen wieder an die T-Kreuzung bei den Sportanlagen und gehen nach links zurück zum WOMO.

Nordöstlich von Sassenberg wartet der weitgehend bewaldete **Feldmarksee mit Strandbad**.

Feldmarksee Sassenberg

Dort gibt es Gastronomie und Eiscafé und zwei große Campingplätze (Strandbad: Mai/Sept. 14:00-18:00, Sa/So 10:00-18:00, Juni - Aug. 10:00-20:00, 2,50 €, Kinder 1,50 €). Auf einem Fußweg kann der See umrundet werden (GPS N 52°00'05.6" E 8°03'20.4", abends geschlossen).

(013) Offizieller WOMO-Stellplatz: Sassenberg Heidewald

GPS: N 51°59'59.1" E 8°03'57.1", Versmolder Str. 44. **Max. WOMOs:** 20.
Ausstattung: V/E, Strom (Gebühr), Sanitär des Campingplatzes, Brötchenservice.
Beschreibung: Großzügige Stellplätze auf Asphalt oder Schotter, mit Blick auf kleinen See oder den umgebenden Waldstreifen.
Preis: 15 € inkl. 2 Personen (Pfingsten/Christi Himmelf.min. 4 Nächte).
Anfahrt: B 476 Richtung Versmold, links abbiegen (beschildert).
Hinweis: Im hinteren Bereich des Campingplatzes befinden sich 40 gepflegte Touristenplätze, WOMO plus 2 Personen 25,50 – 32 €.

(014) WOMO-Campingplatz: Sassenberg Eichenhof

GPS: N 52°00'14.8" E 8°03'53.2", Feldmark 3. **Tel.:** 02583 1585.
Geöffnet: Ganzjährig.
Ausstattung: Gasthaus und Café, teilweise TV-Anschluss.
Beschreibung: Drei verschiedene Stellplatz-Areale: rund um kleinen Badeteich auf Wiese ohne Bäume / auf kleiner Wiese von Bäumen umgeben, teilweise Schatten / auf Wiese beim Gasthaus von Hecke umgeben.
Preis: WOMO plus 2 Personen 25 – 28 €.
Anfahrt: B 476 Richtung Versmold, links abbiegen (beschildert).

Mit **Versmold** erreichen wir den Kreis Gütersloh. Weil die Flächen rund um Versmold für die Landwirtschaft ungeeignet waren, wurden Schweine zum Mästen in die Wälder getrieben, und so verlegten sich die Versmolder auf die Herstellung von Wurst- und Fleischwaren.

Versmolds St. Petri-Kirche geht auf einen Bau aus dem 13. Jahrhundert zurück, der mehrfach erweitert und umgebaut wurde. Nördlich schließt sich der Markt an mit dem Wursträgerbrunnen.

Weite im Versmolder Bruch

Nördlich des Zentrums liegt der Stadtpark mit dichtem Baumbestand, einer naturbelassenen Wassertretstelle im Aabach, einem Barfußpfad mit neun unterschiedlichen Feldern und einem Restaurant in der Parkvilla (GPS N 52°03'01.2" E 8°09'19.3", siehe WOMO-Stellplatz). Das Parkbad ist ein Hallen- und Freibad.

Wurstträgerbrunnen

Das Heimatmuseum befindet sich im nördlichen Industriegebiet und ist über den Stadtpark gut zu Fuß zu erreichen. Neben einem Heuerlingshaus werden Handwerkerhäuser sowie Bauerngarten und Obstwiese gezeigt (GPS N 52°02'52.1" E 8°08'44.1", April - Nov. Mi 14:00-17:00, So 11:15-17:00).

Der **Versmolder Buch** bewahrt als Naturschutzgebiet Feuchtwiesen und lichte Erlenbruchwälder in den Auen von Ziegen- und Aabach sowie Neuer und Alter Hessel. Um eine Verbuschung zu verhindern, weiden hier Galloway Rinder. Da es mehrere schmale Sträßchen gibt, ist das Gebiet ideal zum Radfahren. Am Nordwestrand gibt es eine Aussichtsplattform mit Aussicht über das weite, wilde Land, bei der auch ein Storchennest steht (Parken GPS N 52°01'59.0" E 8°09'27.6" am Straßenrand, zur Wiesenstraße, dort links und Straße folgen, 1,2 km). Außerdem erklärt ein Naturlehrpfad mit sieben Stationen das Gebiet (Start bei GPS N 52°01'15.6" E 8°10'48.5", nur sehr kleine WOMOs, 2,9 km).

(015) Offizieller WOMO-Stellplatz: Versmold Sportanlagen

GPS: N 52°03'01.1" E 8°09'19.4" Caldenhofer Weg 26.**Max. WOMOs:** 3.
Ausstattung: Keine.
Beschreibung: Gepflasterte Stellplätze auf dem Parkplatz der Sportanlagen und des Parkbades, im Grünen zwischen Stadtpark und Parkbad, Parkplatz ist mit Baumstreifen unterteilt.
Preise: Kostenlos.
Anfahrt: Richtung Bad Laer/ Bad Rothenfelde, auf der Laerstraße rechts nach Loxten, rechts beschildert zum Parkbad.

Die **Peckeloher Seenplatte** erstreckt sich zwischen Versmold und Sassenberg. An mehreren größeren und kleineren ehemaligen Baggerseen haben sich ein Golfplatz und drei Campingplätze angesiedelt, von denen vor allem zwei überwiegend auf Dauercamper ausgelegt sind.

(016) WOMO-Campingplatz: Versmold - Sonnensee

GPS: N 52°00'52.6" E 8°05'19.5", Seenstraße 25. **Tel.:** 05423 6471.
Geöffnet: Ganzjährig bis auf Weihnachten und erste Januarwoche.
Ausstattung: Badestrand, Gaststätte, Biergarten, Kiosk, Spielplatz.
Beschreibung: Schöner Strandbereich mit Liegewiese, gepflegter Campingplatz mit sauberen Sanitäranlagen, unterschiedliche Bereiche mit gepflegten Touristikplätzen: am Strand, teilweise mit Hecken / entlang einer Baumreihe mit viel Schatten / auf großer Wiese mit neu gepflanzten Hecken / auf kleiner Wiese beim Eingangsbereich.
Preis: WOMO 6,40 – 8,20 €, Person 5,50 – 7,30 €, Kind 3 – 14 Jahre 2,70 – 4,70 €, Strom 3,60 €.
Anfahrt: An der B 476 von Versmold nach Sassenberg, beschildert.
Hinweis: Hunde sind nur in kleinem Bereich des Campingplatzes und auf der Hundewiese erlaubt.

In **Harsewinkel** liegt der große Stadtpark rund um den Schwanenteich mit gepflegtem Sandstrand und ein Fußweg führt am lauschigen Abrooksbach entlang. Das Zentrum um die neugotische Kirche St. Lucia befindet sich nur einen Steinwurf südwestlich des Schwanensees. Vor dem Rathaus steht das Spökenkiekerdenkmal aus Wesersandstein.

Spökenkieker, das Zweite Gesicht

Als „Spökenkieker" bezeichnete man im Münsterland Menschen mit dem „zweiten Gesicht", die Vorahnungen hatten, meist über Krankheiten, Tod und Verderben. Wörtlich übersetzt bedeutet „Spökes" Geist, umgangssprachlich aber auch Unsinn, und „Kieker" der Gucker. Oft waren diese Vorschauer oder auch „Schwarzseher" Schäfer mit blassem Gesicht, blonden Haaren und wasserblauen Augen. In einem Gedicht beschreibt Anette von Droste-Hülshof sie sehr mythisch als „Seher der Nacht, das gequälte Geschlecht".

Im Motorradmuseum Beckmann bei Greffen sind etwa 180 Motorräder in alten Scheunen ausgestellt, das älteste von 1903.

Außerdem gibt es eine Sammlung von über 1.500 Puppen (GPS N 51°57'45.7" E 8°08'24.6", Ostern - Okt. So 11:00-17:00, 4 €). Wer lieber selbst fährt, kann im Emstalstadion Karts ausleihen für die 800-Meter-Outdoorbahn.

Nordöstlich des Ortes wurde die Historische Sägemühle Meier-Osthoff hergerichtet mit funktionsfähiger Säge und Papiermanufaktur (GPS N 51°58'25.9" E 8°15'50.3", Vorführungen monatlich).

(017) Offizieller WOMO-Stellplatz: Harsewinkel Frei- und Hallenbad

GPS: N 51°57'52.8" E 8°13'11.6", Prozessionsweg 8. **Max. WOMOs:** 8.
Ausstattung: Keine.
Beschreibung: Die Stellplätze befinden sich im gepflasterten Bereich des Parkplatzes, sind aber nicht markiert. Wesentlich schöner sind die zwei schmalen, dahinterliegenden Rasenplätze, die von Bäumen umgeben sind und als zusätzliche Parkmöglichkeit dienen.
Preis: Kostenlos.
Anfahrt: Von der B 513 gegenüber vom Firmengelände CLAAS in den Tecklenburger Weg, nach 500 m rechts.

Das **Kloster Marienfeld** mit großer Parkanlage wird heute auf vielfältige Weise genutzt, als Pfarrkirche, Wohnungen, Hotel und kleines, aktives Kloster. (Parken am Bürgerhaus, GPS N 51°56'46.3" E 8°17'04.4", Weg am Parkplatzende führt zu Kloster). Der Klosterrundgang Zisterzienserpfad erläutert in 13 Stationen die Geschichte des Klosters und beginnt an der Wardenhart-Kapelle vor der Klosterpforte (1,2 km, Broschüre googeln „Zisterzienserpfad Marienfeld Broschüre"). In den ehemaligen Wirtschaftsgebäuden sind ein Klostercafé, ein Klosterladen und ein Hotel mit Restaurant untergebracht.

Kloster Marienfeld

Kirchring um die Apostelkirche in Gütersloh

Mit **Gütersloh** erreichen wir eine Großstadt mit knapp 100.000 Einwohnern, historischem Zentrum, großem Stadtpark und Kulturzentrum Weberei. Wichtiges und ungewöhnliches Zeugnis der frühen Besiedlung ist der „Pavenstädter Riesenbecher", ein Keramikgefäß mit zwölf Litern Volumen.

Das historische Zentrum liegt als Kirchringbebauung mit Häusern aus dem 17. und 18. Jahrhundert rund um die Apostelkirche. Die Kirche selbst wurde 1944 bis auf den Westturm zerstört und wiederaufgebaut. In der Innenstadt informiert das Stadtmuseum mit Museumscafé über Stadt-, Industrie- und Medizingeschichte (Mi-Fr 15:00-18:00, Sa/So 11:00-18:00, 3 €, Kind 2 €, Familie 7,50 €).

Ebenfalls nah zur Innenstadt liegt das **Kulturzentrum Weberei** in einem historischen Gebäudekomplex mit Websälen, Kessel- und Maschinenhaus, die heute Programmkinos, Jugendzentrum, Kneipe mit Biergarten und kulturelle Veranstaltungen beherbergen. Das Güterloher Brauhaus befindet sich direkt nebenan (Parkplatz an der Weberei GPS N 51°54'04.2" E 8°22'32.3").

Kulturzentrum Weberei

Das **Theater Gütersloh** ist ein moderner, kubischer Bau von 2010 mit einer durchgehenden Glasfassade im westlichen Zentrum (GPS N 51°54'24.7" E 8°22'14.4"). Auf dem Gelände steht der historische Wasserturm von 1888. Das **Miele-Museum** auf dem großen Miele-Werksgelände zeigt historische Beispiele der breiten Produktpalette (GPS N 51°54'38.9" E 8°23'45.2").

Der große Stadtpark an der Dalke gilt als „**Güterslohs grünes Wohnzimmer**“ mit altem Baumbestand, Botanischem Garten mit Palmenhaus-Café, Minigolfanlage und dem Ibrüggers Teich und liegt südöstlich des Zentrums. Noch etwas weiter östlich bietet das Freizeitbad Welle vielfältigen Wasserspaß, Liegewiese und Sauna (GPS N 51°53‘58.8“ E 8°24‘15.5“).

Am nördlichen Stadtrand befindet sich der Mohns Park mit dichtem Baumbestand, Wasserspielplatz, Kneipbecken, Minigolf und mehr (GPS N 51°55‘05.1“ E 8°23‘00.1“).

(018) Offizieller WOMO-Stellplatz: Gütersloh Freizeitbad Welle

GPS: N 51°53‘53.8“ E 8°24‘16.1“, Stadtring Sundern 6. **Max. WOMOs:** 6.
Ausstattung: Strom, Wasser (inklusive), WC im Eingangsbereich des Freizeitbades während der Öffnungszeiten (ca. 200 Meter).

Beschreibung: Großzügige Plätze auf Schotterrasen, parzelliert mit Baumstämmen, grüne Umgebung.
Preis: 6 €.
Anfahrt: Der Beschilderung „Freizeitbad Die Welle“ folgen.
Hinweis: Zum Stadtpark (Botanischer Garten): Vom Stellplatz zum Flüsschen Dalke, dort rechts, Kreuzung „diagonal“ queren und weiter an der Dalke entlang, diese an Avenstroths Mühle überqueren und der schmalen Straße folgen, T-Kreuzung links, dann zweimal rechts (1 Kilometer eine Richtung).
In die Stadt: Durch den Stadtpark, dann der Beschreibung ab Parkplatz Stadtpark folgen (ca. 3 Kilometer eine Richtung).
Die Radtour Wassererlebnispfad Dalke: Führt am Stellplatz vorbei (15 km).

Besichtigung Stadtpark und Zentrum, 3,2 km

Parken am Stadtpark, Oststraße, GPS N 51°53‘59.3“ E 8°23‘19.1“.
Zum Zentrum nach Westen (3,2 km): Wir gehen entlang der Oststraße zurück und biegen rechts in die Parkstraße ab. An der Verzweigung halten wir uns rechts in die Emilienstraße, an deren Ende wir rechts abbiegen. In die Stadt führt der nächste Weg links. Zuerst jedoch machen wir einen Abstecher und gehen geradeaus weiter knapp 100 Meter zum Bach Dalke und dem Meierhof, der als Keimzelle der Stadt gilt, sowie Meiers Mühle auf der anderen Bachseite.
Jetzt gehen wir zurück und nach rechts, queren die Neuenkirchener Straße geradeaus und wählen nach der Eisenbahnunterführung den nächsten Fußweg rechts nach dem Parkplatz. An der Kirchstraße biegen wir rechts ab und dann in den nächsten Fußweg links zur neugotischen Martin-Luther-Kirche von 1861. An ihrer Chorseite geradeaus vorbei treffen wir auf die Kökerstraße, wo das Stadtmuseum Gütersloh schräg rechts zu sehen ist.
Wir gehen nach links und auf der breiten Fußgängerzone der Berliner Straße wieder links und am Berliner Platz vorbei. Am Ende der Berliner Straße führt ein Fußweg mit einigen Stufen hoch zur Apostelkirche mit der Ringbebauung am Alten Kirchplatz. Wir gehen zur Kirchstraße auf der gegenüberliegenden Seite, dort rechts und dann links in die Dalkestraße.

Hinter dem Seniorenzentrum führt ein Fußweg nach rechts zu Weberei und Gütersloher Brauhaus. An gleicher Stelle hinter dem Seniorenzentrum führt ein Fußweg nach links entlang der Bahn, an dessen Ende wir uns rechts durch die Unterführung wenden und uns wieder auf dem Hinweg befinden.
Zum Botanischen Garten (400 m): Wir gehen geradewegs mitten über die Obstwiese und vorbei an der Minigolfanlage. Dann biegen wir rechts ab, beim Kiosk links und spazieren jetzt geradeaus auf den Botanischen Garten zu.
Ibrüggers Teich im Stadtpark: Zur Umrundung des hübschen Teiches folgen wir der Oststraße zum Straßenende und gehen dann geradeaus weiter auf dem Fußweg. Er führt am Teich entlang und um ihn herum. Am Nordwestende wurde eine kleine Kaskade aus Natursteinen und spiegelnden Kugeln gebaut. Auf dem Rückweg führen Stege über eine Feuchtwiese.

Die Dampf-Kleinbahn Mühlenstroth ist ein Familienausflugsziel nördlich von Güterloh. Neben dem Ausflugslokal im Stil der 80er wird an einzelnen Tagen eine Schmalspurbahn betrieben (Mai - Okt., Sa 14:00-17:00, So 10:30-17:00).

Ein Abstecher nach **Verl** lohnt sich für den, der unaufgeregte Ruhe liebt oder zum großen **Hobbymarkt** an der Ostwestfalenhalle möchte. Der Ort erstreckt sich rund um die klassizistische St. Anna Kirche von 1801. Dort sind noch Teile der ursprünglichen Kirchringbebauung aus dem 17. Jahrhundert erhalten. Wer eine Runde durch das Straßenkarree um die Kirche dreht, kommt vorbei an einem ehemaligen Heuerlingshaus von 1742, (Bürmannstraße 10, heute Café), einer Hofanlage mit einem Vierständer-Hallenhaus von 1595/1788 (Bürmannstraße 22), der alten Vikarie (Wohnsitz des Vikars, Sender Str. 5), der

Alte Dorfmühle in Verl

alten Dorfmühle von 1745 (Hauptstraße in Richtung Ölbach vor der Brücke). Auch das „Verler Heimatwasser“, ein Schroeders Boonekamp, kann man hier am Sitz von Schroeders Likör Manufaktur kaufen.

(019) WOMO-Stellplatz: Verl - Sportanlagen

GPS: N 51°53‘05.5“ E 8°30‘45.1“, Sender Straße. **Max. WOMOs:** 1.
Ausstattung: Keine.
Beschreibung: Großer Parkplatz an den Sportanlagen, im rechten Bereich sind WOMOs verboten.
Anfahrt: Von Gütersloh kommend nach dem Rathaus links in die Poststraße, am Ende rechts und sofort rechts.

Im Verler Ortsteil Kaunitz steht die **Ostwestfalenhalle**. Geplant wurde sie Ende der 1950er aufgrund der umfangreichen Geflügelhaltung in der Umgebung. Die auch als „Eierscheune“ benannte Halle ist heute ein Veranstaltungsort mit vielfältigem Programm wie, Konzerten, Messen und Märkte. Der **Hobbymarkt** ist eine Mischung aus Tier- und Trödel- und Wochenmarkt (jeden ersten Samstag im Monat).

(020) Offizieller WOMO-Stellplatz: Verl Ostwestfalenhalle

GPS: N 51°51‘22.7“ E 8°33‘36.4“, Alter Postweg. **Max. WOMOs:** 4.
Ausstattung: Strom, Wasser (Gebühr), Entsorgung Grauwasser zu bestimmten Zeiten möglich.
Beschreibung: Großzügige Stellplätze auf Schotterrasen mit Blick ins Grüne am Rand der ebenfalls begrünten Parkplätze der Ostwestfalenhalle, einzeln von Hecken begrenzt, deshalb viel Privatsphäre.
Preis: Kostenlos.
Anfahrt: In Kaunitz der Beschilderung „Ostwestfalenhalle“ folgen.

Die kleine Stadt **Rietberg an der Ems** lohnt als **„Stadt der schönen Giebel“** und für einen Besuch des Gartenschauparks und ist dabei viel beschaulicher als der große Nachbar Wiedenbrück.

Rietberg – Geschichtssplitter

Erste Besiedlungen wurden bereits für die Zeit um 12.000 v.Chr. nachgewiesen. Der Name Rietberg beschreibt bildlich die Umgebung im frühen Mittelalter: viel Ried, Schilfrohr, und die Ems, als Bach damals „bike“ genannt. Im 11. Jahrhundert wurde eine Burg gebaut und im 17. Jahrhundert zum prächtigen Renaissance-Schloss Rietberg aus- und umgebaut. Nach Verfall und Abriss wurde hier ein Gutshof gebaut, die ehemaligen Gräften bilden heute das Gebiet der Riedberger Fischteiche. Das Kloster Rietberg wurde im Rahmen der Rekatholisierung ab 1610 gebaut, nachdem die Grafschaft Rietberg zuvor 70 Jahre lutherisch war. Heute wird das Kloster vom Jugendwerk genutzt.

Die spätgotische Pfarrkirche St. Johannes Baptist und das Historisches Rathaus mit einem ungewöhnlichen, überdachten Treppenaufgang bilden das Zentrum. Von hier aus verlaufen fünf Straßen in alle Himmelsrichtungen zum alten Stadtwall.

Rundgang Rietberg, 2,3 km

Start Parkplatz Historischer Stadtkern/Mitte (GPS N 51°48'26.2" E 8°25'59.3"), vom WOMO-Stellplatz entlang der Ems zu erreichen (plus 3 Kilometer).
Vom Parkplatz aus betreten wir den bewaldeten ehemaligen Klostergarten und Skulpturenpark und verlassen ihn auf der gegenüberliegenden Seite über eine Brücke. An der Straße gehen wir nach rechts und an der Kreuzung wieder rechts bis zur Klosterkirche. An der Kirche rechts kommen wir zum Alten Progymnasium von 1743, heute Ratssaal und Standesamt. Nach der Linkskehre erreichen wir das Kunsthaus Rietberg, ein Ackerbürgerhaus. An der nächsten Straße Bolzenmarkt biegen wir links ab und blicken am nächsten Abzweig nach links zum Heimathaus, einem prächtigen Ackerbürgerhaus von 1645. Wir gehen aber geradeaus weiter zum Historisches Rathaus und zur Pfarrkirche. An der Front des Rathauses vorbei gehen wir auf der Rathausstraße weiter und biegen nach links ab in „Im Sack" Am Ende folgen wir dem Fußweg „Käthes Gäßchen" um eine Linkskehre und vorbei an zwei Gartenanlagen. An der nächsten Straße spazieren wir nach rechts, dann wieder auf der Rathausstraße nach links. Die zweite rechts „Am Westwall" führt unter Bäumen entlang der Umflut über die ehemaligen Wallanlagen. An der nächsten Straße geht es nach rechts zurück Richtung Zentrum vorbei an der Evangelischen Pfarrkirche in einem Hofbeamtenhaus aus dem 17. Jahrhundert und am ockergelben Barock-Haus Münte von 1746. Zwischen Atelier und Café nach links erblicken wir das älteste Gebäude der Stadt, ein Wohn- und Speicherhaus, dessen hinterer Speicher 1553 gebaut wurde. Wir gehen weiter geradeaus zum Rathaus und biegen links in die Rathausstraße. Sie bringt uns zur Ems, wo wir entweder vor der Brücke nach links zum WOMO-Stellplatz abbiegen oder nach der Brücke nach rechts zum Parkplatz.

Der **Gartenschaupark** erstreckt sich am Ostrand Rietbergs mit fünf Bereichen über etwa drei Kilometer Luftlinie oder fünf

Historisches Rathaus in Rietberg

Impressionen aus dem Gartenschaupark Rietberg

Kilometer Fußweg. Vier Eingänge ermöglichen den Zutritt, WOMOs können parken: Historischer Stadtkern/Mitte (GPS N 51°48'26.2" E 8°25'59.3") und Neuenkirchen/Nord (GPS N 51°49'09.0" E 8°26'48.2"). Der Bereich Mitte ist vor allem als Landschaftspark gestaltet mit See, Café, Bootsverleih und Spielplatz, im kleinteiligeren Bereich Nord gibt es viele Angebote für Familien (5 €, Familie 5 - 10 €, Preise von Ende Herbst- bis Anf. Osterferien 2 - 4 €, 6:00 – 19:00/20:00). Im **Freilichtmuseum Bibeldorf Rietberg** werden die Lebensbedingungen zur Zeit Jesu begreifbar gemacht mit Nomadenlager, Römerhaus, Zimmerei, Synagoge und vielem mehr (GPS N 51°48'35.9" E 8°24'46.7", Ende April bis Anfang Okt., Di-So 14:00-18:00, letzter Einlass 16:30, 9 €, 4-17 Jahre 6 €).

Östlich von Rietberg locken Naturschutzgebiete an der Ems vor allem Sumpfbewohner und Vögel an. Die **Rietberger Emsniederung** liegt als Senke niedriger als die Ems und weist daher einen sehr hohen Grundwasserspiegel auf. Sie ist am besten entlang des Ems-Radweges nach Osten zu entdecken.

(021) Offizieller WOMO-Stellplatz: Rietberg Rottwiese, Am Bibeldorf

GPS: N 51°48'36.8" E 8°24'42.5", Jerusalemer Straße. **Max. WOMOs:** 10.
Ausstattung: V/E (Gebühr).

Beschreibung: Langer Schotterplatz, an einer Seite Wiesenstreifen und Bäume, auf der anderen Parkplätze des Bibeldorfes, ruhige Lage abgesehen von der nahen Bundesstraße.
Preis: Kostenlos.
Anfahrt: Am östlichen Ortsrand, beschildert „Bibeldorf"
Hinweis: Der Planetenweg entlang der Ems verbindet den Stellplatz vorbei am historischen Zentrum mit dem Eingang Mitte des Gartenschauparks. Von Rietberg nach Rheda-Wiedenbrück sind es auf dem Ems-Radweg etwa 15 Kilometer.

Steinhorster Becken

Ein lohnendes Ziel ist das **Naturschutzgebiet Steinhorster Becken**, ursprünglich als Hochwasserschutzgebiet für die Ems geplant. 1987 wurde es teils ständig geflutet. Ein beschilderter Rundweg führt um die Wasser- und Feuchtflächen und zu einem Aussichtsturm (GPS N 51°49'04.6" E 8°32'06.8", 4,8 km, Café beim Parkplatz, 18 km auf dem Emsradweg vom Stellplatz Rietberg). Der Tierpark Nadermann in den Emsauen ist ein nettes Ausflugsziel für Familien mit Kindern (GPS N 51°47'50.1" E 8°29'56.6", März–Okt., 7 €, Kind 3–15 Jahre 4 €).

Mit **Rheda-Wiedenbrück** erreichen wir einen Doppelort mit zwei historischen Zentren und Schloss mit Schlosspark. Getrennt durch die A2 sind sie über den kostenlosen Flora-Westfalica-Park entlang der Ems verbunden.

Rheda-Wiedenbrück – Geschichtssplitter

Schlossmühle Rheda

Rheda entwickelte sich um die ehemalige Burg Rheda, eine der mächtigen Wasserburgen Westfalens, die erstmals im 12. Jahrhundert erwähnt wurde. Wiedenbrück entstand rund um eine ehemalige Basilika von etwa 900 und erhielt bereits 952 Markt-, Münz- und Zollrecht. So entwickelte sich eine blühende Stadt, die zur im 14. Jahrhundert gebauten Wasserburg Reckenberg gehörte. Als „Amt Reckenberg" war sie eine Exklave des Bistums Osnabrück. In Rheda und Wiedenbrück waren es weniger Kriegszerstörungen, denen Teile der Altstädte zum Opfer fielen, sondern vor allem Stadtsanierungen in den 1970ern. So wurden zum Beispiel für das große Rathaus von Rheda Teile der Altstadt abgerissen und der Schönhof musste weichen für die Wasserstraße, Durchgangsstraße durch das Zentrum von Wiedenbrück.

Von Süden kommend erreichen wir zuerst **Wiedenbrück**. Im **historischen Stadtkern** sind ganze Straßenzüge mit giebelständigen Fachwerk-Dielenhäusern erhalten, die teilweise mit aufwendigen Schnitzereien verziert sind, insbesondere die

Lange Straße und der Mark. Am Marktplatz stehen die Pfarrkirche St. Aegidius, deren Langhaus 1502 gebaut wurde, und das historische Rathaus von 1619. Das Franziskanerkloster wurde 1644 gegründet und mit einem begehbaren Torbogen an die 1470 gebaute Marienkirche angebunden. Das Amtshaus Reckenberg von 1726 ist umgeben von einem Park mit altem Baumbestand und See.

Das Museum „Wiedenbrücker Schule", ein Stadt- und Kunstmuseum, verweist auf eine Stilrichtung des Historismus im 19. / 20. Jahrhundert und ist in der Werkstatt des Künstlerhauses Wiedenbrück untergebracht, ein reich verziertes Wohnhaus (MI 15:00-18:00, Do/Sa/So 15:00-17:00). Der Pulverturm wurde im 15. Jahrhundert als halbrunde Erweiterung der Stadtbefestigung gebaut.

Dielenhaus – ein typisches Stadthaus

Dielenhäuser waren die städtischen Häuser, die von Handwerkern und Kaufleuten errichtet wurden. Sie wurden als Fachwerk- und Steinhäuser gebaut. Die große, hohe Diele diente als Aufenthalts- und Arbeitsraum. Sie war durch eine Toreinfahrt, das Dielentor oder westfälisch „Deelentor", von der Straße aus auch mit Wagen zu erreichen. Damit hatten Dielenhäuser eine bauliche Ähnlichkeit mit den Hallenhäusern, die im Mittelalter als bäuerliche Hofstatt dienten. Jedoch waren die Bewohner keine Bauern und Vieh zur Selbstversorgung lebte auf dem Grundstück hinter dem Haus statt im Haus. Auch sollen Dielenhäuser sich nicht aus den großen Hallenhäusern entwickelt haben, sondern aus sogenannten, ursprünglichen Einhäusern, die nur einen Raum aufwiesen. Dielenhäuser standen oft mit den Giebeln zur Straße und bildeten eine geschlossene Front. Oft wird auch die Bezeichnung „Ackerbürgerhaus" verwendet, die jedoch irreführend ist, weil es sich nicht um bäuerliche Höfe handelte.

Stadtrundgang Wiedenbrück, 3,7 km

Parken GPS N 51°49‘57.6“ E 8°18‘25.7“. Wir gehen zur Ems, dort nach rechts und über die erste Brücke. Dann biegen wir nach rechts ab in die Straße „Neupförtner Wall“, die abseits des Touristenstroms schon über neun denkmalgeschützte Häuser verfügt. An der Wasserstraße wenden wir uns nach links und vor der evangelischen Kirche rechts. Wir umrunden das Kreishaus nach links und gelangen zum ehemaligen Amtshaus Reckenberg. Dort gehen wir nach links durch den Park und an der nächsten Straße links. Wieder erreichen wir die Wasserstraße, gehen erst links und dann nach rechts in die Wichernstraße. Erneut rechts in die Kirchstraße spazieren wir an der Chorseite von St. Aegidius nach rechts. Wir folgen der Marienstraße, gehen bei der zweiten Straße rechts und laufen auf die Ecke des Franziskanerklosters zu. Um das Stadtmuseum im ehemaligen Künstlerhaus zu besuchen, überqueren wir die Mönchstraße und gehen 200 Meter in den Ostenwall und anschließend wieder zurück. Aus dieser Richtung wenden wir uns am Kloster nach rechts in die Mönchstraße und durch den Torbogen hindurch. Nr. 10 von 1549 ist das älteste datierte Gebäude der Stadt und zeigt mit Fabeltieren und Masken aufwendig verzierte Holzstützen, die sogenannten Knaggen. Daneben sticht Nr. 8 von 1576 hervor mit reichem Rosettenschmuck und Ziegel-Fachwerk. Am Fuß des Hauses ist ein kleiner Kilometerstein zu sehen für Kilometer „70,4“ der Staatsstraße Koblenz – Olpe – Minden, deren Ausbau in der ersten Hälfte des 19. Jahrhunderts von den Provinzialständen der preußischen Rheinprovinz beauftragt wurde. Die Vermessung und Markierung diente auch der Erhebung von Nutzungsgebühren.

Kurz vor der Brücke über die Umflut biegen wir links ab in die Lange Straße und kommen wieder zur die St. Aegidius-Kirche. Dort links und hinter dem historischen Rathaus rechts spazieren wir über den Markt geradeaus und an der T-Kreuzung rechts in den Klingelbrink. Wir treffen erneut auf die Lange Straße und gehen dort rechts. Die kleine Nr. 27 auf der linken Seite gilt als ältestes Fachwerkhaus Wiedenbrücks und als Zweitältestes Westfalens, denn das Holzgerüst stammt von 1417, während die Jahreszahlen 1602/06 sich auf einen Umbau beziehen. Haus Ottens von 1635, Nr. 38, ist das größte Fachwerkhaus der Innenstadt. An der Rückseite des Ratskellers, der hier mit einem besonders reich verzierten Giebel aufwartet, biegen wir links ab auf den Platz mit Eiscafé und Emstreppe ein.

Nach den Brücken über Ems und den hier schmalen Emssee haben wir einen schönen Blick zurück auf die Stadt. Wir gehen im Park nach links und überqueren die Ems bei der nächsten Brücke erneut. Am Mühlenwall machen wir einen Abstecher nach links zum Pulverturm, gehen dann aber zurück, nächste rechts und über die Brücke zum WOMO.

Schloss Rheda mit dem Kapellenturm

In **Rheda** lohnt ein Besuch der **Schlossanlage mit Park** sowie der angrenzenden Straßenzüge. Der komplette Bereich der Hauptburg ist nur während Führungen zu besichtigen (offene Führungen im Sommer, So, 12 €, ermäßigt 6 €). Zwischen Schloss und Stadt liegen Schloss- und Wassermühle und nach Norden der frei zugänglichen Barockgarten mit Orangerie, Rosengarten sowie Schlosspark.

Burg Rheda

Die Burg Rheda wurde auf einer Sanddüne und Erdaufschüttung mitten in den sumpfigen Emsniederungen wahrscheinlich als Motte gebaut. Seit dem 16. Jahrhundert ist das Schloss Stammsitz der Fürsten zu Bentheim-Tecklenburg. Der Kapellenturm, ein mächtiger Wehrturm mit etwa 16 Metern Seitenlänge, diente als Torturm, dessen Durchfahrt zugemauert ist. Im zweiten und dritten Stockwerk waren zwei Kapellen, das vierte wurde als Wohnraum genutzt.

Angebaut ist ein leicht gebogener Renaissancetrakt von 1612, der zum Innenhof hin mit einer vorspringenden Galerie beeindruckt. Schräg dazu schließt der Barocktrakt von 1718 an. Dieser endet an einem weiteren Wehrturm. Vom Fußweg entlang der Außenseite der Gräften ist der Blick auf den erhöht liegenden Innenhof der Oberburg möglich.

(022) Offizieller WOMO-Stellplatz: Rheda-Wiedenbrück Rheda

GPS: N 51°51'18.1" E 8°17'52.6", Gütersloher Straße.
Max. WOMOs: 10.
Ausstattung: V/E (Gebühr).
Beschreibung: Stellplätze auf einem großen, asphaltierten Parkplatz, am Rand Schatten unter Bäumen.
Preis: Kostenlos.
Anfahrt: Von Wiedenbrück kommend über die Hauptstraße nach Rheda und am Schloss vorbei, an der nächsten großen Kreuzung nach links, dann auf der rechten Seite.

Hinweis: Das Freibad Rheda liegt knapp 200 Meter nördlich.

Rundweg Rheda, 2 km

Vom WOMO-Stellplatz aus überqueren wir die Gütersloher Straße und gehen geradeaus durch den Rosengarten, vorbei an den Tennisanlagen und zum Barockgarten. Auf dem Kopfsteinpflaster-Weg biegen wir zuerst rechts ab Richtung Stadt und queren die Schlossstraße. Über den Doktorplatz mit seinem fast geschlossenen Ensemble an Fachwerkhäusern gehen wir geradeaus in die Kleine Straße. An der nächsten Kreuzung biegen wir links ab in „Großer Wall", spazieren weiter an vielen historischen Bauten vorbei und in einem Bogen zurück zum Doktorplatz. Geradeaus gehen wir über den Platz Richtung Schloss, vorbei an den Mühlen und zum Kapellenturm. Vor den Gräften biegen wir nach links ab in den Schlosspark, spazieren zur Neuenkirchener Straße und dort nach links zum WOMO.

Die **Flora Westfalica** ist ein kostenloser Park, der die beiden Stadtteile Rheda und Wiedenbrück entlang der Ems verbindet. Ihren Ursprung nahm der Park in der Landesgartenschau 1988. Heute bietet er renaturierte Flusslandschaft, Lehrpfade, Spielplätze und Gastronomie. Spannende Bereiche sind von Norden nach Süden: Das **Gebiet rund um das Schloss Rheda** mit dem Rosengarten, Spielmöglichkeiten in den benachbarten Bereichen Mittelhegge und Spielerei mit Wasserspielplätzen, Kletterpyramiden, Kiosk und mehr (etwa auf halber Strecke zwischen den Ortszentren direkt südlich der Autobahn, GPS N 51°50'32.4" E 8°17'45.7") der **Emssee** direkt nördlich von Wiedenbrück mit Wasserspielplatz und See-Café.

Von Schloss Rheda nach Wiedenbrück ist der Fußweg durch den Park etwa 3,4 Kilometer lang.

Das **Radio- und Telefonmuseum im Verstärkeramt** liegt zwischen Wiedenbrück und St. Vit. Am Fernkabelknotenpunkt Wiedenbrück wurde 1938 das unterirdische Verstärkeramt gebaut und getarnt mit einem Fachwerkbauernhaus. Das ganze vordigitale Spektrum von Telefonen und Radio(-röhren) ist ausgestellt und im Stil der Zeit eingerichtete Zimmer lassen nostalgische Gefühle aufkommen (GPS N 51°49'32.9" E 8°17'25.9", 12.01.–15.12., Sa/So 14:00–18:00, Eintritt frei).

Kloster Herzebrock mit Klostergarten

Ein Abstecher nach Norden führt zum **Doppelort Herzebrock-Clarholz**, wo gleich zwei mittelalterliche, von Parks umgebene Klöster als beliebte Ausflugsziele warten. **Kloster Herzebrock** wurde gegründet im 9. Jahrhundert, der Westturm der spätgotischen Kirche stammt aus dem 12. Jahrhundert und im Innenhof sind Reste eines Kreuzganges zu finden. Hinter dem Kloster erstreckt sich der weitläufige Klostergarten mit Teich, Spazierwegen und kleinem, barocken Rosengarten. Im Kloster befindet sich ein Heimatmuseum (GPS N 51°53'08.9" E 8°14'48.9", SO 15:00–17:00).

Das **Prämonstratenserkloster Clarholz** wurde 1133 gegründet. Es ist umgeben von weiteren historischen Gebäuden, deren Alter und Bedeutung eine Infotafel erläuert, sowie dem Klostermuseum (Anf. Juni – Mitte Okt., SO, 15:00-18:00). Beim Gasthaus Rugge ebenfalls in historischem Gemäuer kann ein Besuch enden. Vom Kloster Herzebrock zum Kloster Clarholz führt ein Abschnitt des **Prälatenweges** (8 km, beschildert mit blauer Mitra).

(023) Offizieller WOMO-Stellplatz: Herzebrock-Clarholz Hallenbad Herzebrock

GPS: N 51°53'17.8" E 8°14'42.4", Am Hallenbad.
Max. WOMOs: 5.
Ausstattung: V/E, Strom (Gebühr).
Beschreibung: Ausgewiesene, große Stellplätze auf Rasengittersteinen am Ortsrand und Rand des Hallenbad-Parkplatzes, mit Blick über Wiesenstreifen Richtung Wald.
Preis: Kostenlos.

Anfahrt: In Herzebrock an der großen Kreuzung in die Gildestraße Richtung Gütersloh, kurz vor Ortsende links in die Groppeler Straße, nächste links.
Hinweis: Das Kloster ist etwa 500 Meter entfernt.

Als letzte Station führt unsere Route nach **Oelde**. **Burg Stromberg** bei Oelde ist die Ruine einer großen Höhenburg aus dem 12. Jahrhundert und gilt als einzige Höhenburg des Münsterlandes. Mit einem fast dreieckigen Grundriss hatte die Burg eine Ausdehnung von 230 mal 285 Meter. Von der Burg ist der Paulusturm aus dem 14. Jahrhundert erhalten, durch den das Burggelände betreten wird, sowie die hochgotische Kreuzkirche von 1344. Heute dienen die Stufen der Kreuzkirche im Sommer als Freilichtbühne. Als Burgmannshof bildete das spätgotische Mallinckrodthaus aus dem 14. Jahrhundert einen Teil der Befestigungsanlagen. Vom Südende des Bergrückens reicht der Blick Richtung Sauerland.

(024) Offizieller WOMO-Stellplatz:Oelde Stromberg Tennisheim

GPS: N 51°47'51.9" E 8°12'02.4", Am Hang 18. **Max. WOMOs:** 3.
Ausstattung: V/E, Strom, WC und Dusche im Tennisheim während Öffnungszeiten.
Beschreibung: Gepflasterte Plätze in ruhiger Lage im Grünen, zu einer Seite Wald, zu anderer Parkstreifen mit dichten Baumreihen.
Preis: 10 €.
Anfahrt: Richtung Wadersloh, an der Kreuzung zwischen St. Lambertus und Friedhof links (beschildert).
Hinweis: Unterhalb des Parkplatzes liegt das Freibad. **Weg zur Burgruine:** Auf der Zufahrtstraße zurück und den ersten Fußweg links in den Wald, um Rechtskehre folgen, danach erste rechts und Stufen hoch zur Burg.

Das Mallinckrodthaus aus dem 14. Jahrhundert

Weite Aussicht vom Gelände der Burg Oelde

Der **Vier-Jahreszeiten-Park** in Oelde entstand aus der Landesgartenschau 2001. Er erstreckt sich über 2,5 Kilometer entlang des Axtbaches. Rund um den Mühlensee mit Parkbad (Freibad), Tretbootverleih und Bistro-Café warten Attraktionen für Kinder mit dem Museum Klipp-Klapp. Nördlich wurden verschiedene Gärten angelegt, südlich sind Weiden, Teich und Lehrbienenstand zu sehen (Zusatzparkplatz GPS N 51°49‘05.7“ E 8°08‘26.7“, Winter 11:00–16:00, Übergang 10:00–19:00, Mai – Okt. 9:00–19:00, Preise Winter/Badesaison/Veranstaltung mit Sonderprogramm 2/ 4/ 6 €, Kind 7–17 Jahre 0,50/ 2/ 3 €, Familie 4/ 8/ 12 €).

In **Pott's Brauerei** können Besucher über eine Zuschauertribüne in die „Gläserne Brauerei“ schauen. Das Biermuseum zeigt die Geschichte des Bierbrauens (1 €).

(025) Offizieller WOMO-Stellplatz: Oelde Pott's Brauerei

GPS: N 51°48‘42.7“ E 8°07‘49.8“, Westring. **Max. WOMOs:** 20.
Ausstattung: V/E, Strom (inklusive, Frischwasser Gebühr).
Beschreibung: Platz mit Schotterrasen im Gewerbegebiet, zu einer Seite Hecke und Bäume, ruhige Lage.
Preis: 5 €.
Anfahrt: Richtung A 2, Kreisverkehr rechts, 1. rechts.

Im **Kulturgut Haus Nottbeck** ist das Museum für Westfälische Literatur eingerichtet. Literatur wird durch Visualisierung und Inszenierung spannend und erlebbar dargestellt (GPS N 51°49‘15.4“ E 8°13‘50.7“, DI-FR 14:00–18:00, Sa/So 11:00-18:00, Eintrittspreis frei wählbar, Audio-Guide für Kids 2 €).
Abseits unserer Route gibt es offizielle WOMO-Stellplätze in Enningerloh, Am Freibad [**026**: GPS N 51°49‘58.8“ E 8°00‘59.2“] und in Hoetmar, Sportanlagen [**027**: GPS N 51°52‘11.5“ E 7°54‘12.4“]. Die Stellmacherei Hoetmar ist eine Holzwerkstatt, die Räder und landwirtschaftliche Geräte herstellte.

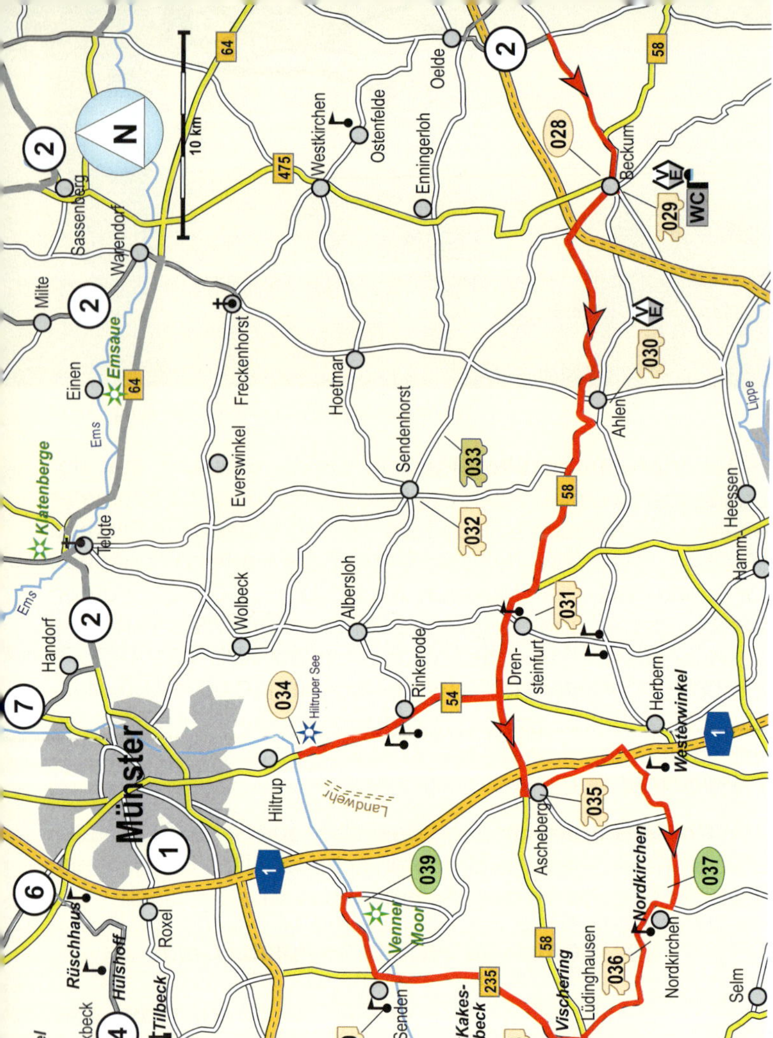

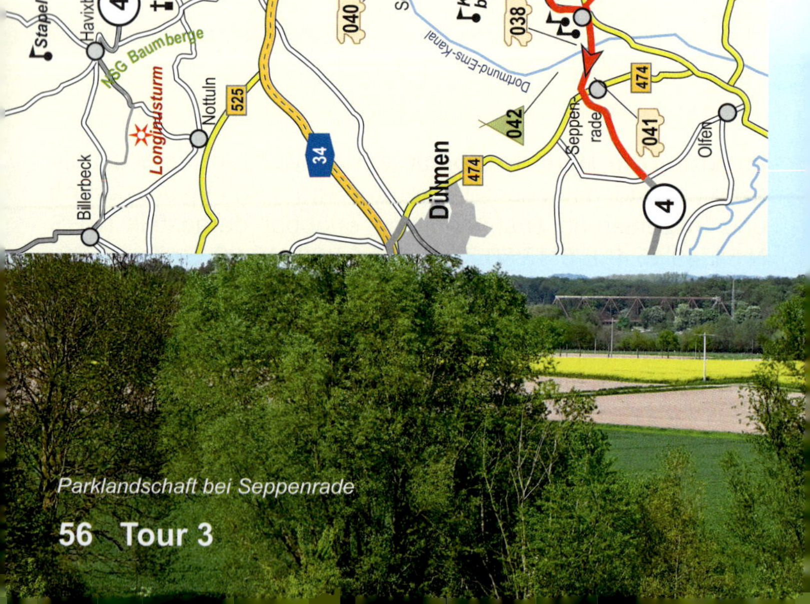
Parklandschaft bei Seppenrade

TOUR 3 150 km

Süden – Burgen und Schlösser

Beckum – Ahlen – Drensteinfurt – Haus Heidborn/Hiltruper See – Ascheberg – Nordkirchen – Lüdinghausen – Senden Seppenrade

Stellplätze:	Beckum, Ahlen, Drensteinfurt, Sendenhorst, Hiltruper See, Ascheberg, Nordirchen, Lüdinghausen, Senden, Seppenrade
Campingplätze:	Seppenrade
Besichtigen/ Stadtrundgang:	Beckum, Drensteinfurt, Schloss Westerwinkel, Nordkirchen, Lüdinghausen, Seppenrade
Spaziergang/ Wandern:	Beckum Blaue Lagune oder Höxberg, Ahlen Osthalde, Hiltrup zur Landwehr, Venner Moor

Dies ist vor allem die Tour der Burgen und Schlösser! Prunkvoll und hochherrschaftlich wie in Nordkirchen, mittelalterlich und ungewöhnlich rund wie Burg Vischering oder auch in der Schlichtheit beeindruckend wie Westerwinkel. Elf Burgen und Schlösser liegen direkt auf unserer Tour, eingebettet in die Münsterländer Parklandschaft mit ihren Hecken, Waldstreifen und kleinteiligen Feldern.

In Beckum und Ahlen lernen wir außerdem die Bergbaugeschichte des südlichen Münsterlandes kennen und den Abbau von Strontianit. Schließlich kommen wie immer im Münsterland auch Naherholungs- und Naturschutzgebiete nicht zu kurz!

Höxberg: Windmühle und Soestwarte

Unser erstes Ziel **Beckum** punktet vor allem mit den Freizeitmöglichkeiten im Umland, bietet aber auch eine entspannte Innenstadt mit einzelnen historischen Gebäuden.

Beckum – Geschichtssplitter

Aus der Zeit nach dem 30jährigen Krieg datieren die „Beckumer Anschläge", Schildbürgerstreiche, die heute u.a. während des Stadtfestes in Erinnerung gerufen werden. Aus der mittelalterlichen Ackerbürgerstadt entwickelte sich ab dem 19. Jahrhundert einer der weltweit größten Standorte für Zementherstellung. Heute sind in Beckum zwei große Zementwerke angesiedelt.

Auch wenn der Altstadtring noch deutlich erkennbar ist, haben mehrere Brände viel von der historischen Bausubstanz zerstört. Das Alte Rathaus aus dem 15. Jahrhundert wurde um 1879 ergänzt durch einen neogotischen Stufengiebel und beherbergt heute das Stadtmuseum. Dahinter liegt die Propsteikirche St. Stephanus aus dem 13. Jahrhundert.

Rund um Beckum gibt es mehrere Naherholungsziele in direkter Nähe zur Stadt.

Der **bewaldete Höxberg** liegt 3 Kilometer südlich und ist mit 162 m Höhe die höchste Erhebung Beckums. Auf der Kuppe befinden sich eine Windmühle, ein Tiergehege und Vogelvolieren sowie Gastronomie. Der 23,5 Meter hohe Aussichtturm Soestwarte, der früher die Landwehr sicherte und im Kern aus dem 16. Jahrhundert stammt, kann bestiegen werden. Die auf die Innenwände gemalten Bilder zeigen Motive der Beckumer Anschläge. Eine Joggingroute lohnt wegen der schönen Ausblicke zu allen Seiten auch als Spaziergang (3,7 km, googlen „Joggingroute Höxberg", Parken GPS N 51°43'57.4" E 8°03'24.7").

Der **Aktivpark Phoenix** am nordöstlichen Stadtrand liegt in einem renaturierten Steinbruch mit großem See und bietet verschiedene Spielplätze, darunter Abenteuer-, Wasserspielplatz, Riesenrutsche und Seilbahn, Sportfelder, Minigolf, eine Kletteranlage und am Wochenende einen Kiosk (Parken GPS N 51°45'45.7" E 8°03'42.5").

In einem ehemaligen Kalksteinbruch wurde der **Freizeitsee Tuttenbrock** angelegt am nordwestlichen Stadtrand. Es gibt zwei Badestrände, Gastronomie, eine Wasserskianlage, einen 2 Kilometer langen Rundweg um den See sowie einen großen Indoorspielplatz (Parken GPS N 51°46'25.2" E 8°01'51.5").

Die **Blaue Lagune im Dyckerhoffsee** ist ein Landschaftsschutzgebiet in einem ehemaligen Kalksteinbruch mit sandigen Ufern, lichtem Bewuchs und leuchtender Wasserfläche, das von Spazier- und Radwegen umrundet wird. Für den Uferbereich des nördlichen Sees besteht ein Betretungsverbot von April bis Oktober, für den südlichen ganzjährig (Parken GPS N 51°45'36.7" E 8°00'34.7" nur für kleine WOMOs in Parkbucht oder am Straßenrand, L 794 überqueren und geradeaus auf Asphalt bis zum Kreuz/Picknickplatz, hier rechts und jetzt den nördlichen/linken See umrunden teils auf Pfaden).

Blaue Lagune Dyckerhoffsee

Schließlich sei noch auf zwei beschilderte Radwege verwiesen: Der **WerseRadweg** startet in Rheda-Wiedenbrück und führt über Beckum und Ahlen nach Münster. Von Beckum sind es z.B. 15 Kilometer bis Ahlen und 32 Kilometer bis Drensteinfurt. Die **Zementroute** verbindet auf 27 Kilometern die verschiedenen Ortsteile von Beckum und führt durch die Parklandschaften und zu Aussichtspunkten.

(028) WOMO-Stellplatz: Beckum - Aktivpark Phoenix

GPS: N 51°45'50.6" E 8°03'30.2", Am Kollenbach. **Max. WOMOs:** 2.
Ausstattung: Keine.
Beschreibung: Schotterparkplatz am Stadtrand, von Bäumen umgeben.
Anfahrt: Aus Beckum Richtung Vellern, rechts in die Zementstraße, links in Am Kalkofen, gegenüber von Holcim West-Zement.

(029) Offizieller WOMO-Stellplatz: Beckum - Hallenbad

GPS: N 51°45'04.9" E 8°02'09.7", Paternweg 4. **Max. WOMOs:** 3.
Ausstattung: V/E, Strom (Gebühr) Santäranlagen im Hallenbad während Öffnungszeiten (Gebühr).
Beschreibung: Gepflasterte und mit kleinem Rasenstreifen und je einem Baum parzellierte Stellplätze, umgeben von Grün.
Preis: Kostenlos.
Anfahrt: Richtung Dolberg, hinter dem Westpark schräg links, Kreisverkehr 3. Ausfahrt.
Hinweis: 350 m bis zur Werse / Werseradweg, 650 m in die Innenstadt.

Mit **Ahlen** erreichen wir eine Stadt, deren Wirtschaft sich auf Strontianit- und Steinkohlebergbau gründete sowie auf die „Pöttkesfabriken", in denen Metallgeschirr und -töpfe erst gestanzt und dann emailliert wurden.

Die Kirche St. Bartholomäus stammt aus dem 15. Jahrhundert, in der Südwand sind Reste des romanischen Vorgängerbaus zu sehen. Das **Kunstmuseum in einer Gründerzeitvilla** mit einer futuristischen Stahl-Glas-Erweiterung zeigt Kunst des 20. Jahrhunderts in wechselnden Ausstellungen (nordwestlich des Zentrums an der Werse Mi-Fr 14:00-18:00, Sa/So 11:00-18:00, 6 €, Kind 4 €, Familie 15 €).

Das **Museum im Goldschmiedehaus** liegt zentral am Marienplatz und stellt historische Exponate aus zu zwei Themenschwerpunkten: Zeitmessung mit dem ältesten Exponat von 1585 sowie Andachts- und Kultgeräte verschiedener Weltreligionen, des Christentums, Judentums, Buddhismus und im Aufbau befindlich des Islam (nur für Gruppenbesuche, 24€/8 Personen, 02382 3467). Haus Geisthövel, einer der ehemals sieben Burgmannshöfe, beherbergt das Heimatmuseum.

Der **blaue Wasserturm**, eine Stahlkonstruktion von 1917, gilt als Wahrzeichen der Stadt. Als er 1982 für die Wasserversorgung der Zeche Westfalen und der Bergarbeiterkolonie nicht mehr benötigt wurde, sollte er erst abgerissen werden, wurde stattdessen jedoch restauriert (GPS N 51°44‘29.4“ E 7°54‘23.5“, keine Besichtigung).

Wasserturm Ahlen

Das **Bergwerk Westfalen** im Westen Ahlens wird von einer Projektgesellschaft vermarktet. Die unter Denkmalschutz stehenden Industriegebäude beherbergen heute neben Büroplätzen auch Kulturangebote, eine Indoorkletterwand, Fuß- und Radwege und das Zechen-Café mit Sonnenterasse im Ambiente der alten Gebäude (Parken GPS N 51°44‘54.6“ E 7°55‘03.9“).

Die knapp 90 Meter hohe **Osthalde** grenzt direkt an das Zechengelände. Seit 2019 führt ein Kreuzweg mit 14 modernen Stahl-Stelen hinauf. Oben am Haldenkreuz wartet eine weite Rundumsicht (Parken GPS N 51°45‘02.6“ E 7°55‘20.3“). Bisher stand die Halde unter Bergbaurecht und war für Einzelne gesperrt, was viele Spaziergänger aber nicht abhielt. Im Frühjahr 2021 wechselte sie den Besitzer und soll im Rahmen des Projektes „Green Zero“ ökologisch aufgewertet werden.

Zechengebäude des ehemaligen Bergwerks Westfalen

(030) Offizieller WOMO-Stellplatz: Ahlen - Parkbad

GPS: N 51°45'19.0" E 7°53'46.0", Dolberger Str. 66. **Max. WOMOs:** 4.
Ausstattung: V/E, Strom (inklusive).
Beschreibung: Gepflasterte Stellplätze am Rande des Parkplatzes unter Bäumen mit Blick in den Berliner Park, Bäckerei und griechisches Restaurant direkt gegenüber.
Preis: 8 €.
Anfahrt: Am Westrand von Ahlen Richtung Hamm, nach den Bahngleisen 1. links, vor Mercedes-Benz-Händler links, Kreisverkehr geradeaus.
Hinweis: Mit 24 h-Ticket 50% Ermäßigung auf Hallenbad und Sauna.Für 3 (5) € können die Plätze auch für einen halben Tag genutzt werden (mit Ver-/Entsorgung).
In die Innenstadt: Zur Werse, am WerseRadweg links (1,3 Kilometer/ 20 Minuten).
Zum Bergwerk Westfalen und Osthalde: Am WerseRadweg rechts, am Fuß der Halde der asphaltierten Bergmannsstraße nach links folgen (2,8 km).

Mit **Drensteinfurt** erreichen wir die Gegend der typisch münsterländischen Schlösser und einen Ort mit einem etwas verwunschen wirkenden, kleinen Zentrum südlich des Schlosses.

Strontianit

Der Abbau dieses Erzes führt in Beckum, Ahlen und Drensteinfurt zu wirtschaftlichem Aufschwung.
Mit Strontianit, auch Silberstein oder Strunz genannt, konnte die Zuckerausbeute aus der Melasse der Zuckerrübe erhöht werden. Das größte bekannte Vorkommen im südlichen Münsterland führte Ende des 19. Jahrhunderts zu einem wahren Goldrausch mit mehreren hundert Bergwerken unterschiedlicher Größe und Schächten bis zu 100 Metern Tiefe. Wie jeder Goldrausch erlosch auch dieser kurze Boom um 1900 wieder, als das Mineral an Bedeutung verlor durch die Entdeckung von Ersatzmaterialien und den Verfall des Zuckerpreises.

Die Klassizistische Pfarrkirche St. Regina aus Backstein, am Turm farblich abgesetzt mit Sandstein, wurde 1785 auf dem Fundament der Wehrkirche aus dem 12. Jahrhundert gebaut. Das barocke **Haus Steinfurt** von 1709 ersetzte eine mittelalterliche Burg. Es liegt hinter der Kirche auf einer Insel, ist von Gräften und der Werse umströmt und zur Stadt von einer Mauer umgeben. Das der Kirche zugewandte Torhaus vom Ende des 16. Jahrhunderts ist der älteste noch bestehende Bau. Zum Ensemble gehören auch eine Wassermühle sowie die Parkanlage mit Barockgarten gegenüber dem Haupteingang im Westen. Das Schlossgelände selbst kann nicht betreten werden.

Torhaus Haus Steinfurt

Die Alte Post in Drensteinfurt

Der beeindruckende Fachwerkbau der **Alten Post** von 1647 befindet sich zwischen Kirche und Haupteingang des Schlosses. Das Vierständerhallenhaus diente sowohl als Handelsstation mit Lagermöglichkeiten in den Speichern wie auch als Landwirtschaftsbetrieb. Heute beherbergt es den Rat der Stadt, Sitzungsräume und Platz für kulturelle Veranstaltungen. Hier startet ein **Historischer Stadtrundgang** mit 18 Stationen. Rund um die Kirche sind weitere historische Bauten zu finden.

Villa Schmidt von 1908 zeugt vom Reichtum ihres Erbauers, des Besitzers einer Strontianit-Grube. Im Bienenmuseum können Bienen „bei der Arbeit" betrachtet werden sowie Geräte und Informationen rund um die Imkerei (Mai-Aug., 14:00–18:00) (Parken GPS N 51°47'55.8" E 7°44'18.7", Villa Schmidt auf der gegenüberliegenden Seite des Parkplatzes, ins Zentrum: 300 m nach Osten). Der **Strontianitlehrpfad** startet an der kleinen Abraumhalde Bertha und führt über einen Grünstreifen durch ein Wohngebiet (GPS N 51°47'40.1" E 7°43'23.7").

Blick auf Haus Steinfurt von der Westseite

(031) Offizieller WOMO-Stellplatz: Drensteinfurt Am Erlbad

GPS: N 51°47‘23.2“ E 7°44‘54.5“, Im Erlfeld 4. **Max. WOMOs:** 3.

Ausstattung: V/E, Strom (Mai bis September, Gebühr), am Freibad.
Beschreibung: Asphaltierte Plätze direkt an der wenig befahrenen Zufahrtsstraße, nur für WOMOs bis max. 6 m, schönere Plätze ohne Strom mit Schatten gibt es im Bereich des großen Parkplatzes westlich des Erlbades.
Preis: Kostenlos.
Anfahrt: Von Ahlen kommend an der Kreuzung mit der B 63 geradeaus Richtung Zentrum, Kreisverkehr 3. Ausfahrt, 3. Abzweig schräg rechts, 2. rechts.

Südlich von Drensteinfurt liegen zwei Wasserschlösser in direkter Nachbarschaft: Haus Venne, ein Backsteinbau aus dem frühen 18. Jahrhundert, dient heute als Location für Feiern (GPS N 51°45‘41.1“ E 7°43‘56.8“, Parken in Mersch). Schloss Itlingen ist ein Anwesen mit burgähnlichem Charakter aus dem 14./18. Jahrhundert (GPS N 51°45‘23.9“ E 7°42‘33.0“).

Auf dem Weg nach Aschberg können wir einen **Abstecher Richtung Münster/Hiltrup** unternehmen: In **Rinkerode** sind zwei Wasserburgen erhalten, beide in Privatbesitz und nicht zu besichtigen: **Haus Borg** ist ein vollständig erhaltenes Herrenhaus aus dem 15./16. Jahrhundert mit großer Parkanlage. Vom historischen Haus Bisping existiert nur noch das Torhaus von 1651, das sich romantisch in den Resten der Gräfte spiegelt. Ein privat betriebenes Mühlen- und Gerätemuseum befindet sich in einer Windmühle von 1810 (GPS N 51°50‘07.6“ E 7°40‘47.9“, Besichtigung nach telefonischer Vereinbarung 02538 756).

Haus Borg

Etwas neben der Strecke gibt es in Sendenhorst zwei Wohnmobilstellplätze:

(032) Offizieller WOMO-Stellplatz: Sendenhorst Hallenbad

GPS: N 51°50'34.3" E 7°49'06.5", Westtor 31. **Max. WOMOs:** 3.

Ausstattung: V/E, Strom (Gebühr).
Beschreibung: Gepflasterter Stellplatz in separater „Nische" des Hallenbad-Parkplatzes, umgeben von Bäumen.
Preis: Kostenlos.
Anfahrt: An der L 586 am Westrand von Sendenhorst, 1. rechts nach Parkplatz Hallenbad.
Hinweis: Eng für sehr lange WOMOs.

(033) WOMO-Gaststättenplatz: Sendenhorst Hotel Waldmutter

GPS: N 51°50'06.6" E 7°51'22.6", Hardt 6. **Max. WOMOs:** 5.
Ausstattung: Keine.
Beschreibung: Langer, breiter Streifen auf Rasengittersteinen, daneben Rasenstreifen, Büsche und Teich, sehr ruhige Lage an den Hardtteichen.
Preis: Einkehr obligatorisch, Biergarten und klassische Küche.
Anfahrt: An der L 586 Richtung Beckum, gut 2 km östlich von Sendehorst.

Weiter Richtung Münster/Hiltrup erwarten uns zwei Natur-Highlights, die an der B54 fast gegenüber liegen:

In **Gut Haus Heidborn** befindet sich unter anderem die **NABU Naturschutzstation Münsterland**. Hier wurde ein drei Hektar großer Park angelegt mit Teich, Picknicktischen, Bauerngarten und Naturerlebnispfad (Parken GPS N 51°52'39.4" E 7°38'57.4" oder entlang der folgenden Schotterstraße, die wieder zur B54 führt, keine großen WOMO).

Spaziergang zur Landwehr, 2 km

Wir starten an der NABU-Station Haus Heidborn. Zwischen dem NABU-Haus und dem Parkgelände hindurch gehen wir Richtung Wald. Auf dem Forstweg geradeaus kommen wir an Relaxliegen im Wald vorbei und treffen auf eine Linkskehre. Hier führt ein Pfad leicht rechts hoch auf den Damm der zweiwalligen Landwehr (bis hier 1 km). Auf und entlang dieses Dammes führt der Weg für weitere 1,3 km nach Süden. Zurück gehen wir auf gleichem Weg.

Am Hiltruper See

Der **Hiltruper See** entstand durch Sandabbau und ist eines der beliebtesten Naherholungsziele Münsters. Er kann auf Wanderwegen umrundet werden und es gibt Spielplatz und Freibad. Da der See ein Wasserschutzgebiet ist, herrscht Badeverbot. Am Parkplatz startet der 13 Kilometer lange Naturlehrpfad Hohe Ward, der über die Bedeutung des Waldgebietes auf Kiessandgrund für die Wasserversorgung Münsters aufklärt (GPS N 51°53'09.9" E 7°39'01.7").

Storch auf den Wiesen zwischen Hiltruper See und NABU-Station

(034) WOMO-Stellplatz: Hiltrup - Hiltruper See

GPS: N 51°53'11.8" E 7°38'58.1", Zum Hiltruper See. **max. WOMOs:** 3.

Ausstattung: Keine.

Beschreibung: Außerhalb der Hauptsaison, zwei Parkplätze auf beiden Seiten der Straße, unterteilt mit Grünstreifen und Bäumen, der nördliche Platz ist etwas weiter abgelegen vom See und deshalb weniger frequentiert.

Anfahrt: Letzte Abfahrt von der B54 vor der Kanalbrücke, beschildert.

Hinweis: Badeverbot. Vom Stellplatz aus kann man zum **historischen Wasserwerk Münster** wandern (Abzweig „Hohe Ward" zwischen Parkplatzabfahrten und B 54 nach Süden, am See vorbei und dann immer dem Straßenverlauf folgen, wird nach der Eisenbahnbrücke ein sehr breiter, etwas sandiger Fahrweg, 2,4 km). Außerdem kann die sich nach der Kanalbrücke anschließende Kanalinsel mit Fahrrädern umrundet werden.

Jetzt fahren wir auf der Hauptroute nach **Ascheberg**, wo am letzten Wochenende im Juli die Jacobi-Kirmes stattfindet, die größte Dorfkirmes im Münsterland.

(035) Offizieller WOMO-Stellplatz: Ascheberg - Am Park

GPS: N 51°47'25.7" E 7°37'09.6", Appelhofstraße 6. **max. WOMOs:** 4.
Ausstattung: Keine.
Beschreibung: Ruhige Lage am Park, gepflasterter Parkplatz hinter Häusern, Spielplatz im Park, teilweise Schatten.
Preis: Kostenlos.
Anfahrt: Von B 58 1. links nach Überquerung der A 1, nach Fußgängerüberweg rechts 1. links, nach 1. Haus links.

Schloss Westerwinkel im südlichen Ortsteil Herbern ist ein beliebtes, aber noch nicht überlaufenes Ausflugsziel. Der wehrhaft wirkende, barocke, vierflügelige Schlosskomplex mit Vorburg von 1663 wird umspült von zwei rechteckigen Grabensystemen. Das Gelände ist fast vollständig von einem Golfplatz umgeben, Spaziergänge rund um die Schlossanlage und zwischen Vorburg und Schloss hindurch sind immer möglich. Direkt gegenüber der Vorburg liegt das Café im Clubhaus des Golfplatzes mit Kuchen und kleinen Speisen. Das Schloss mit seinem original erhaltenen Interieur und Mobiliar ist in Privatbesitz (GPS N 51°44'26.5" E 7°38'21.7", Führungen möglich nach Voranmeldung für Gruppen ab acht Personen, 4 €, Kind 2 €).

Ebenfalls bei Herbern liegt Schloss Itlingen hinter hohen Baumreihen versteckt, das nicht besichtigt werden kann.

Schloss Westerwinkel bei Ascheberg

Mit **Schloss Nordkirchen** erreichen wir das „**Westfälische Versailles**".

Schloss Nordkirchen

Die Ursprünge des Schlosses liegen im frühen Mittelalter. 1324 lebten die Ritter von Morrien wahrscheinlich in einer Motte östlich des Schlosses im heutigen Hirschpark. Nach mehrfachen Aus- und Umbauten zu einer wehrhaften Burganlage und Verkauf an die Familie von Plattenberg wurde der Barockbaumeister Pictorius mit der Planung eines repräsentativen Schlosses beauftragt. 1703 begann der Bau, der 20 Jahre später von Johann Conrad Schlaun weitergeführt wurde.
Nach weiteren Besitzerwechseln wurde das Schloss als Erholungsheim der Reichspost und von der NSDAP als Gauführerschule genutzt. Zwar wurde es im Krieg kaum zerstört, doch verfiel es zusehends. Heute gehört das Schloss dem Land NRW, das es mit hohem Aufwand restaurieren ließ und dort eine Fachhochschule für Finanzen betreibt.

Der weitläufige **Schlosspark** ist frei zugänglich. Das Schloss kann bei Führungen besichtigt werden (Sonn- und Feiertags Mai-Sept. ohne Anmeldung, 11:00-17:00, Okt.–April mit Anmeldung, 4 €, Kind 2 €, Tel. 02596 933-0). Das Schloss-Restaurant bietet Kuchen, Waffeln, kleine Gerichte und Gourmetküche auch im Schlosshof (Parken am Seitenstreifen der Straße Am Schlosspark, GPS N 51°44'09.3" E 7°31'44.8", oder am Straßenrand vor dem WOMO-Stellplatz).

Wer Abstand zum Trubel rund ums Schloss bekommen möchte, dem sei der **Hirschpark** empfohlen. Direkt östlich an den Schlosspark angrenzend und nur durch die Landstraße getrennt, wurden hier früher die Geweihträger gejagt. Heute lädt das Waldgebiet mit Buchen, Eichen und Wiesenflächen zum Spazierengehen ein (Wanderparkplatz GPS N 51°44'22.8" E 7°32'26.5", nur für kleine WOMOs).

(036) Offizieller WOMO-Stellplatz: Nordkirchen

GPS: N 51°44'24.6" E 7°32'02.4", Am Gorbach. **Max. WOMOs:** 21.

Ausstattung: V/E, Strom (Gebühr).

Beschreibung: Sehr gepflegter Platz mit Schotterstellflächen und kleinen Rasenflächen für jedes WOMO, ruhige Lage am Ortsrand, nah zu Stadt und Schloss, wenig Schatten.

Preis: 12 €

Anfahrt: Von der Umgehungsstraße links Richtung Schloss, 1. rechts.

Hinweis: Lange Parkbuchten am Straßenrand vor dem Stellplatz ermöglichen auch, nur tagsüber zu parken.

Vom Stellplatz-Eingang aus sind es: **Zur Stadt:** nach rechts etwa 600 Meter. **Zum Schlosspark:** Nach rechts und hinter dem Schulgelände links auf den Radweg (700 Meter). **Zum Wanderparkplatz Hirschpark:** Nach links, Rechtskurve folgen, Querstraße links und Umgehung (Münsterstraße) überqueren (600 Meter).

(037) WOMO-Wanderparkplatz: Nordkirchen Altendorf

GPS: N 51°43'46.9" E 7°33'56.2", L671. **Max. WOMOs:** 1.

Ausstattung: Kleiner Unterstand.

Beschreibung: Schotterplatz an der Landstraße, umgeben von Feldern und Bäumen.

Anfahrt: Von Nordkirchen auf der Ortsumgehung Münsterstraße Richtung Südkirchen, links Richtung Capelle, linke Seite.

Hinweis: Eine Übersichtskarte zeigt Wander- und Radwege.

Schloss Nordkirchen, das Westfälische Versailles

Burg Vischering

Mit **Lüdinghausen**, auch **Dreiburgenstadt** genannt, erreichen wir ein Mittelzentrum, dessen Geschichte zurückreicht ins Jahr 800, als der Heilige Liudger hier einen Hof übereignet bekam.

Wahrzeichen der Stadt ist die **Burg Vischering**, die besichtigt werden kann und von einem Park umgeben ist. In der Vorburg gibt es eine Mitmach-Ausstellung für Kinder zum Thema „Ritter und Pferde“ (Parken GPS N 51°46‘37.4“ E 7°26‘24.6“, DI bis SO 10:00–18:00, Vorburg/ Haupt- und Vorburg 3,50/ 7,50 €, Kind bis 18 Jahre 1,50/ 3,50 €, Familie 8,50/ 20 €). Ein digitaler Parcours ermöglicht die Erkundung des Außengeländes (App „Biparcours Burg Vischering“).

Burg Vischering

Gegründet im 13. Jahrhundert wurde die Wehrburg zum Stammsitz der Familie Droste zu Vischering, in deren Besitz sie noch heute ist. Nach einem Brand wurde sie 1580 im Stil der Renaissance wiederaufgebaut, die Wohntrakte erhöht und ein Treppenturm im Innenhof angebaut. Die Auslucht, ein quadratischer Anbau nach Süden in den Hausteich, wurde um 1620 als jüngster Bauteil ergänzt. Im Zweiten Weltkrieg wurde die Burg schwer beschädigt und wiederhergestellt. Vor allem die Westansicht des runden Hauptbaus, der teilweise auf der mittelalterlichen Ringmauer aufsetzt und sich direkt aus dem breiten Wassergraben erhebt, vermittelt einen geschlossenen und wehrhaften Eindruck. Neben der Hauptburg ist die Vorburg erhalten mit Remise, Bau-, Brau- und Backhaus sowie ein vorgelagertes Pförtnerhaus und die Georgskapelle.
Die Burg ist immer noch im Besitz der Familie Droste zu Vischering, jedoch verpachtet an den Kreis Lüdinghausen, der sie als Ausstellungs- und Bildungsstätte nutzt. Neben wechselnden Ausstellungen ist in der Burg eine Dauerausstellung beheimatet, die das Leben in der Burg und drumherum veranschaulicht.

Burg Lüdinghausen stammt aus dem 12. Jahrhundert und wurde im 16. Jahrhundert zur Renaissanceburg umgebaut. Turm und Westflügel wurden im späten 19. Jahrhundert erneuert. Heute beheimatet die Burg den Ratssaal, die VHS sowie Ausstellungs- und Veranstaltungsräume. An der Fassade sind eine Steintafel mit Lebensmittelpreisen von 1573 zu finden, verschiedenen Wappen und eine Inschrift zum Stadtbrand von 1569 (Parken GPS N 51°46'11.4" E 7°26'24.5", April-Okt., Mi-Sa 14:00-17:00, So 11:00-17:00, Führungen möglich, Tel. 02591 926412).

An der Stever

Zwischen den beiden Burgen, die nur 500 Meter Luftlinie voneinander entfernt sind, erstreckt sich ein einladender Park mit Rad- und Spazierwegen und begrenzt von Vischering Stever und Mühlenstever. Es empfiehlt sich also, die Burgenbesichtigungen mit einem schönen Spaziergang zu verbinden! Das Stadtmarketing hat einen Stadtrundgang veröffentlicht, der die Burgen und Innenstadt verbindet (googeln „lhmarketing stadtrundgang", siehe auch Hinweis WOMO-Stellplatz).

(038) Offizieller WOMO-Stellplatz: Lüdinghausen Am Hallenbad

GPS: N 51°46'19.2" E 7°25'37.3", Rohrkamp. **Max. WOMOs:** 3.

Ausstattung: Keine.

Beschreibung: Übernachtungsmöglichkeit auf „normalem" Parkplatz, umgeben von Wiesengelände und einzelnen Bäumen.

Preis: Kostenlos.

Anfahrt: B 58 Richtung Dülmen, nach VW-Autohaus rechts in Rohrkamp

Hinweis: Zu den Burgen: Zwischen Hallenbad und Kita hindurch bis zu einem Querweg/Allee, dort rechts, Straße überqueren und weiter geradeaus, nach dem Spielplatz auf der Straße geradeaus (bedeutet: links und sofort um Rechtskurve folgen), an der T-Kreuzung geradeaus auf Fußgängerbrücke über die Stever, nächste T-Kreuzung rechts, führt zur Rückseite von Burg Lüdingshausen (950 m), dort links halten und durch den Park zur Klosterstraße, dort links und danach rechts zur Burg Vischering (1,6 km).

In die Stadt: Zur Burg Lüdingausen, durch das Torhaus und dann der Straße bis zur T-Kreuzung folgen (hier liegt links die Borgmühle), dort rechts, die Stufen zur Stever und über die Brücke mit der Plattform und Aussicht auf Borgmühle, Pättken geradeaus folgen, an der T-Kreuzung links zum Marktplatz oder rechts zur Kirche (400 m ab Burg).

Burg Kakesbeck gut fünf Kilometer nördlich von Lüdinghausen ist eine der größten, mittelalterlichen Burganlagen des Münsterlandes. Heute noch weist das Burggelände mit seinen Gräften einen Durchmesser von einem Kilometer auf, zu Zeiten seiner größten Ausdehnung war die Burg mit fünf Vorburgen gesichert. Die Gebäude stammen aus dem 13.-17. Jahrhundert und beherbergen eine Reitakademie.

Die **Radstrecke Lüdinghauser Acht** verbindet alle Burgen auf der Nordroute (23 km, leicht), während die Südroute vorbei führt an Burg Vischering, Burg Lüdinghausen und dem Rosengarten in Seppenrade (22 km, mittelschwer).

Ein **Abstecher nach Norden** führt nach Senden am Dortmund-Ems-Kanal mit den Zielen Schloss Senden und Venner Moor. Das dreiflügelige **Wasserschloss Senden** stammt aus dem 15. Jahrhundert und wurde später mehrfach erweitert. Über dem bunt gemischten Gebäudeensemble auf der quadratischen Insel in der Gräfte weht noch der Hauch vergangener Jahrhunderte. 2015 erwarb ein gemeinütziger Verein das im Verfall begriffene Schloss und restauriert es seitdem mit großem Einsatz. Seither wird es als Kulisse für Veranstaltungen wie Konzerte oder Mittelaltermärkte genutzt.

Im Venner Moor

Das Naturschutzgebiet **Venner Moor** bewahrt den Rest eines Hochmoores, wie es sie im Münsterland früher oft gab, und das beim Bau des Dortmund-Ems-Kanals zerschnitten wurde. Beschilderte Rundwege teils auf Bohlenwegen führen durch die Birken- und Moorlandschaft. Am Südende des Parkplatzes steht eine Infotafel.

(039) WOMO-Wanderparkplatz: Senden - Venner Moor

GPS: N 51°51‘56.3“ E 7°32‘54.2“, Kappenberger Damm. **Max. WOMOs:** 2.
Ausstattung: Keine.
Beschreibung: Im kanalnahen Bereich des sehr langgezogenen Schotterplatzes, nur 100 m vom Kanal entfernt.
Anfahrt: Von der B 235 in Senden nach der Kanalbrücke 2. rechts, an der T-Kreuzung rechts wieder über den Kanal, dann rechte Seite.

(040) Offizieller WOMO-Stellplatz: Senden - Sportpark

GPS: N 51°51'18.0" E 7°28'34.5", Bulderner Straße. **Max. WOMOs:** 5.
Ausstattung: Keine.
Beschreibung: Schotterrasen und einzelne Bäume im Bereich der Parkplätze Steverhalle und Sportpark.
Preis: Kostenlos.
Anfahrt: Von der B 235 in Senden nach der Kanalbrücke an der zweiten Kreuzung links, 1. Kreisverkehr 2. Ausfahrt, 2. Kreisverkehr 3. Ausfahrt, auf der linken Seite.
Hinweis: Das **Solebad cabrio Senden** befindet sich rechts neben der Steverhalle. Das **Schloss Senden** ist etwa 500 m entfernt, z.B. zwischen Steverhalle und Solebad cabrio entlang, vor der Stever nach rechts.

Zurück in Lüdinghausen fahren wir nach Westen, überqueren den Dortmund-Ems-Kanal und kommen ins **Rosendorf Seppenrade**. Der Rosengarten entstand seit 1968 auf einer ehemaligen Müllhalde. Auf knapp zwei Hektar werden etwa 600 verschiedene Rosensorten gezeigt, von Ehrenamtlern gepflegt und können auf Spazierwegen mit Ruhebänken bewundert werden. Am Eingang des Rosengartens sind die Nachbildungen von zwei Ammoniten ausgestellt, denn in einem Seppenrader Steinbruch wurde der weltweit größte Ammonit gefunden mit einem Durchmesser von 174 cm. Er und ein kleinerer Ammonit sind im LWL-Museum für Naturkunde Münster zu sehen.

Rosengarten Seppenrade

(041) Offizieller WOMO-Stellplatz: Seppenrade Rosengarten

GPS: N 51°45'51.5" E 7°23'49.6", Hauptstraße.
Max. WOMOs: 2.
Ausstattung: Keine.
Beschreibung: Zwei große, gepflasterte Plätze, umgeben von Hecken/ Bäumen.
Preis: Kostenlos.
Anfahrt: Nach der Kanalbrücke 2. Abfahrt nach Seppenrade, 1. links.

(042) WOMO-Campingplatz: Lüdinghausen Kanalufer

GPS: N 51°46'53.6" E 7°23'42.4", Ondrup 16. **Tel.:** 02591 8219.
Geöffnet: April bis Ende Oktober.
Ausstattung: Sanitäranlagen älter aber sauber.
Beschreibung: Von Bäumen gerahmte Camperwiese, Strom vorhanden.
Preis: WOMO 5 €, Person 3,50 €, Kind bis 14 Jahre 3 €
Anfahrt: Über die Kanalbrücke, am Kreisverkehr Seppenrade 1. Ausfahrt, 2. Rechts in Plümer Feldweg, 3. links.
Hinweis: Die anderen drei Campingplätze in direkter Nachbarschaft sind vor allem auf Festcamper ausgelegt.

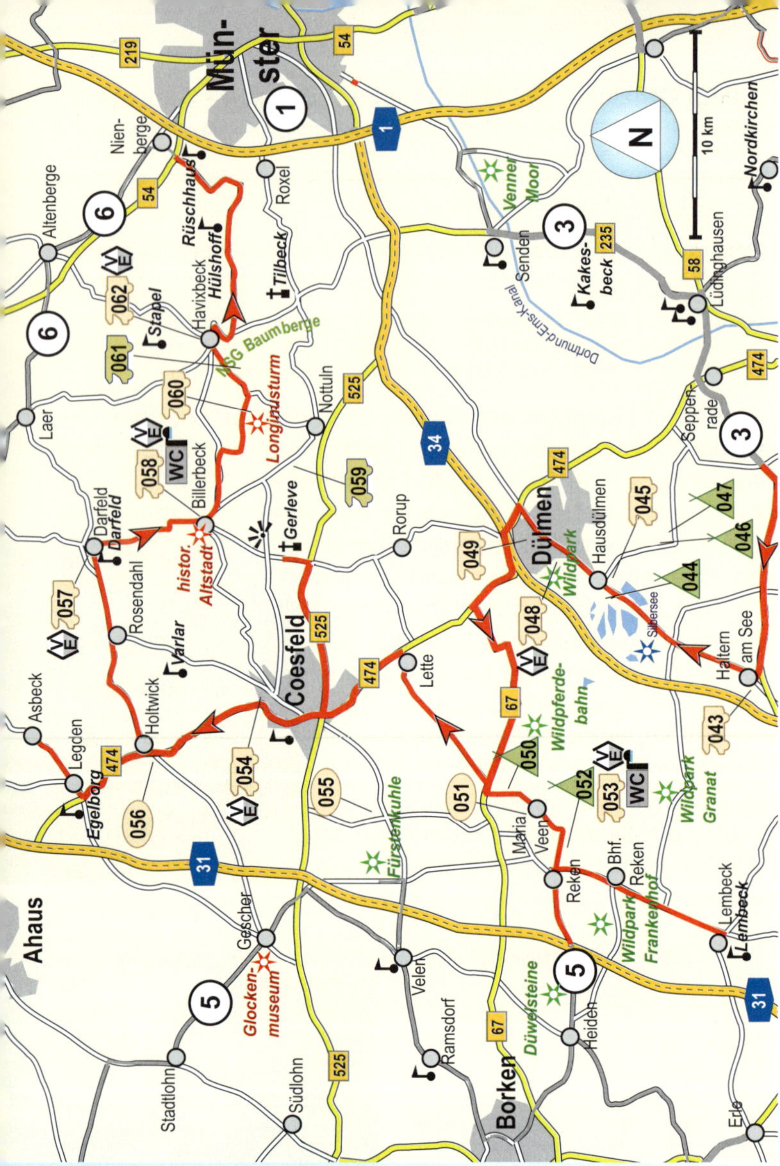
Münster
Nienberge
Altenberge
Roxel
Rüschhaus
Hülshoff
Havixbeck
Tilbeck
Stapel
NSG Baumberge
Longinusturm
Nottuln
Laer
Darfeld
Billerbeck
histor. Altstadt
Gerleve
Rorup
Rosendahl
Varlar
Coesfeld
Lette
Dülmen
Wildpark
Hausdülmen
Silbersee
Haltern am See
Asbeck
Legden
Egelborg
Holtwick
Fürstenkuhle
Maria Veen
Reken
Bhf. Reken
Wildpferdebahn
Wildpark Granat
Wildpark Frankenhof
Lembeck
Ahaus
Gescher
Glockenmuseum
Stadtlohn
Südlohn
Velen
Ramsdorf
Borken
Heiden
Düwelsteine
Erle
Senden
Venner Moor
Kakesbeck
Dortmund-Ems-Kanal
Lüdinghausen
Nordkirchen
Seppenrade
10 km
N

TOUR 4 180 km

Süd-West – Vielfältiges Münsterland

Haltern – Dülmen – Reken – Lembeck – Coesfeld – Legden Rosendahl – Darfeld – Billerbeck – Burg Hülshoff

Stellplätze:	Haltern, Hausdülmen, Dülmen, Coesfeld, Holtwick, Darfeld Billerbeck, Nottuln, Havixbeck
Campingplätze:	Dülmen, Reken
Besichtigen/ Stadtrundgang:	Coesfeld, Kloster Gerleve, Legden, Asbeck, Schloss Darfeld (beide nur von außen), Billerbeck, Burg Hülshoff, Haus Rüschhaus
Spaziergang/ Wandern:	Westruper Heide, Silbersee III, Wildpark Dülmen, Wildpferdebahn im Meerfelder Bruch, Walderlebnisweg Groß-Reken, Zur Egelborg, Billerbeck

Diese Tour südwestlich von Münster macht uns mit vielen Facetten des Münsterlandes vertraut. Es erwarten uns beeindruckende Schlösser und mittelalterliche Ortskerne. Wir erleben die Seen bei Haltern und Dülmen, Relikte des Sandabbaus. In der Wildpferdebahn, eines der herausragenden Highlights des Münsterlandes, leben nahe Verwandte der ursprünglichen Wildpferde in freier Wildbahn. Dass das Münsterland andere Landschaftsformen als die ebene Parklandschaft aufweist, zeigen die hügelige Landschaft bei Reken und die Baumberge mit ihren bewaldeten Kuppen. Neben vielen kleinen Orten, eben typisch Münsterland, bereisen wir mit Haltern, Dülmen und Coesfeld auch drei Mittelzentren.

Bei Billerbeck

Das Lohmännken

Mit **Haltern am See** starten wir diese Route mit einem beliebten Ausflugsziel am Rande des Rurgebietes. Neben mehreren Stau- und Baggerseen können wir das Naturschutzgebiet Westruper Heide besuchen, das LWL-Römermuseum und einen Bummel durch die Innenstadt unternehmen.

Haltern – Geschichtssplitter

Umfangreiche Funde belegen, dass sich in Haltern ein römisches Feldlager und ein Hafen an der Lippe befanden, dass zusammen mit anderen dazu dienen sollte, Germanien zu einer römischen Provinz zu machen. Dieses Unterfangen scheiterte mit der Varusschlacht 9 n. Chr. Im Mittelalter führte die günstige Lage am Übergang über die Lippe zur Verleihung von Stadtrechten und dem Bau umfangreicher Befestigungsanlagen, von denen nur noch der Siebenteufelsturm erhalten ist. 1577 wurde am Markt das Alte Rathaus mit Renaissance-Giebeln und Bogengang gebaut.

Der Siebenteufelsturm

Naturpark Hohe Mark

Haltern liegt im Naturpark Hohe Mark, der sich über Teile des Niederrheins, das südwestliche Münsterland und nördliche Ruhrgebiet erstreckt. Im Naturpark wurden zahlreiche Rad-, Wander- und Reitwege angelegt. Seit dem Frühjahr 2021 ist der 158 Kilometer lange Hohe-Mark-Steig freigegeben.

In Haltern sind die Highlights aufgereiht an der B 48. Von Osten kommend erreichen wir zuerst das **Naturschutzgebiet Westruper Heide** mit verschiedenen, farblich markierten, kurzen Rundwegen. Rund um das kleine Gebiet gibt es mehrere Parkplätze. An der quer zur B58 verlaufenden Straße „Flaesheimer/Stockwieser Damm“ liegt der Südparkplatz mit vielen Infotafeln, von dem wir nach Überquerung der Straße direkt in die Heide wandern können, und zwischen Heide und Stausee ist der Nordparkplatz. Kurz vor Erreichen des Sees gibt es zwei weitere Wanderparkplätze zu beiden Seiten der B 58, die sich nahe zum Anleger der Rundfahrten auf dem See befinden (Rundfahrten Mitte April - Mitte Oktober, knapp eine Stunde, 7/ 3,50 €).

Als nächstes schließt sich rechts der Parkplatz am **Seebad Haltern** mit Sandstrand an, von dem man auf dem Uferweg auch zum Westuferpark spazieren kann. Nach der Steverbrücke folgt das **Freizeitbad Aquarell** mit dem Wohnmobilstellplatz.

In der Westruper Heide

Die B 58 Richtung Wesel führt am südlichen Rand der Altstadt entlang und dann am **LWL- Römermuseum** vorbei. Es zeigt eine Dauerausstellung mit Exponaten, die teilweise hier ausgegraben wurden. Im zugehörigen Freigelände ist eine nachgebaute Festungsmauer mit Tor des römischen Hauptlagers Aliso zu sehen. Von hier hat man eine schöne Aussicht in Richtung Sauerland. Einiges aus dem Leben der Römer kann der Besucher auch selbst ausprobieren und das Audioprogramm erläutert humorvoll das damalige Leben. Im Café gibt es Kaffee, Kuchen und kleine Gerichte (GPS N 51°44‘21.2“ E 7°10‘17.7“, Di-Fr 9:00-17:00, Sa/So/Feiertag 10:00-18:00, Außengelände geöffnet von Ende März bis Ende Oktober, 7 €, bis 17 Jahre frei).

Herbststimmung am Halterner See

Im Römermuseum

(043) Offizieller WOMO-Stellplatz: Haltern am See Freizeitbad Aquarell

GPS: N 51°44'31.0"N E 7°12'02.8", Hullerner Straße. **Max. WOMOs:** 30.
Ausstattung: V/E, Strom (Gebühr), Dusche im Freizeitbad 1,50€.
Beschreibung: Schön angelegte Stellplätze im Grünen auf Rasengittersteinen und Schotter, abgetrennt durch niedrige Hecken, rundherum Blick auf Bäume, ideal zwischen Innenstadt, Stausee und Westruper Heide.
Preis: 11 €.
Anfahrt: An der B 58 am östlichen Stadtrand hinter d. Freizeitbad Aquarell.
Hinweis: Vom Stellplatz über die Zufahrt zur B 58, diese überqueren und wenige Meter geradeaus bis zu einem Fußweg mit Bäumen, von dort:
1. **In die Altstadt:** nach links Richtung Bahndamm und Unterführung, dann immer geradeaus bis zum Marktplatz (1 km eine Richtung).
2. **Zum Stausee:** rechts, dann z.B. vor der Brücke links und dem Uferweg zum Westuferpark folgen, der Rundweg um den See ist 8,7 km lang.
3. **In die Westruper Heide:** rechts, über die Brücke am Walzenwehr, Uferweg folgen am Schiffsanleger der Rundfahrten vorbei, beim Hotel Seehof die B58 queren, dann links und hinter dem Hotel rechts (1,7 km eine Richtung).

Wir verlassen Haltern nach Norden in Richtung Dülmen. Auf dem Weg zur Seenplatte der Silberseen können wir nach Sythen abbiegen. Hier bieten sich **Schloss Sythen** mit der Mühle und das kleine Naturschutzgebiet Linnert für einen Stopp an. Auch bei Radlern beliebt ist das gegenüberliegende Sythener Flora Hotel-Restaurant und Café (Parken am Schloss oder Hotel GPS N 51°46'09.3" E 7°13'39.6", ins Naturschutzgebiet mit Pfaden am Mühlenbach: mit Blick auf Schloss an der Straße links, dann zweimal rechts).

Schloss Sythen

Gegründet bereits im 9. Jahrhundert, wechselte die Burg im Laufe der Jahrhunderte mehrfach den Besitzer und verfiel. Ab 2000 wurde sie von der Stadt Haltern aufwändig restauriert und dient als Veranstaltungsort. Die Kapelle stammt vom Anfang des 14. Jahhunderts, das mächtige Torhaus aus dem 16. Jahrhundert. Gegenüber liegt die zugehörige Wassermühle, heute Begegnungsstätte. Das Schloss wird bei Veranstaltungen geöffnet.

Dann erreichen wir die **Seenplatte der Silberseen**. Bei den Silberseen handelt es sich um drei noch genutzte und ehemalige Baggerseen. Auch der Dülmener See liegt im Seengebiet.

Am **Silbersee II**, auch Badewanne des Ruhrgebietes genannt, wurde ein großes Strandbad eingerichtet. Neben dem 900 Meter langen Sandstrand gibt es das Restaurant „Treibsand", Verkaufswagen und 1.700 PKW-Parkplätze, auf denen in den Spitzenzeiten keine WOMOs parken dürfen (Parken 4,30 €, Eintritt 4,80 € ab 4 Jahre / Familie 2 Erw. + 2 Kids 16,50 €, nächster WOMO-Stellplatz in Hausdülmen (s.u.), einfache Entfernung von dort 3,4 km).

(044) WOMO-Campingplatz: Dülmen
Ferienpark Dülmener See

GPS: N 51°48'18.1" E 7°13'58.4", Zum Dülmener See 51.**Tel.:** 02594 2125.
Geöffnet: Ganzjährig (außer zwischen Weihnachten und Silvester).
Ausstattung: Kinderspielplatz, Café-Restaurant, öffentlicher Strand.
Beschreibung: Campingplatz mit vielen Festcampern und abgetrenntem Bereich für Kurzcamper, Plätze teilweise durch Hecken getrennt unter Bäumen, nahe am Strand, der See wärmt sich im Frühjahr schnell auf und veralgt schnell.
Preis: WOMO 6 €, Kinder 4-10 Jahre 5 €, Erwachsener 8 €, Strom 3 €.
Anfahrt: Auf der Haltener Straße durch Hausdülmen, nach der Heubachbrücke rechts.
Hinweis: Mit der Dülmener Urlauber-Card gibt es Vergünstigungen, z.B. „2 für 1" für das Freizeitbad, Sauna und Freizeit-Center JOY'N US .

Am Silbersee III

Der kleine Ort **Hausdülmen** liegt am Nordrand der **Seenplatte Silbersee**. Von hier bieten sich ruhige Spaziergänge und Radtouren in der Heubachniederung an.

(045) Offizieller WOMO-Stellplatz: Hausdülmen

GPS: N 51°48'26.3" E 7°14'50.4".
Max. WOMOs: 6 – 8.
Ausstattung: Keine.
Beschreibung: Schotterplatz am Sportplatz mit angrenzender Wiese.
Preis: Kostenlos.
Anfahrt: Auf der Haltener Straße durch Hausdülmen und nach dem Ortskern links in die Sandstraße.
Hinweis: zum Strandbad Dülmener See: Vor der Brücke über den Heubach links, T-Kreuzung links, nächste rechts (1,2 km).
Zum Restaurant Große Teichsmühle mit Biergarten und historischem Mühlengebäude: zurück Richtung Hausdülmen, vor der Brücke über den Heubach rechts auf den Schotterweg, immer am Bach entlang bis zum Restaurant.

Wanderung um den Silbersee III, 6,5 km (Badeverbot)

Start am WOMO-Stellplatz. Wir gehen zurück Richtung Hausdülmen und hinter den Sportanlagen links am Heubach entlang. An der Straße biegen wir links ab sowie nächste links Richtung „Quarzwerk". Beim nächsten Abzweig gehen wir rechts an der Schranke vorbei. Wir wählen den nächsten Fahrweg nach links, überqueren an einem kleinen Gebäude zwei dicke Metallrohre und queren den Fahrweg. Nach wenigen Metern auf einem Pfad kommen wir ans Ufer des Silbersees und zu einem kleinen Bootssteg. Von hier führt ein breiter, gut ausgebauter Schotterweg um den See herum, auf den wir nach rechts gehen. Er leitet uns meist durch den Uferwald, bietet aber an mehreren Stellen Aussicht auf den See. Bei Niedrigwasser lassen sich einzelne Abschnitte auch direkt am sandigen Ufer gehen. Der Weg führt hoch zu einer Wegekreuzung auf einer Wiese mit Picknickbank. Ein Pfad nach links führt zu einem Steg, der Rundweg verläuft weiter auf dem Hauptweg.

Eine weitere, sehr schöne Aussicht fast über den gesamten See aber leider ohne Bänke gibt es am schmalen Südwestende, wo ein breiter Weg schräg links abzweigt und zum Hauptweg zurückführt. Wir folgen dem Rundweg weiter und sollten am Nordostende einen breiten Abzweig schräg links nicht verpassen, der zu einem Strand führt. Schließlich kommen wir wieder am Steg an, wo wir den ersten Blick auf den See hatten, wählen den Pfad durch den Wald, gehen rechts am Haus vorbei, oben rechts, dann links, an der Straße rechts und nächste rechts am Bach entlang zurück zum WOMO.

Östlich von Hausdülmen liegen zwei Campingplätze in ruhiger Umgebung.

(046) WOMO-Campingplatz: Dülmen - Tannenwiese

GPS: N 51°47‘16.4“ E 7°16‘17.3“, Borkenbergestr. 217.
Tel.: 02594 991759.
Geöffnet: Mitte März – Mitte Oktober.
Ausstattung: Spielplatz und Trampolin.
Beschreibung: Campingplatz mitten im Grünen umgeben von Bäumen, mit großem Bereich für Touristencamper, Rasenfläche mit vielen Hecken
Preis: WOMO 4-5 €, Kinder bis 14 Jahre 2,5 €, Erwachsener 5,40 €, Strom 3 €, Duschen extra.
Anfahrt: In Hausdülmen Richtung Borkenberge, nach 3,2 km auf linker Seite.
Hinweis: Dülmener Urlaubs-Card s. Platz (044).

(047) WOMO-Campingplatz: Lüdinghausen Naturpott Borkenberge

GPS: N 51°46‘52.4“ E 7°16‘56.7“, Leversum 85.
Tel.: 02594 7979561.
Geöffnet: 1. März - Ende November.
Ausstattung: Mit Wasser- und Grauwasseranschluss, Brötchenservice, Schwimmteich und Spielplatz.
Beschreibung: Campingplatz im Grünen am Nordrand der Borkenberge, mit getrennten Bereichen für Dauer- und Touristencamper, großzügige Stellplätze und modernes Sanitärgebäude, Restaurant mit regionalen Produkten, neue Betreiber.
Preis: Wechselnd nach Jahreszeit, Wochenmitte/-ende.
Anfahrt: In Hausdülmen Richtung Borkenberge, Straße 4,7 km folgen.

Das Lüdinghausener Tor

Mit **Dülmen** erreichen wir ein weiteres Highlight unserer Route. Herausragend ist die Wildpferdebahn im Meerfelder Bruch. Auch der Wildpark in der Stadt lohnt einen Besuch. Die Innenstadt weist kaum historische Gebäude auf.

Dülmen – Geschichtssplitter und wichtige Bürger

Die Siedlung entwickelte sich um die karolingische Kirche St. Viktor und den Haupthof, der noch aus germanischer Zeit entstammte. 1311 erhielt Dülmen Stadtrechte. Zu ihrem Schutz war die Stadt umgeben von einer Stadtmauer mit fünf Türmen und einer Landwehr zum Schutz der Feldmark, deren Ring die Stadt in etwa einem Kilometer Entfernung umgab. Wirtschaftlich blühte Dülmen auf und Handel spielte eine wichtige Rolle. 1629 zerstörte eine Feuerbrunst große Teile Dülmens. 1945 wurde die Innenstadt fast vollständig zerstört.

Dülmener Bürger:

Die selig gesprochene Nonne Anna Katharina Emmerick, *1774, hatte schon in frühen Jahren christliche Visionen und soll später an ihrem Körper die Wundmale Christi getragen und sein Leiden durchlitten haben. Grab und Gedenkstätte befinden sich in der Heilig-Kreuz-Kirche. Ein Pilgerweg führt von Coesfeld von ihrem Geburtshaus, einer Kötterhütte in Flamschen, zur Heilig-Kreuz-Kirche (32 km).

Natz von Dülmen wurde der Dülmener Gastwirt Bernhard (Natz) Ostrop genannt, der von 1824-50 lebte. Diesem launigen Original wurden zu Beginn des 20. Jahrhunderts viele „Dönekes", Erzählungen und Sprüche, in den Mund gelegt und heute wird er als Werbefigur regelmäßig zum Leben erweckt.

Dülmen ist Sitz der Herzog von Croÿ'schen Verwaltung. Das Adelsgeschlecht mit Ursprung im 13. Jahrhundert hat sich in viele Linien aufgeteilt. Zu den umfangreichen Ländereien gehören Wildpark und Wildpferdebahn in Dülmen.

In Dülmen sind von der ehemaligen Stadtbefestigung noch zwei Türme erhalten, das Lüdinghausener Tor und der Nonnenturm. Die zentrale St.-Viktor-Kirche mit karolingischem Ursprung wurde um 1500 gebaut und nach der Zerstörung 1945 wieder aufgebaut. In der modernen Heilig-Kreuz-Kirche befinden sich das Grab von Anna Katharina Emmerick in der Krypta (8:00-17:00) und eine Gedenkstätte mit rekonstruiertem Sterbezimmer (Sa 15:30-17:00).

Der **Wildpark Dülmen** – nicht zu verwechseln mit der Wildpferdebahn – bietet sich für ausgedehnte Spaziergänge an. Auf 250 Hektar erstrecken sich Mischwald, Wiesen und Teiche. Damwild, Schafe und Heidschnucken leben hier frei, sind an Menschen gewöhnt und trotzdem wie wilde Tiere zu behandeln. Die große Wildparkrunde ist 5 km lang. In Dülmens Osten befindet sich die **Sauna-Insel** mit vier verschiedenen Saunen.

(048) Offizieller WOMO-Stellplatz: Dülmen Hüttendyk am Wildpark

GPS: N 51°49'34.2" E 7°16'16.7", Hüttendyk. **Max. WOMOs:** 6.
Ausstattung: V/E, Strom (Gebühr).

Beschreibung: Ideale Lage am Wildpark und nah zu Innenstadt, gepflastert, von Hecke und Waldstreifen gesäumt, am Rande eines großen Parkplatzes, ruhige Lage.
Preis: Kostenlos.
Anfahrt: Auf der L 551/Halterner Straße durch den Ortskern, hinter dem Fordhändler rechts in den Hüttendyk.
Alternative: WOMO-Stellplatz Kapellenweg am Sportzentrum, GPS N 51°49'22.0" E 7°16'48.1".
Hinweis: Zum Wildpark Dülmen: Zum Ende des Hüttendyk gehen, dort rechts und nächste links.
In die Innenstadt führt ein Fußweg gegenüber vom Stellplatz durch Vorpark und an einem Spielplatz vorbei, dann weiter geradeaus auf der Marktstraße (800 Meter). Der Markt befindet sich hinter der St.-Viktor-Kirche, das Lüdinghausener Tor vor der Kirche nach rechts, die Heilig-Kreuz-Kirche durch das Tor und 200 Meter weiter.

(049) Offizieller WOMO-Stellplatz: Dülmen Freizeitbad düb

GPS: N 51°50'38.6" E 7°16'22.7", Nordlandwehr 99. **Max. WOMOs:** 6.
Ausstattung: Keine.
Beschreibung: Ausgewiesene Stellplätze auf Schotter im großen Parkbereich des Freizeitbades, die A43 befindet sich nur wenige hundert Meter entfernt.
Preis: Kostenlos.
Anfahrt: Von Norden kommend auf die Nordlandwehr nach rechts abbiegen Richtung düb.

Jetzt geht es weiter Richtung Merfeld und Borken. Haus Merfeld, Wohnsitz des Herzogs von Croÿ, liegt am Ortsrand gut abgeschirmt hinter Bäumen und entzieht sich so den Touristen.

Dann erreichen wir die **Wildpferdebahn im Merfelder Bruch**, eines der großen Highlights des Münsterlandes. Auf 350 Hektar leben etwa 400 Dülmener Wildpferde ganzjährig frei. Abgesehen vom Zufüttern von Heu in strengen Wintern greift der Mensch nicht ein. Ein besonderes Ereignis ist der Wildpferdefang, der für eine gesunde Herde notwendig ist. Der beschilderte Abzweig befindet sich auf der Straße von Merfeld nach Borken knapp 5 Kilometer westlich von Merfeld (Parkplatz GPS N 51°50‘15.8“ E 7°08‘16.5“). Das Reservat kann witterungsabhängig von März/April bis zum 01. November an Wochenenden und Feiertagen von 10 bis 18 Uhr betreten werden (Eintritt Reservat 4 €, Kinder bis 14 Jahre 2 €, Führungen nach Vereinbarung 40 € plus Eintritt (Tel. 0170 3478005), Tickets für den Wildpferdefang Ende Mai 9,50-35 €).

Wildpferde im Meerfelder Bruch

Über viele Jahrhunderte war es in Westfalen eine verbreitete Haltungsform, Pferde in der Wildbahn zu halten und bei Bedarf zu fangen. Bereits 1316 wurde die Merfelder Herde urkundlich erwähnt. Doch der Bestand der Pferde nahm durch landwirtschaftliche Nutzung ihres Lebensraumes ab. 1847 ließ Herzog Alfred von Croÿ die letzten 20 Tiere in ein Reservat im Merfelder Bruch

bringen. Später wurden 200 Emscherbrücher Pferde aus den Niederungen der Emscher bei Bottrop hierhin umgesiedelt. Seitdem wird auf ein ursprünglich aussehendes Exterieur des Dülmener Wildpferdes geachtet. Das Fell ist braun- oder graufalb mit dunklen Beinen und für Wildpferde typischem Aalstrich. Manche Tiere weisen dunkle Streifen an den Beinen auf, die an Zebrastreifen erinnern. Die Pferde erreichen ein Stockmaß zwischen 125 bis 135 Zentimeter, gelten als gutmütig, langlebig und robust. Im Gegensatz zu ihren ganz wilden Vorfahren haben sie keine Stehmähne.
Einmal im Jahr am letzten Samstag im Mai werden alle Pferde zusammengetrieben, um die Junghengste herauszufangen. Das ist notwendig, um Inzucht und Territorialkämpfe zu vermeiden. Dieser Wildpferdefang ist ein großes Spektakel in einer riesigen, eigens dafür gebauten Arena. Die Jährlinge werden von jungen Männern von Hand gefangen, was manchmal zu einem fast archaischen Kampf wird.

Südlich und östlich der Wildpferdebahn erstreckt sich das **Naturschutzgebiet Heubachwiesen**. Hier wurde früher Torf gestochen zu Dünge- und Heizzwecken. Heute sollen sich hier Feuchtwiesen mit ihren Lebensgemeinschaften ungestört entwickeln können und Rückzugsort bieten für viele Tiere und Vögel. Wer schmale, einsame Strecken liebt, sollte einmal die einspurige Nebenstrecke von Dülmen nach Reken fahren, vorbei an den Vogelbeobachtungshütte Heunachniederung (GPS N 51°49'44.8" E 7°08'05.6").

In den Heubachwiesen

Für Naturliebhaber und Familien lohnt ein Abstecher ins **beschauliche Reken** mit vier kleinen Ortsteilen, die in einer hügeligen Landschaft liegen und von mehreren Waldgebieten umgeben sind.

In **Maria Veen** wartet ein kleiner, sehr gepflegter **Vogelpark** auf Besucher, in dem sich etwa 50 verschiedene Arten von Sittichen und Aras tummeln, mit angeschlossenem Spielplatz (Eintritt frei, März-Okt. täglich 9:30-17.30 Uhr, Nov.-Febr. nur Sa/So/Feiertage). Wer anschließend etwas Abkühlung braucht: an der Poststraße gibt's eine gute Eisdiele. Weiter geht's in den Hauptort **Groß Reken**. Die Freizeitanlagen Reken, ein Parkgelände mit Frei- und Hallenbad, Abenteuerspielplatz und Sportplätzen liegt am östlichen Ortsrand direkt beim Camping-/Stellplatz.

(050) WOMO-Campingplatz: Reken Reiterpark Brockmühle

GPS: N 51°50'49.1" E 7°06'01.2", Zum Heubach 34. **Tel.:** 02864 7759.
Geöffnet: 1. März - 31. Dezember.
Ausstattung: Swimmingpool, kleiner Streichelzoo, Kiosk, samstags Verkauf von Lebensmitteln vom Bauernhof.
Beschreibung: Wiese für Touristen-Camper im hinteren Bereich des großen Dauercamper-Platzes.
Preis: WOMO 11 €, Erwachsener 3 €, Kind/Jugendlicher 2 €, Strom 3 €, Dusche 0,70 €.
Anfahrt: In Maria Veen auf der Straße „Zum Heubach" nach Norden.
Hinweis: Auf dem Platz findet Reitunterricht für Gäste statt mit 11 eigenen Schulpferden, Ponys können für einen Spaziergang mit kleinen Kindern gemietet werden.

(051) WOMO-Stellplatz: Reken - Maria Veen

GPS: N 51°50‘37.0“ E 7°05‘19.6“, Parkplatz Landsbergstraße.
max. WOMOs: 2.
Ausstattung: Keine.
Beschreibung: Schotterparkplatz außerhalb von Maria Veen am Rand eines Waldgebietes, Schatten durch Bäume.
Anfahrt: Von Maria Veen Richtung Velen / Gescher, linke Seite.

Besonders gefallen hat uns der **Niedrigseilgarten** und der liebevoll angelegte **Walderlebnisweg**, durch den Ecki, das Eichhörnchen, über 1,4 km und 12 spannende Stationen zum Aussichtsturm „Am Melchenberg“ führt (nördliches Ortsende Richtung Coesfeld beim Berghotel Hohe Mark, Parken GPS N 51°50‘14.6“ E 7°03‘09.4“). In der Windmühle Reken befindet sich ein Heimatmuseum.

Waschfrauen und Windmühle in Reken

In Reken starten mehrere Radtouren: Auf der 5-Herzen-Tour kann man die verschiedenen Stadtteile Rekens kennenlernen (14-36 km), die historische Radroute führt an zahlreichen Kapellen, Bildstöcken und Wegekreuzen vorbei (26 km), die Tour zu den Wilden Pferden führt nach Dülmen und zurück (47 km, Kartenmaterial in der Tourist-Info Reken, Kirchstr. 14).

Im **Wildpark Frankenhof** warten neben vielen Tieren auch eine Greifvogelschau sowie Märchenwald und Erlebnisspielplatz. Wenige Kilometer südlich liegen der Wildpark Granat und der Freizeitpark Ketteler Hof.

(052) WOMO-Campingplatz: Reken - Groß-Reken

GPS: N 51°49‘37.6“ E 7°03‘43.5“, Berge 4. **Tel.:** 02864 4494.
Geöffnet: Ganzjährig.
Ausstattung: Spielplatz, Streichelzoo, Restaurant mit Biergarten.
Beschreibung: Großer Campingplatz mit kreisförmig angeordneten Parzellen wie Wagenburgen, Parzellen durch Hecken getrennt.
Preis: WOMO 6 €, Erwachsener 5 €, Kind 2-16 Jahre 1,5 – 3 €, Strom 0,5 €/kWh.
Anfahrt: An der südlichen Verbindung zwischen Reken und Maria Veen.

(053) Offizieller WOMO-Stellplatz: Reken - Groß-Reken

GPS: N 51°49'37.7" E 7°03'42.6", Berge 4. **max. WOMOs:** 20.

Ausstattung: V/E, Strom (Gebühr).
Beschreibung: Schön angelegter, großzügiger Wohnmobilstellplatz im Grünen auf Rasen rund um einen Fahrbahnring, einige Hecken, umgeben von Bäumen.
Preis: 6 €, Nutzung des Sanitärgebäudes I des Campingplatzes für 3,50 €/ Tag nur nach Anmeldung.
Anfahrt: Gegenüber vom Campingplatz.

Nur 10 Kilometer südlich von Reken entwickelt sich das **Wasserschloss Lembeck** am Rande des Ruhrgebietes zu einem Besuchermagneten. Besichtigt werden können das Schlossmuseum mit Café und der Schlosspark mit altem Baumbestand, Rhododendren, Hortensien und Spielplatz (GPS N 51°44'36.5" E 7°00'09.4", Park geöffnet Frühjahr bis Ende Okt., Museum Öffnungszeiten 2022 noch unbekannt, Eintritt Schlosspark/ Park + Museum 4,50/6 €, Jugendliche 12-17 Jahre 3,50/4,50 €, Kind 3-11 Jahre 3/3,50 €, Familie 13/18 €).

Jetzt können wir über Heiden nach Borken fahren und mit Tour 5 den Westen des Münsterlandes erkunden oder Tour 4 nach Norden in Richtung Lette folgen.

In **Lette** führt vom liebevoll gestalteten Heimatmuseum der **Museumspfad zur Windmühle** (GPS N 51°53'44.7" E 7°11'22.7", ca. 1 km eine Richtung, Museum geöffnet jeden 1. So im Monat von 15:00-17:00, 1 €). Außerdem finden sich in dem kleinen Ort ein Glasmuseum (zeitgenössische Glaskunst, Bauernhofcafé, Mi+Sa 14:00-17:00, So 11:00-17:00) und ein Eisenbahnmuseum am alten Bahnhof (Mi ab 18:00 und jeden 1. So im Monat 15:00-18:00, 1,50 €). Ein offizieller WOMO-Stellplatz ist geplant (GPS N 51°53'41.0" E 7°11'01.0"). Der Münsterland Camping beherbergt nur Dauergäste.

Die Vorburg von Schloss Lembeck

Mit **Coesfeld** erreichen wir eine Kreisstadt mit knapp 40.000 Einwohnern, hier lohnt ein Spaziergang durch die Innenstadt.

Coesfeld – Geschichtssplitter

Bereits im Jahr 809 erwähnt, war das Dorf Coesfeld lange abhängig vom nahegelegenen Kloster Varlar. Mit der Übertragung der Stadtrechte 1197 wurde diese unbeliebte Abhängigkeit aufgelöst. Coesfeld erhielt Markt- und Münzrecht sowie Steuerhoheit und blühte wirtschaftlich auf. Mit dem Dreißigjährigen Kriege begann der Niedergang, denn Coesfeld wurde mehrfach besetzt und erholte sich kaum. 100 Jahre später im Siebenjährigen Krieg wurde die Stadt entvölkert und die Stadtbefestigung zerstört. Ab 1654 ließ Fürstbischof von Galen die Ludgerusburg bauen, eine wehrhaft und glanzvoll geplante Zitadelle. Ihr Bau wurde nie beendet und bereits 34 Jahre später wurde sie geschleift. Erst die Industrialisierung und Ansiedlung von Textil-, Papier- und Lederfabriken leitete einen nachhaltigen Aufschwung ein. 1945 wurde Coesfeld durch Bombenangriffe weitgehend zerstört. Trotzdem sind einige historische Bauten erhalten oder wurden wieder aufgebaut.

Am Markt befindet sich die ehemalige romanische Kirche St. Lamberti. Sie wurde zu einer gotischen Hallenkirche umgebaut, deren beiden Türme durch einen barocken Zentralturm ersetzt wurden. In der Kirche wird das größte Gabelkreuz Deutschlands gezeigt, ein Kreuz in Y-Form mit einem Korpus aus Walnussholz aus dem 14. Jahrhundert. Aufgrund einer eingefügten Reliquie des Kreuzes Christis wurde das Kreuz zum Zentrum der „Kleinen" und „Großen Kreuztrachten", Wallfahrten zum wundertätigen Kreuz. Auf der anderen Seite der Kirche erstreckt sich der Markt mit dem Brunnen „Konferenz der Elemente" und dem Marktkreuz, einer Nachbildung des ursprünglichen Kreuzes aus der Zeit der Stadtrechte. Das Rathaus mit dem Stadtwappen „Der Ochsenkopf" wurde 1955 neu gebaut. Das schlichte, dreiflügelige Stadtschloss Coesfeld wurde um 1665 als Jesuitenkolleg errichtet und hat direkte Anbindung an die Jesuitenkirche, heute evangelische Kirche. Nach dem Krieg wurden Kirche und Schloss wieder aufgebaut, das Schloss dient heute als Verwaltungsgebäude. St. Jacobi stammt ursprünglich aus dem 13. Jahrhundert und wurde nach 1945 neu errichtet. Das romanische Turmuntergeschoss und Prachtportal wurden rekonstruiert und im Durchgang zur

Stadtschloss und Evangelische Kirche

Schlosspark an der Berkel

Kirche sind Fundstücke des alten Baus zu sehen. In der Kirche befindet sich ein romanischer Taufstein von etwa 1230, in dem Anna Katharina Emmerick getauft wurde.

Von der Stadtbefestigung aus dem 14. Jahrhundert sind zwei Türme erhalten, das Walbrückentor, heute Stadtmuseum, und der Pulverturm. Von der Ludgerusburg sind Reste des Torhauses und ein Gewölbe zu sehen.

Das Coebad ist ein modernes Hallen-Freibad mit Sauna.

(054) Offizieller WOMO-Stellplatz: Coesfeld Am Konzerttheater

GPS: N 51°57'12.5" E 7°10'25.7", Osterwicker Str. 39. **max. WOMOs:** 12.
Ausstattung: V/E, Strom (Gebühr).
Beschreibung: Gekieste, mit Bäumen umrahmte Fläche mit markierten Stellplätzen, ruhige Lage am Ende des Parkplatzes.
Preis: Kostenlos.
Anfahrt: Nördlich der Innenstadt, Beschilderung „Konzert Theater" folgen, dort im hinteren Bereich des großen Parkplatzes.
Hinweis: Platz ist nicht geöffnet in der Woche vor und am Pfingstwochenende sowie montags vor bis dienstags nach dem 3. Wochenende im September (Kreuzerhöhungskirmes).
Vorsicht: Unser Navi schickte uns durchs Wohngebiet bis zu einer Poller-Sperrung.
Alternative: Stellplatz am Brauhaus Stephanus, N 51°56'13", E 7°9'23", max. WOMOs: 4, gebührenfrei, Strom, Wasser, WC vorhanden.

Stadtrundgang Coesfeld, 3,6 km

Vom Stellplatz aus gehen wir nach rechts entlang der Osterwicker Str. in Richtung Stadt. Nach dem kleinen Wohngebiet auf der linken Seite biegen wir links ab und spazieren durch die Reste des Torhauses der Ludgerusburg. Wir kommen in den Stadtpark und halten bei einigen Verzweigungen die Ursprungsrichtung bei. Dann treffen wir nach 150 Metern auf die Kreuzung Billerbecker Straße / Friedrich-Ebert-Straße. Gegenüber liegt das Walbrückentor , durch das wir die Innenstadt betreten. Wir folgen dem Straßenverlauf und biegen in die dritte Straße links ab, die Weberstraße. An der ersten Abzweigung nach rechts steht die ehemalige Synagoge, die erhalten blieb, weil die Nachbarn sie aus Furcht vor einem größeren Brand in der Reichspogromnacht 1938 schützten. Heute ist sie Gedenk- und Veranstaltungsort. Geradeaus blicken wir auf St. Lamberti. Auf der rückwärtigen Seite der Kirche erstreckt sich der Markt mit dem Rathaus. Am Markt nach links gehen wir an der Turmseite der evangelischen Kirche vorbei. Mit Blick auf das ehemalige Stadtschloss spazieren wir durch den Schlosspark mit Sitzstufen an der Berkel. Auf der gegenüberliegenden Seite halten wir uns auf der Beguinenstraße nach rechts. Wir treffen auf die Häuserzeile am Südwall, nehmen einen Durchgang leicht rechts und überqueren die Umflut. Dann folgen wir zuerst dem Südwall nach links an der Umflut entlang, dann dem Fußweg im Schatten von Bäumen. Vorbei am Pulverturm kommen wir zurück zum Walbrückentor. Bei unserer Tour sind wir übrigens einigen Ochsen begegnet. Insgesamt 13 stehen in Anlehnung an das Stadtwappen in der Innenstadt.

Reste des Torhauses der Ludgerusburg

Ein leuchtendes Farbenspiel im Sonnenlicht und eine schöne Spiel- und Picknickmöglichkeit bieten die **Sandkuhlen in der Coesfelder Heide** (Parken s. WOMO-Platz, kleine Kuhle: am nördl. Parkplatzende schräg rechts, große Kuhle: am Parkplatzbeginn breiter Weg in rechtem Winkel von der Straße weg, 250 Meter).

(055) WOMO-Stellplatz: Coesfeld - Sandkuhle

GPS: N 51°54'37.4" E 7°05'00.9", Stevede. **Max. WOMOs:** 2.
Ausstattung: Keine.
Beschreibung: Parkplatz im Grünen an wenig befahrener Straße.
Anfahrt: Von Coesfeld auf der L 581 Richtung Velen, nach der einsamen Kirche Stevede an der nächsten Kreuzung rechts, nach 850 m rechts.

Haus Loburg liegt im Westen von Coesfeld, ist Wohnsitz der Familie Salm-Salm und nicht zu besichtigen. Östlich von Coesfeld befindet sich die Bischofsmühle am Honigbach, die nur auf Anfrage beim Stadtmarketing Coesfeld zu besichtigen ist.

Die Sandkuhle in der Cesfelder Heide

Einen lohnenswerten Abstecher bietet die **Benediktinerabtei Gerleve**, deren trutzige Abteikirche am Hang des Coesfelder Berges Erinnerungen an „Name der Rose“ aufkommen lässt, auch wenn die Kirche tatsächlich nur etwas über 100 Jahre alt ist. Auf dem weitläufigen Klostergelände mit Klosterpark gibt es Gästehäuser, Spielplatz, Klostergaststätte und Buchladen (Parken GPS N 51°56‘49.0“ E 7°14‘04.1“, Parkplatzzufahrt ist durch Stelen zu eng für große WOMO).

Kloster Gerleve

Die Abtei wurde 1899 gegründet, die Kirche 1901 gebaut. Während des 2. Weltkrieges wurde das Kloster geschlossen und die Räume als Mutter-Kind-Haus und später als Lazarett genutzt. 1946 kehrten die Mönche zurück. Heute leben knapp 40 Mönche im Kloster. Zu den fünf Mal am Tag gesungenen Stundengebeten sind Gäste willkommen.

Direkt in der Nähe liegt **Ludgerirast auf der Höhe des Coesfelder Berges.** Hier machte Ludgerus, der erste Bischof von Münster, auf seinem Weg nach Billerbeck Rast und segnete das Münsterland. Am darauffolgenden Tag starb er in Billerbeck. Ludgerirast ist über einen kurzen Abschnitt des Sint-Lürs-Weg zu erreichen.

Kloster Gerleve

Weite Aussicht von Ludgerirast

Spaziergang zu Ludgerirast, gesamt 1,4 km

Vom Parkplatz gehen wir Richtung Straße und nehmen den Fußweg nach rechts durch den Waldstreifen neben der Straße. Vor dem nächsten Feld gehen wir nach rechts, an der nächsten Feldecke nach links und kommen hoch zur Landstraße. Hier wenden wir uns auf dem Radweg nach links zu dem von einigen Bäumen gerahmten Kreuz. Von dort genießen wir einen weiten Blick übers Münsterland. Zurück können wir entlang der Straße gehen.

Zurück nach Coesfeld rollen wir weiter zu kleinen, nördlich und westlich gelegenen Orten. **Holtwick** ist vor allem für das Holtwicker Ei bekannt, ein eiszeitlicher Findling, der etwa zwei Meter aus der Erde ragt und von einem kleinen Park umgeben ist. So wie viele Findlinge, wurde der Stein vor etwa 200.000 Jahren während der Saaleeiszeit von Gletschern aus dem schwedischen Värmland hierher verbracht.

Die Sage zum Holtwicker Ei

Als der Teufel ins Münsterland kam und die vielen schönen Kirchen sah, wurde er wütend. Er suchte einen riesigen Stein und versuchte, ihn durch dichten Wald nach Coesfeld zu tragen. Aber der Stein war zu schwer und so wurde der Teufel immer wütender und schrie „Holt wiek oder ick smiet" (Holz, weiche oder ich schmeiße) und warf ihn Richtung Coesfeld, um die Kirche zu zerstören. Doch der Stein flog nicht weit und wo er landete, liegt heute Holtwick.

(056) WOMO-Stellplatz: Holtwick - Sportplatz

GPS: N 52°00'02.8" E 7°07'39.8", Bahnhofstraße.
Max. WOMOs: 2.
Ausstattung: Keine.
Beschreibung: Parkplatz an der B 474, mit Baumstreifen abgegrenzt und unterteilt.
Anfahrt: Am Ortsanfang Holtwick links abbiegen auf L 571 Richtung Gescher, sofort rechts.

Legden ist ein weitgehend unbekanntes Kleinod. Hier gibt es mehrere historische Häuser und den Dalienpark, in dem von Mitte Juli bis Mitte Oktober 160 verschiedene Dahlienarten blühen. Parken können wir entlang der Hauptstraße (GPS N 52°01'50.0" E 7°06'05.6").

Taubenturm

Rundgang durch Legden

An der Hauptstraße spazieren wir vorbei am ehemaligen Kaiserlichen Postamt aus der Wilhelminischen Zeit (Nr. 35). Am Dorfplatz mit Brunnen steht das schmale Fachwerkhaus „Taubenturm", heute Verkehrsverein, und Haus Runde mit klassischen Giebel. Dort gehen wir nach rechts zu St. Brigida. Der Wehrturm der spätromanischen Kirche aus dem 13. Jahrhundert wurde 1905 durch ein neuromanisches Querschiff mit Doppeltürmen ersetzt. Auf der Rückseite der Kirche gehen wir gegenüber in den Busshook. Haus Weßling (Nr. 3) wird heute als Museum genutzt, daran schließt sich ein gut restaurierter Speicher an. Das Patrizierhaus von Hülst (Nr. 9) aus dem 17. Jahrhundert zeigt einen aufwendig geschmückten Treppengiebel. Wir können auf gleichem Weg zurückgehen und vor St. Brigida links in den Dahliengarten abbiegen.

Haus von Hülst

Einen Kilometer westlich von Legden liegt **Haus Egelborg** im Grünen. Das Wasserschloss aus dem 14.-17. Jahrhundert gehörte den Herren von Billerbeck. Das Gelände ist für Besucher gesperrt, während des Sommers führt der heutige Besitzer Freiherr von Oer einmal pro Monat durch die Burg (4,50 €, Termine/Anmeldung Verkehrsverein Legden 02566 9503, Parken GPS N 52°02'00.9" E 7°05'18.6").

Haus Egelborg

Spaziergang zur Egelborg, 1,6 km

Wir folgen der kleinen Straße durch das stille Waldgebiet bis zum meist geöffneten Tor des Burggeländes mit schönem Blick auf den Bau. Betreten des Geländes ist leider verboten. Dann spazieren wir nach rechts an der Gräfte entlang. An der hinteren Ecke können wir nach links abbiegen zum Mühlenhaus und kommen wieder zurück. Dann folgen wir dem Weg geradeaus (Ursprungsrichtung rechts). Er führt vorbei an einem einsamen Haus und großen Rhododendren. Unterhalb des Bahnhofes halten wir uns rechts zum Parkplatz.

Auch der Ortsteil **Asbeck** mit seinen historischen Gebäuden, den Resten des Stiftes Asbeck und Dorfpark mit Teich lohnt einen Stopp. WOMOs parken am besten im Wiesengrund (GPS N 52°02'00.9" E 7°05'18.6").

Rundgang durch Asbeck, 1,3 km

Zur Stiftsstraße sind es nur wenige Schritte. Wir folgen dieser nach rechts vorbei am beliebten Fotomotiv der alten Zapfsäule und an Haus von Wüllen (Nr. 6), einem Klostergebäude aus dem 12. Jahrhundert und heute Geschäft „Im Kreuzgang". Die ehemalige Stiftskirche St. Margareta hat ein schlichtes, romanisches Langhaus aus dem 12. Jahrhundert, das mit Querhaus und Chor im Stil der beginnenden Gotik aus dem 13. Jahrhundert ergänzt wurde. Hinter der Kirche können das Dormitorium des Klosters aus dem 13. Jahrhundert mit Rundbogenfenstern im Erdgeschoss, heute Stiftsmuseum des Heimatvereines, sowie ein Nachbau eines Teils des Doppelkreuzganges betrachtet werden. Zurück auf der Stiftsstraße erreichen wir die Hunnenporte, früher das Tor zum Stiftsgelände und so benannt wegen der Hundezwinger. Wir können nach rechts gehen und in die nächste Straße links, so kommen wir an Dorfpark und Teich vorbei sowie an einem ehemaligen, im Kern mittelalterlichen Klostergebäude (Nr. 20).

Stiftskirche mit Doppelkreuzgang

Die alte Zapfsäule

Nördlich von Legden im Ortsteil Wehr beherbergen die alten Gebäude der **Düstermühle** aus dem 12. Jahrhundert ein beliebtes Ausflugslokal. Beim großen historischen Düstermühlenmarkt Ende August wird mit Vieh und Waren aller Art gehandelt und es gibt Imbissbuden und Jahrmarktatmosphäre (GPS N 52°04'30.3" E 7°05'33.0").

Schloss Varlar

Auf dem Weg nach Osten erwarten uns in Rosendahl und Darfeld zwei beeindruckende Schlösser, die beide nicht besichtigt werden können, aber einen Besuch wegen der imposanten und unterschiedlichen Fassaden trotzdem lohnen.

Das prächtige, klassizistische und von Gräften umgebene **Schloss Varlar** liegt südlich von Rosendahl (kleiner Parkplatz GPS N 51°59'15.6" E 7°10'44.1"). Um das Schloss zu betrachten: Vom Parkplatz aus nach links und zweimal rechts zum Tor, vor dem Tor auf dem Radweg nach links für die klassizistische Ostfassade bzw. nach rechts auf einem Trampelpfad für einen Blick auf die Innenseite. Vom Parkplatz aus nach rechts führt ein Spazierweg in das zugehörige Waldgebiet.

Schloss Varlar

Schloss Varlar entstammt einem Hof aus dem 11. Jahrhundert, der in ein Kloster überging. Zum Kloster gehörten Kirche und Vorburg mit den Wirtschaftsgebäuden. 1803 wurde das Kloster säkularisiert und kam in den Besitz der Familie zu Salm, in dem es sich auch heute wieder befindet. Im 19. und frühen 20. Jahrhundert wurden Gebäudeteile einschließlich der Kirche abgerissen und die heutige prächtige Fassade gestaltet.

Schloss Darfeld

Auf der Weiterfahrt können Blumenliebhaber einen Stopp im **Rosenzentrum Westmünsterland** in Rosendahl-Osterwick einlegen. Zur Blütezeit steht der Rosengarten in voller Pracht und es wartet ein kleines Café.

Das **Wasserschloss Darfeld** befindet sich nur wenige Kilometer entfernt. Besucher müssen am Sportplatz Darfeld parken, wo sich auch ein Stellplatz befindet (s.u.), von dort geht es durch die gegenüberliegende, baumbestandene Schlossallee zum Schloss (800 m eine Richtung).

Schloss Darfeld

Die Hauptburg besteht heute aus drei Flügeln, dem Herrenhaus, dem Arkadenhof und der Kapelle. Die reich verzierte Fassade des Arkadenhofes mit den beiden Galerien im Stil der venezianischen Renaissance stammt aus der Zeit des Originalbaus von 1612 bis 1616 und hinterlässt den Eindruck eines Märchenschlosses. Die neoromanische Kapelle wurde 1873 an Stelle eines Vorgängerbaues errichtet. Ansonsten wurde das Schloss bei einem Brand 1899 größtenteils zerstört und bis 1904 im Stil der Neorenaissance wiederaufgebaut. Hinter und neben dem Schloss befinden sich Vorburg und Wirtschaftsgebäude. Das Schloss ist in Besitz der Familie Droste zu Vischering und kann nicht besichtigt werden.

Im Osten von Darfeld ist der **Alte Bahnhof** mit Generationenpark, Bahnhofscafé des Heimatvereins und der nahe gelegenen Vechtequelle ein Ausflugsziel. Die **Radbahn Münsterland** führt direkt am alten Bahnhof Darfeld vorbei, sie ist von Lutum bis Rheine weitgehend steigungsfrei ausgebaut und drei Meter breit asphaltiert (nach Süden: 5,5 km bis Lutum, nach Norden 15 km bis Burgsteinfurt, 33 km bis Rheine).

(057) Offizieller WOMO-Stellplatz: Darfeld - Sportplatz

GPS: N 52°01'36.7" E 7°15'53.8", Sudetenstraße. **max. WOMOs:** 12.

Ausstattung: V/E, Strom (nur Grauwasser, Gebühr).
Beschreibung: Angenehmer Platz im Grünen auf Wiesenfäche, mit Bäumen und Hecken umrahmt.
Preis: Kostenlos.
Anfahrt: Am westlichen Ortsrand, beschildert.
Alternative: Stellplatz am Alten Bahnhof, GPS N 52°01'26.1" E 7°16'48.2", An der Laderampe, Max. WOMOs: 5, Strom, Beschreibung: gepflasterter Stellplatz in ruhiger Lage zwischen Industriegebäude und Radbahn Münsterland, kleiner Spielplatz, Zufahrt: in Darfeld rechts abbiegen Richtung Laer, 2. rechts „Am Bahnhof, in Rechtskurve links.

Als **Perle des Münsterlandes** gilt unser nächster Haltepunkt **Billerbeck**. Bereits in den sanften Hügeln der Baumberge gelegen, erstreckt sich der Ort mit historischem Stadtkern rund um den Dom.

Obwohl kein Bischofssitz, doch wegen seiner 100 Meter hochragenden Türme immer als Dom tituliert, wurde **St. Ludgerus** 1892-1898 gebaut an dem Ort, an dem seit dem 11. Jahrhundert eine dem Heiligen Ludgerus gewidmete Kapelle stand. Der Überlieferung nach stand das Sterbehaus Luidgers am Ort der heutigen Kapelle im Südturm, dem Ziel von Wallfahrten. Die benachbarte, neobarocke Kapelle der Friedfertigkeit wurde den Toten der Weltkriege und den Opfern der Nationalsozialisten gewidmet. Im Rathaus im neugotischen Stil von 1890 befindet sich die Tourist-Information. Das älteste Haus Billerbecks ist das **Haus Beckebans** in der Münsterstraße. In seiner jetzigen Renaissance-Gestalt mit „Specklagen-Technik", dem Wechsel zwischen rotem Ziegelstein und hellem Sandstein, wurde es wahrscheinlich um 1570 erbaut, obwohl manchmal auch 1409 angegeben wird.

Dom St. Ludgerus

Weitgehend unverändert aus dem Anfang des 13. Jahrhunderts stammt die **Johanniskirche**. Sie ist umgeben von der im Mittelalter üblichen geschlossenen Kirchplatzbebauung. Diese Speicher-

und Wohnhäuser armer Einwohner wurden teilweise um 1500 gebaut. An der Berkel steht die Kolvenburg, eine Wohnburg des niederen Adels aus dem 15. und 16. Jahrhundert und heute Kulturzentrum.

Die Kolvenburg

Stadtrundgang und Wanderung durch die Berkelauen, 3/6 km

Vom Stellplatz wenden wir uns an der Osterwicker Straße nach links und überqueren die nächste Vorfahrtsstraße geradeaus in die Mühlenstraße. Dieser folgen wir um eine Linkskehre und gehen nach dem Spielzeuggeschäft nach rechts zum Ludgerus-Dom. Am Hauptportal des Domes vorbei kommen wir zur Kapelle der Friedfertigkeit. Zurück am Dom spazieren wir auf seiner rechten Seite über den Marktplatz mit seinen Cafés und Restaurants geradewegs auf das Rathaus zu. Dort biegen wir zweimal rechts ab und kommen zum Haus Beckebans. Am Ende der Straße gehen wir nach links und gelangen zur Johanniskirche. Ein Durchgang zwischen den Häusern auf der anderen Seite der Kirche führt auf den Bushof. An dessen linker Seite entlang und geradeaus über die Straße kommen wir zur Berkel und auf ihrer anderen Seite zur Kolvenburg. Wir gehen zurück zum Bushof und können jetzt entweder durch die Stadt zurückgehen, oder aber wir biegen vor dem Bushof links ab und an der folgenden T-Kreuzung ebenfalls links. Sofort rechts führt ein Fußweg an der Berkel entlang bis zur Mühlenstraße, an der wir uns nach links zum Stellplatz wenden.

Wer an der Kolvenburg noch **Lust auf eine Wanderung im Grünen** hat, geht von der Burg zurück zur Berkel und biegt rechts auf den fein gekiesten Fußweg direkt vor ihrem Lauf ein. Zuerst entlang eines verbuschten Feuchtgebietes und dann durch einen Park halten wir uns bei Verzweigungen links, ohne die Berkel zu überqueren. Das heißt, dass wir bei der ersten Berkelbrücke rechts gehen und bei der zweiten geradeaus. So gelangen wir zur Daruper Straße, die wir überqueren. Nur wenige Schritte nach links nehmen wir erneut den Weg entlang der Berkel nach rechts. Direkt nach der alten Berkelfurt gehen wir nach links am ehemaligen Schwimmbad vorbei, heute ein romantischer See. Diesem Weg folgen wir durch die Auenwälder bis zu einer Querstraße. Hier gehen wir rechts. Ein kurzer Abstecher führt nach links auf einen Aussichtssteg. Dann spazieren wir an der Bushaltestelle vorbei und anschließend auf gepflegtem Weg nach rechts. Jetzt auf der anderen Seite der Berkel wandern wir zwischen Obstwiesen und Auwald zurück. Anschließend bringt uns der bekannte Weg durch den Park zurück zur Kolvenburg. Der weitere Rückweg erfolgt wie bereits oben beschrieben.

(058) Offizieller WOMO-Stellplatz: Billerbeck Freibad

GPS: N 51°58‘46.8“ E 7°16‘51.0“, Osterwicker Straße. **Max. WOMOs:** 11.

Ausstattung: V/E, Strom, (Gebühr), Duschen, kleiner Kiosk.
Beschreibung: Von Bäumen grün gerahmter Platz mit breitem Schotterweg und festen Grasstellflächen hinter dem Freibad, ruhige Lage, etwas eng bei Vollbelegung.
Preis: 8 €.
Anfahrt: Von Rosendahl kommend nach der Straße „Am Freibad“ links.

Blaudruck

Blaudruck war im Münsterland ein weit verbreitetes Handwerk. Dabei wird in der sogenannten Reservedrucktechnik gearbeitet. Dazu wird Baumwolle oder Leinen mit Hilfe von Modeln, Stempeln, mit einer Schutzmasse bedruckt und anschließend in einer Kaltfärbung mit Indigo gefärbt. Dabei entstehen weiße Muster im blauen Gewebe.
Ende des 17. Jahrhunderts kam Blaudruck nach Deutschland und verbreitete sich schnell als kostengünstige Technik zum Verzieren von Stoffen anstelle von Stickerei

Abstecher nach Nottuln:

Südlich von Billerbeck liegt Nottuln mit historischem Ortskern und einer Blaudruckerei. Die große, spätgotische Hallenkirche von 1489 gehörte früher zum Frauenstift Nottuln. Drei Geschosse des Turms stammen noch von dem Vorgängerbau aus dem 12. Jahrhundert. Ein Großbrand zerstörte 1748 die Klosteranlage und viele Häuser. Anschließend erhielt die Kirche eine barocke Turmhaube. Umgeben wird die Kirche von einigen historischen Häusern. Die Blaudruckerei Kentrup befindet sich etwas versteckt hinter der Stiftschänke (Di-Fr 10:00-12:00, Di-Do 15:00-18:00).

Sonnenuntergang am Longinusturm

(059) WOMO-Gaststättenplatz: Nottuln Harry's Speisekammer

GPS: N 51°56'36" E 7°19'53", Draum 105. **Max. WOMOs:** 4.
Ausstattung: Strom, Toilette während der Öffnungszeit des Restaurants.
Beschreibung: Von Hecken gesäumter Parkplatz des Restaurants, an kleinen Feldern zwischen zwei Waldgebieten, Restaurant mit klassischer Küche .
Preis: 10 € inkl. Strom.
Anfahrt: An der L 577 zwischen Billerbeck und Nottuln.
Alternative: Offizieller Stellplatz Albersmobile, GPS N 52°54'48" E 7°23'59", max. WOMOs: 5.

Von Billerbeck rollen wir weiter in Richtung Baumberge. Auf der Strecke nach Havixbeck biegen wir rechts ab zum **Longinusturm**, einem beliebten Ausflugsziel mit Weitblick. Der 32 Meter hohe Turm wurde 1900 eingeweiht und erhebt sich auf dem 188 Meter hohen Westerberg, der höchsten Erhebung der Baumberge. Benannt ist er nach „Doktor Longinus", dem Pseudonym eines Naturforschers der Baumberge. Das Café 18/97 ist nach dem Jahr des Baubeginns benannt (Fr/ Sa 14:30-18:00, So 12:00-18:00, Aufgang zur Aussichtsplattform 2,50 €, Familien 1,50/ 1 € Erw./ Kinder).

(060) Offizieller WOMO-Stellplatz: Nottuln Longinusturm

GPS: N 51°57'40.1" E 7°21'57.2", Baumberg 45. **Max. WOMOs:** 4.
Ausstattung: WC während der Öffnungszeiten des Cafés.
Beschreibung: Stellplätze auf PKW-Parkplatz mit schöner Aussicht, bitte im Café anmelden.
Preis: Kostenlos.
Anfahrt: Von Billerbeck nach Havixbeck, gut 2 km außerhalb der Stadt rechts nach Baumberg/Nottuln, nächste links und dritte rechts.

Abendstimmung an der Bruder-Klaus-Kapelle

Auf der Weiterfahrt nach Havixbeck kommen wir an einem **Wanderparkplatz in den Baumbergen** vorbei mit Infotafel (GPS N 51°57'27.7" E 7°22'48.1"). An einigen Stellen erlauben die Wege von hier entlang der Südwestseite des bewaldeten Höhenzugs einen schönen Ausblick aufs Stevertal.

Dann folgt das beliebte Café und Pannkokenhus Teitekerl. Zur **Bruder-Klaus-Kapelle** mit beeindruckendem Weitblick über das Münsterland kommen wir zu Fuß, indem wir am seitlichen Parkplatz/WOMO-Stellplatz des Teitekerl vorbei zwischen Wald und Feldern bergauf laufen entlang der schmalen Anwohner-Straße (immer geradeaus, 2 km hin und rück). Zwei Einschränkungen: An Wochenenden ist der Parkplatz meist voll belegt. Und, wenn der Bauer Mais statt Raps gepflanzt hat, ist die Aussicht ziemlich zugewachsen.

(061) WOMO-Gaststättenplatz: Havixbeck - Teitekerl

GPS: N 51°57'45" E, 7°23'10", Lasbeck 43. **Max. WOMOs:** 3.
Ausstattung: Keine.
Beschreibung: Privater, gepflasterter Parkplatz neben Café und Pannkokenhus, durch Bäume von L 874 getrennt und an zwei Seiten Wald, an Wochenenden von Wanderern voll belegt, eher für kleine WOMOs.
Preis: Kostenlos.
Anfahrt: An der Straße nach Havixbeck, rechte Seite, Parkplatz beschildert
Hinweis: Oberhalb im Wald verbergen sich Picknicktische und das WaldARTelier.

Auf der anderen Seite des Höhenzuges der Baumberge erwartet uns **Havixbeck**. Sein Wahrzeichen ist der Torbogen, ein gotisches Torhaus. Durch ihn betritt man den Kirchplatz, auf dem sich die Kirche mit romanischem Wehrturm aus dem 12. Jahrhundert und gotischen Langhaus aus dem 14. Jahrhundert erhebt. Die kleine, schlichte Marienkapelle daneben wird auch Gnaden- oder Pestkapelle genannt. Sie schützt eine Pieta, Maria als leidende Mutter mit dem Leichnam Christi auf dem

Schoss. Nach Beschädigungen wurde von dem Original aus dem 15. Jahrhundert im 16. Jahrhundert eine Kopie geschaffen, zu dem die Menschen mit ihren Bitten kamen. Vom Stellplatz aus ist die Innenstadt gut einen Kilometer durch Wohngebiete entfernt. Wer die Stadt besuchen möchte, könnte dies mit einem Einkauf bei Aldi oder Edeka verbinden (GPS N 51°58‘29.7“ E 7°24‘40.2“). Gegenüber von K+K geht es in die Hauptstraße und links zum Torhaus.

Das beeindruckende **Wasserschloss Havixbeck** aus dem 16. Jahrhundert ist leider einschließlich seiner Außenanlagen nicht zugänglich, so dass man es nur durch das Tor bewundern kann. Es befindet sich direkt an der L550 an der südwestlichen Zufahrt zur Innenstadt. Vom bereits genannten Parkplatz kann man über den Edeka-Parkplatz zum Kreisverkehr und dort rechts gehen (300 m eine Richtung).

Wasserschloss Havixbeck

(062) Offizieller WOMO-Stellplatz: Havixbeck - Freibad

GPS: N 51°58'31.7" E 7°25'16.0", Kardinal-v-Hartmann-Str.**max.WOMOs:** 8.
Ausstattung: V/E, Strom (Gebühr).
Beschreibung: Gepflasterte, ausgewiesene Stellplätze auf PKW-Parkplatz mit Blick auf Wohnhäuser, zu kurz für WOMOs größer 6,50 m.
Preis: Kostenlos.
Anfahrt: Vom Longinusturm kommend an der L 550 links und nächste rechts, bei drei Kreisverkehren zweimal 1. Ausfahrt und dann 3. Ausfahrt, 2. links.
Alternative: Stellplatz am Brauhaus Klute, GPS N 51°59'22" E 7°23'36", max. WOMOs: 4, für 1 Nacht.

Nördlich von Havixbeck befindet sich **Haus Stapel**, eines der größten Wasserschlösser Westfalens. Das streng klassizistische Haupthaus, das für Besucher nur vom seitlich neben dem Schloss verlaufenden Feldweg zu sehen ist, wurde 1827 fertiggestellt. Die barocke Vorburg stammt vom Beginn des 17. Jahrhunderts. Besichtigen ist nur von außen möglich und es gibt kaum Parkmöglichkeiten.

Ein **Abstecher** in den Süden von Havixbeck führt zum **Stift Tilbeck**. Es ist eine Einrichtung für Menschen mit Behinderung und bei Besuchern beliebt. Ein drei Kilometer langer Barfußpfad führt ums Gelände, es gibt einen Spielplatz und das Café am Turm. (GPS N 51°56'27.3" E 7°26'31.3", nur für kleine WOMOs).

Mit der **Burg Hülshoff** im Renaissance-Stil erwartet uns vor Münster noch ein weiteres Highlight. Sie wurde vor allem bekannt als Geburtsort der Dichterin Annette von Droste-Hülshoff. Die Burg steht für Besucher offen und beherbergt neben dem Droste-Museum auch das CfL Center for Literature. Im Gewölbekeller und Innenhof wartet ein Restaurant auf Gäste. Im großen Parkgelände, das ab Mai bis in den Sommer mit vielen Rhododendren- und Hortensienblüten strahlt, finden im Mai und November die Festivals „Garten-/Winterträume" statt. (Parken GPS N 51°58'12.2" E 7°30'16.1", Winter Do-So 12:00-17:00, Sommer länger, Park frei, Museum 5 €, ermäßigt 3,50 €, Kombiticket mit Haus Rüschhaus 8/6 €).

Burg Hülshoff

Burg Hülshoff

Die Renaissance-Anlage, die den Besucher heute erwartet, wurde über die Jahrhunderte ständig verändert. Eine erste kleine Burg stand hier bereits im 11. Jahrhundert. Bereits im Besitz der Familie Droste zu Hülshoff wurde die Anlage ausgebaut und verstärkt. Ihr heutiges Aussehen erhielt sie Mitte des 16. Jahrhunderts. Wiederholt wurde die Burg durch Militär besetzt bei Belagerungen von Münster. Heute wird die Burg von einer Stiftung geleitet.

Im **Landsitz Haus Rüschhaus** wohnte Anette von Droste-Hülshoff mit Unterbrechungen von 1826 bis 1848. Heute können das Haus als Museum und Spiegel der Zeit sowie die streng geometrische Parkanlage besucht werden (GPS N 51°59‘05.8“ E 7°33‘01.9“).

Neu anglegt ist der etwa zehn Kilometer lange **Lyrikweg** (Hin- und Rückweg) von Burg Hülshoff zu Haus Rüschhaus. Er will Natur und Kunst zusammenbringen und dem Wanderer oder Radfahrer ermöglichen, die Landschaft aus der Perspektive der berühmten Dichterin wahrzunehmen.

Typische Münsterländer Parklandschaft

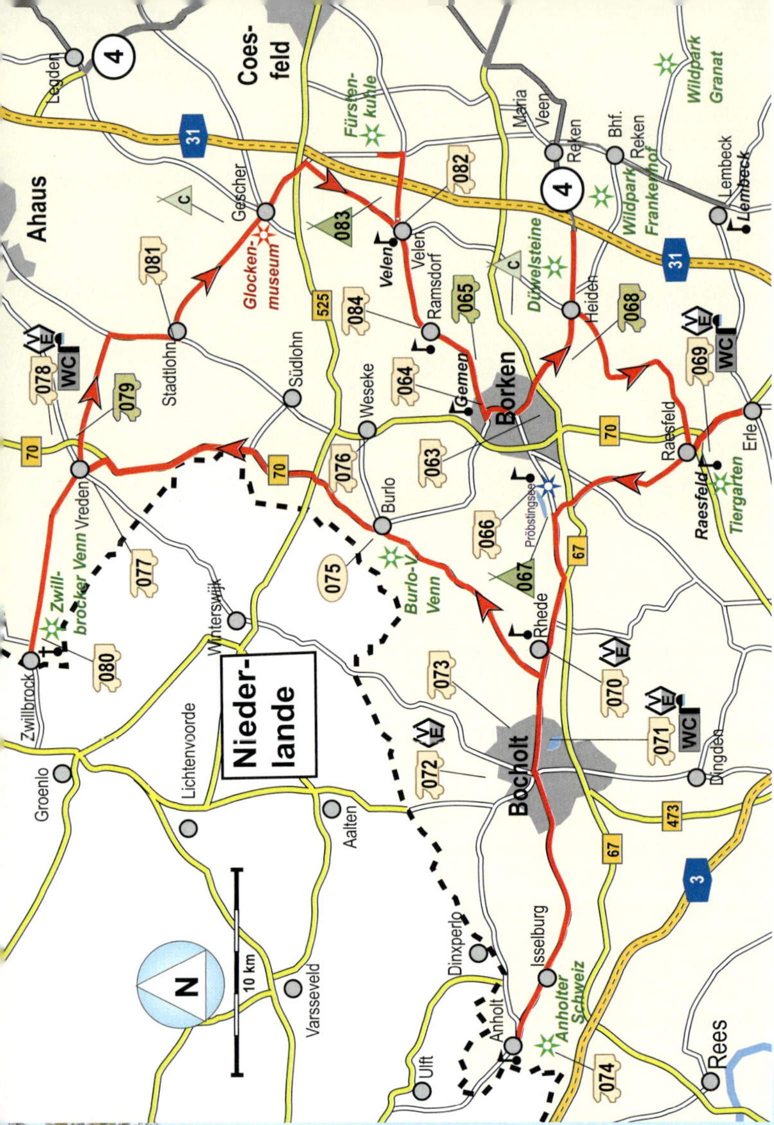

Erholungsgebiet Pröbstingsee

TOUR 5 190 km

Westen – Grenzland

Borken – Raesfeld – Rhede – Bocholt – Anholt – Vreden Zwillbrock – Stadtlohn – Gescher – Velen – Ramsdorf

Stellplätze:	Borken, Raesfeld, Rhede, Bocholt, Anholt,Burlo, Vreden, Stadtlohn, Velen, Ramsdorf
Campingplätze:	Borken, Velen
Besichtigen/ Stadtrundgang:	Borken, Schloss Raesfeld, Rhede, Bocholt, Kloster Mariengarden, Vreden, Gescher, Schloss Velen
Spaziergang/ Wandern:	Borken Wasserburg Gemen, Berge, Pröbstingsee; Düwelsteine, Tiergarten Schloss Raesfeld, Anholter Schweiz, Burlo-Vardingholter Venn, Zwillbrocker Venn, Berkelauen Stadtlohn, Berkelauen Gescher, Naturschutzgebiet Fürstenkuhle

Ab Borken begeben wir uns ins Grenzland mit seinen ehemals ausgedehnten Moorflächen, von denen heute noch Restflächen erhalten sind. Ruhige, sympathische Städtchen erwarten uns mit einigen spannenden Entdeckungen wie Freilicht- und Glockenmuseum sowie einigen Schlössern und Burgen. Borken und Bocholt warten auf mit Erholungsgebieten an den Aaseen sowie Museen und historischen Gebäuden. Alles in allem eine ruhige Tour etwas abseits der Hauptreiserouten und deshalb sehr entspannt. Und nicht zu vergessen: Mit dem Zwillbrocker Venn erleben wir eines der großen Highlights des Münsterlandes, die Flamingokolonie auf der Insel im Venn!

St. Remigius Borken

Unsere Tour an der holländischen Grenze starten wir in **Borken**, der Stadt der fünf Türme. Heute bietet Borken im Zentrum einige historische Gebäude und Einkaufsstraßen. Außerdem warten die Wasserburg Gemen, das Erholungsgebiet Pröbstingssee und das Naturschutzgebiet „Die Berge".

Borken – Geschichtssplitter

Borken lag an einer Heerstraße vom Rheinland nach Osnabrück und an einer Furt über die Aa. Um 800 gegründet als Pfarrei St. Remigius mit einem karolingischen Königshof, diente „Burk" Karl dem Großen als Lager auf seinen Reisen. Stadtrechte und damit auch die Möglichkeit, Einnahmen zu generieren, erhielt der Ort 1226. Daran anschließend erfolgte die Befestigung der Stadt mit Mauern und Türmen. Mehrere Orden gründeten Klöster, darunter Johanniter, Kapuziner und Augustiner. Während des Achtzigjährigen Krieges ab 1576 wütete die Pest verheerend. Nach Plünderungen im Dreißigjährigen und Siebenjährigen Krieg verlor Borken seine wirtschaftliche Bedeutung. Grenzstreitigkeiten mit der niederländischen Provinz Gelderland wurden 1765 im Burloer Frieden beigelegt. Nachdem es ab 1810 zum Französischen Kaiserreich gehörte, wurde Borken 1815 preußisch. Durch Straßenbau und Anbindung an die Eisenbahn 1875 blühte die Stadt auf. Im Zweiten Weltkrieg wurde Borken durch massive Bombenangriffe weitgehend zerstört.

Windmühlenturm

Die katholische Kirche St. Remigius ersetzte die Holzkirche von 800 und wurde ab 1150 gebaut. Die unteren beiden Turmgeschosse stammen aus dieser Zeit, während die Hallenkirche spätgotisch ist und Ende des 19. Jahrhunderts um ein Joch und den neuen Chor erweitert wurde. Der Bentheimer Taufstein, der etwa aus der Zeit der urspünglichen romanischen Kirche stammt, steht im Altarraum. Im südlichen Seitenschiff hängt das Borkener Gabelkruzifix aus dem Beginn des 14. Jahrhunderts, in dem sich eine Holzreliquie des Heiligen Kreuzes befindet. Am Markt ist die Fassade der ehemaligen gotischen Heilig-Geist-Kirche erhalten. Sie wurde Ende des 14. Jahrhunderts in norddeutscher Backsteingotik als Armenstiftung errichtet. Von der mittelalterlichen Stadtbefestigung sind fünf Türme erhalten: der Diebesturm mit Wandstärken bis zu 2,20 Metern dient heute als Trauzimmer und Stadtarchiv, der Kuhmturm neigt sich deutlich aus dem Lot, der Wedemhoveturm bietet Raum für Versammlungen und kleine Kunstausstellungen, der schlichte Windmühlenturm wurde im 17. Jahrhundert zur Windmühle ausgebaut und der Holkensturm wirkt mit seinem Durchmesser von etwa sechs Metern und einer Höhe von zwölf Metern massiv und gedrungen.

Historisches Gebäude in Borken

Stadtrundgang Borken, 2 km

Vom Stellplatz am Freizeitbad wenden wir uns auf der Parkstraße nach rechts und vor der Brücke über den Döringbach nach links auf den Fußweg. Wir überqueren den Bach direkt bei der nächsten Brücke und laufen dann nach links parallel zum Bach durch den Park, der auf der rechten Seite von der Borkener Aa begrenzt wird.
Nach Bewegungspark und Spielplatz überqueren wir den Bach wieder nach links auf die Kirche St. Remigius zu. An der Kirche vorbei kommen wir zum Markt mit der Tourist-Info und der Fassade Heilig-Geist-Kirche auf der rechten Seite.
Um drei der fünf Türme zu sehen, können wir hinter der Fassade in die De-Wynen-Gasse einbiegen und am Ende des Fußweges der gleichnamigen Straße schräg links und dann geradeaus zum Diebesturm folgen. Vor dem Turm gehen wir auf der Straße „Am Kuhm" nach rechts und kommen zuerst zum Kuhmturm und im weiteren Verlauf zum Wedemhoveturm. Hier befinden wir uns bereits auf dem Rückweg und am Stadtpark.

(063) Offizieller WOMO-Stellplatz: Borken - Aquarius Freizeitbad

GPS: N 51°50'10.9" E 6°51'39.0", Parkstraße 20.
Max. WOMOs: 15.
Ausstattung: V/E (Gebühr), Strom, WC und Dusche im Freizeitbad (Gebühr).
Beschreibung: Ruhige Lage am südlichen Stadtrand beim Freizeitbad am Ufer des Döringbaches, grün und eben, Bäume spenden Schatten.
Preis: 6 € inkl. Strom.
Anfahrt: Der Beschilderung „Aquarius Freizeitbad" folgen.
Hinweis: Zum Freizeitbad gehört auch ein Saunagarten.

Wasserburg Gemen

Die **Wasserburg Gemen** im nordöstlichen Ortsteil Gemen wurde Mitte des 13. Jahrhunderts auf einer bestehenden Motte als Ringburg gebaut und in den folgenden Jahrhunderten sukzessive erweitert und umgebaut. Sie beherbergt heute eine katholische Jugendbildungseinrichtung mit Gästehäusern und Gruppenräumen. Sie kann nicht besichtigt werden, liegt aber schön in einem parkähnlichen Gelände mit Seen und durchflossen von der Bocholter Aa.

Rundweg um die Wasserburg Gemen, 1,3 km

Vom Parkplatz/WOMO-Stellplatz aus führt der Weg nach rechts und umrundet beide Seen mit teils sehr schönem Blick auf die Burg. Vor der Brücke zur Burg folgen wir der Straße, biegen die nächste links ab und nehmen nach der Brücke den Pfad an der Kirche vorbei zurück zum WOMO.

(064) Offizieller WOMO-Stellplatz: Borken - Wasserburg Gemen

GPS: N 51°51'43.0" E 6°52'10.0", Coesfelder Straße 17. **Max. WOMOs:** 5.
Ausstattung: Keine.
Beschreibung: PKW-Parkplatz ohne ausgewiesene WOMO-Stellplätze, zu klein für große WOMOs, Unterteilungen durch Hecken und Bäume, ruhige Lage am Stadtrand, direkt an den Wiesen mit Blick auf die Wasserburg.
Preis: Kostenlos.
Anfahrt: Von Borken Richtung Gemen/Jugendburg, Coesfelder Straße rechts Richtung Ramsdorf/Velen, vor den Sportplätzen auf der linken Seite.
Alternative: Statt rechts in die Coesfelder Straße links abbiegen, Straße endet hier mit Parkplätzen auf beiden Seiten am Ufer der Bocholter Aa.

Am „Fliegerberg“ in den Bergen weiden schottische Hochlandrinder

Das Naturschutzgebiet „Lünsberg und Hombornquelle“ zwischen Borken und Ramsdorf wird meist einfach nur „**Die Berge**“ genannt. Es umfasst den ehemaligen Truppenübungsplatz sowie das NSG „Hügelgräberfeld bei Ramsdorf“. Der sandige und bewaldete Höhenrücken bietet viele Wandermöglichkeiten.

(065) WOMO-Gaststättenplatz: Borken - Forellenhof

GPS: N 51°51‘44.7“ E 6°53‘52.8“, Zum Homborn. **Max. WOMOs:** 15.
Ausstattung: Strom (alte Einrichtung), V/E (beim Restaurant).
Beschreibung: Schotterplatz am Waldrand, ideal für Naturliebhaber.
Preis: 11 € (5 € Verzehrgutschein), bezahlen am Restaurant Forellenhof.
Anfahrt: Von Borken vorbei an der Wasserburg Gemen in Richtung Velen, nach Ortsausgang dritte rechts Richtung Forellenhof.
Hinweis: Am Stellplatzende links und zum Damm und davor links haben wir Zugang zum ebenen, bewaldeten Hochufer über dem kleinen See, ideal für einen ruhigen Nachmittag im Schatten der Bäume mit einem guten Buch.

Spaziergang „Die Berge“, 2,9 km

Am Ende des Stellplatzes Forellenhof gehen wir weiter in den Wald und biegen beim breiten Forstweg rechts ab. Dem zweiten Weg nach links folgen wir gerade über zwei Kreuzungen und treffen auf eine T-Kreuzung. Hier biegen wir rechts ab zu einem Aussichtpunkt über die Magerwiesen des ehemaligen Fliegerberges. Wir gehen auf gleicher Strecke zurück und an unserer letzten Abzweigung geradeaus vorbei bis zu einer T-Kreuzung mit einem breiten Forstweg. Hier biegen wir links ab und gehen vorbei an einem Feld mit ehemaligen Bunkern. An der nächsten T-Kreuzung gehen wir wieder links und dann die Zweite rechts, die uns auf bereits bekannter Strecke zurück zum Stellplatz führt.

Westlich von Borken liegt das **Erholungsgebiet Pröbstingsee**. Es besteht aus einer Kette von Seen, die an die Bocholter Aa angrenzen und teilweise mit ihr verbunden sind. Der westlichste See dient als Badesee mit kostenloser Liegewiese und Strand. Da ihm ein direkter Wasserzufluss fehlt, veralgt er im Sommer leider schnell und wird trotzdem gerne genutzt. Hier gibt es Kletterwald, Bistro und Minigolfplatz. Am mittleren See vergnügen sich Angler und es warten Bootsverleih, Biergarten und Spielplatz. Nach Osten schließen sich die Gräften um Haus Pröbsting an, ältester Profanbau des Münsterlandes aus dem 14. Jahrhundert und heute eine psychotherapeutische Privatklinik. Rundwege laden ein zum Spazierengehen und Wandern durch das Parkgelände um die Seen, ein Planetenweg ist beschildert.

(066) Offizieller WOMO-Stellplatz: Borken - Pröbstingsee

GPS: N 51°51'44.7" E 6°53'52.8", Pröbstinger Allee. **Max. WOMOs:** 10.

Ausstattung: Keine.
Beschreibung: Ausgewiesene Stellplätze auf gepflasertem Parkplatz bei Haus Pröbsting, viel Schatten durch Bäume, außerhalb der Saison ruhig.
Preis: Kostenlos.
Anfahrt: Von Borken in Richtung Rhede, rechts in die Pröbstinger Allee.
Hinweis: Um einen Blick auf das imposante Haupthaus von Haus Pröbsting zu werfen, können die Gräften zu Fuß umrundet werden.

(067) WOMO-Campingplatz: Borken am See

GPS: N 51°49'56.7" E 6°47'15.8", Pröbstinger Busch 16. **Tel.:** 0221 98885606.
Geöffnet: Anfang April bis Ende Oktober.
Ausstattung: Privates Sanitärhäuschen für jeden Stellplatz, Kiosk, Brasserie.
Beschreibung: Glamping, große Stellplätze, gepflegte Anlage auf Wiese mit wenigen Hecken/Bäumen, großer Spielplatz.
Preis: 40 – 85 €/Nacht (min. 2 Nächte).
Anfahrt: Von Borken in Richtung Rhede, beschildert rechts ab.

Am Pröbstingsee

Von Borken führt unsere Rundtour in Richtung **Heiden**. In Heiden wartet ein Wellen- und Spaßbad auf Gäste (GPS N 51°49'20.7" E 6°56'09.6"). Von dort kommen wir zum kleinen Vogelpark mit verschiedenen Sittich- und Hühnerarten, indem wir am See und der Kirche St. Georg vorbei sowie durch die Gelände des Seniorenheims gehen.

(068) WOMO-Gaststättenplatz: Heiden
Gasthof Grunewald

GPS: N 51°49'42.3" E 6°54'03.0", Borkener Str. 33. **Max. WOMOs:** 5.
Ausstattung: Strom- und Wasseranschluss möglich.
Beschreibung: Übernachten auf dem geschotterten Parkplatz des Gasthofes etwas abseits der Straße, Hecken und Blick ins Grüne.
Preis: 10 € (Verzehrgutschein).
Anfahrt: Zwischen Heiden und Borken an der Borkener Straße (Verlängerung des Südringes).
Alternative: Das Landhotel Beckmann in Heiden bietet einen Kurzzeit-Stellplatz für 15 € (Verzehrgutschein), GPS N 51°49'31.7" E 6°55'50.4".

Der Campingplatz Freizeitpark Boland am kleinen Römersee beherbergt vor allem Festcamper (GPS N 51°50'53.8" E 6°55'28.3").

An der Verbindungsstraße zwischen Heiden und Groß Reken ruhen im Wald die **Düwelsteine**, ein steinzeitliches Steinkammergrab. Vom kleinen Hauptparkplatz führt der Forstweg geradewegs zu den Steinen (1,8 km eine Richtung, Parken GPS N 51°49'27.0" E 6°57'30.7").

Die Düwelsteine

Erbaut wurde das Grab zur Zeit der Megalithkultur vor etwa 4000 Jahren von einer sesshaften Bauernkultur. Sie verwendeten die durch die vergangenen Eiszeiten schon glatt geschliffenen Findlinge, um einen flachen, geschlossenen Raum von 21 Metern Länge und etwa 1,70 m Breite zu errichten. Dieser Raum wurde lange Zeit als Grabstätte genutzt, wie Scherbenfunde bewiesen. Durch Schatzsucher wurde das Grab zerstört, so dass die Steine heute nicht mehr in der früheren Position stehen und die Decksteine fehlen. Seinen Namen hat das Megalithgrab nach einer Sage: Der Teufel schleppte sich mit einem riesigen Sack voller Findlinge in Richtung Aachen, um dort den Dom Karls des Großen zu zerstören.

Schloss Raesfeld

Da traf er auf einen Schuster, der zwölf Paar verschlissene Schuhe auf dem Rücken trug. Gefragt, wie weit es noch bis Aachen sei, antwortete der Schuster, es sei sehr weit und er habe auf dem Weg von Aachen alle Schuhe verschlissen. Da fluchte der Teufel laut und schüttete den schweren Sack aus. Seitdem liegen die Findlinge im Wald und niemand kann sie ohne Schaden von dort wegholen.

Von Heiden wenige Kilometer nach Süden erreichen wir **Raesfeld**, das mit dem historischen Wasserschloss und der großen Parkanlage „Tiergarten" und Naturerlebnisgelände ein Touristenmagnet ist. Der Zugang zum Schloss führt durch die kleine, historische Ansiedlung Schlossfreiheit mit ihren Restaurants und Cafés, auch im Schloss gibt es ein Restaurant.

Das **Wasserschloss Raesfeld** wurde im 17. Jahrhundert am Ort einer Motte gebaut und beherbergt seit 1952 die Akademie des Handwerks und Festsäle. Umgeben ist das Schloss von zwei Gräften, es kann zwischen beiden oder außen herum umrundet werden. Ins Auge fallen die großformatigen Skulpturen aus Holz und Stahl des Bildhauers Vongries. Auf dem Skulpturenweg vom Schloss nach Raesfeld und zurück sind acht seiner Skulpturen ausgestellt (3,5 Kilometer). Der **Tiergarten Schloss Raesfeld** schließt sich nach Südwesten an. Im historisches Parkgelände wurden im 17. Jahrhundert Großwild und exotische Tiere gehalten. Heute leben auf ca.

Um die Gräften von Schloss Raesfeld

100 Hektar vor allem Rot- und Damwild. Ihr Lebensraum ist eine abwechslungsreiche Mischung von Wiesen, Heideflächen und Waldarealen, durchflossen vom Mühlenbach mit mehreren Teichen. Farbig gekennzeichnete Wanderwege und Infotafeln ermöglichen Rundwanderungen von ein bis fünf Kilometern Länge. Lustig für Kinder ist eine Tiergartenrallye per Smartphone mit der kostenlosen App „Biparcours“ (1/ 3,5 Kilometer). Im Eingangsbereich bietet das **Naturerlebnisgelände** unterschiedliche Spielmöglichkeiten in der Natur mit Kletter- und Balancierpfaden, Niedrigseilgarten, Astbaustelle und einigem mehr.

In Raesfeld selbst findet meist am Wochenende nach Allerheiligen der **Historische Kappesmarkt** statt und lockt mit unterschiedlichen Spezialitäten und Handwerksarbeiten mehrere Tausend Besucher an.

(069) Offizieller WOMO-Stellplatz: Raesfeld Graf Alexander

GPS: N 51°45‘54.9“ E 6°49‘49.9“, Südring 98. **max. WOMOs:** 8.

Ausstattung: V/E, Strom, (Gebühr), Toilette, Dusche, max. 2 Nächte.

Beschreibung: Großzügige Stellplätze auf Wiesenstreifen mit Hecke am Ende des großen Parkplatzes, genug Abstand zu Parkplätzen, ruhig nach den Besuchszeiten.

Preis: 8 €.

Anfahrt: In Raesfeld Richtung Kloster Raesfeld, am hinteren Ende des großen Parkplatzes.

Hinweis: Zum Schloss kommen wir durch die Ansiedlung Schlossfreiheit. Zum Tiergarten biegen wir entweder zwischen Vorburg und Schloss nach links ab oder auf der Straße am Stellplatz links und nächste rechts.

Im südlich von Raesfeld gelegenen Ortsteil **Erle** steht ein Baum-Methusalem, die **Femeiche**. Das Alter der Stieleiche wird angegeben von 600 bis 1500 Jahre. Unter ihr wurde früher Gericht gehalten wie der Name Feme, Gericht, veranschaulicht. Ihr biblisches Alter ist ihr deutlich anzusehen. Sie wirkt alt und gebeugt, ihre Äste werden vielfach gestützt, sie ist innen fast völlig hohl und nur noch 11 Meter hoch (GPS N 51°44‘43.2“ E 6°51‘43.2“, keine großen WOMOs).

Mit **Rhede** erreichen wir eine kleine, entspannte Stadt, die mit ihren gepflasterten Sträßchen und den bunten „Rheemisen", Strandkörbe mit kleinem Tisch für zwei, für gemütliche Athmosphäre sorgt. Der Ortskern erstreckt sich um die Kirche St. Gundula, eine neugotische Hallenkirche mit drei Apsiden. Diese Kirche blieb 1945 mit ihrer teils aus dem Vorgängerbau stammenden Ausstattung vollständig erhalten.

Schloss Rhede dient als Wohn- und Verwaltungssitz der Fürstenfamilie Salm-Salm und kann nur durchs Tor betrachtet werden. Der von dort aus gesehen linke Flügel des Backsteinbaus stammt aus dem Jahr 1564. Der zweite Gebäudeflügel wurde 1845/46 neu erbaut auf altem Grundriss. Dazwischen erhebt sich ein achteckiger Treppenturm.

(070) Offizieller WOMO-Stellplatz: Rhede - Kirmesplatz

GPS: N 51°50'10.8" E 6°41'38.9", Kettelerstraße. **Max. WOMOs:** 20.

Ausstattung: V/E, Strom (Gebühr), keine Entsorgung von Chemietoiletten.
Beschreibung: Ebener Schotterplatz in zentraler Lage, trotzdem weitläufig und „im Grünen" unter hohen Bäumen am Ufer des Rheder Baches.
Preis: 3 €.
Anfahrt: Auf der Straße von Borken nach Bocholt nach der Überquerung des Rheder Baches erste rechts (Büngerner Weg), dann dritte rechts (Kettelerstraße).
Hinweis: Aldi und Lidl befinden sich in direkter Nachbarschaft, der Platz ist während Volksfest Ende August nicht nutzbar.
Alternative: Am Parkplatz des Hallen- und Freibades wurden zwei Stellplätze ausgewiesen GPS N 51°49'51.3" E 6°41'16.8".

Sonnentreppe am Rheder Bach

Im Ortskern bietet die **Sonnentreppe** des Rheder Baches mit Sitzstufen am Ufer und Trittsteinen im Wasser einen schönen Treff- und Erholungspunkt.

Schloss Rhede

In Rhede warten außerdem ein Spielzeugmuseum und ein Medizin- und Apothekenmuseum auf Gäste. Die Tourist-Info bietet umfangreiches Material zu Radtouren an.

Rundgang durch Rhede, 2,6 km

Vom Stellplatz aus gehen wir nach rechts, an der T-Kreuzung links und dann nächste rechts in die Hohe Straße, der wir zu St. Gundula folgen. An der Kirche halten wir uns rechts entlang und über den Markt. Dann gehen wir an der Querstraße nach rechts Richtung Rheder Bach, überqueren ihn und biegen nach links ab auf den Fußweg am Bach entlang. Hier erblicken wir nach100 Metern rechts das Schloss. Weiter führt der Fußweg immer am Bach entlang zu einem kleinen See, der umrundet werden kann und an dem das Landhaus am See mit Terrasse auf Gäste wartet (Runde ab Schloss 1 Kilometer). Der Rückweg erfolgt auf gleicher Strecke. Nach der Kirche und gegenüber vom Parkplatz führt die Gasse Stadthöfe nach links zur Sonnentreppe am Rheder Bach.

Nach **Bocholt** ist es jetzt nur ein Katzensprung. Bocholt bietet ein abwechslungsreiches Programm mit dem Erholungsgebiet Bocholter Aasee, dem LWL-Museum zur Textilherstellung und der Innenstadt mit Fußgängerzone und Arkadengängen.

Bocholt – Geschichtssplitter

Bocholts Aufstieg im Mittelalter wurde beendet durch die Grenzlage während des Achtzigjährigen Krieges gegen Spanien sowie den nur knapp 20 Jahre später folgenden dreißigjährigen Krieg und verheerende Pestausbrüche. Als Mitte des 16. Jahrhunderts Kriegsflüchtlinge aus Brabant die Baumwollweberei mitbrachten, erlangte die Textilherstellung wirtschaftliche Bedeutung. Mit der Industrialisierung erlebte Bocholt ab 1852 einen deutlichen Aufschwung. Im zweiten Weltkrieg wurde in Bocholt die Vertreibung der Juden aktiv vorangetrieben und ein großes Kriegsgefangenenlager befand sich vor den Toren der Stadt. So wie viele Städte nahe der Westgrenze wurde Bocholt 1945 weitgehend zerstört.

Die Spinnerei des LWL-Industriemuseums TextilWerk Bocholt

Als große Freizeitanlage mit Stellplatz bietet der **Bocholter Aasee** viele verschiedene Betätigungsmöglichkeiten: am Süd-Ostufer die Badebucht mit Strand und Liegewiese (Mitte Mai – Mitte Sept. 13:00-18:00, Ferien 10:00-18:00, Eintritt frei), dort auch Strandcafé mit SUP- und Tretbootverleih sowie Spielplatz, eine Insel mit chinesischer Pagode, am Nordufer die Freizeitanlage mit Bauspielplatz, Tiefseilgarten, Minigolf und Park (geöffnet ab 14:00, Bauspielplatz in den Ferien Mo – Fr ab 10:00) und Surferbucht am Westufer. Der See kann auf getrennten Fuß- und Radwegen umrundet werden (3 km).

Das **LWL-Industriemuseum TextilWerk Bocholt** mit den beiden Gebäuden **Spinnerei** und **Weberei** liegt zu beiden Seiten der Aa direkt nördlich des Sees im sogenannten Kulturquartier zwischen See und Innenstadt. Mit Museums-App und Mitmach-Stationen wird das Museum auch für Kinder spannend. Die Weberei zeigt einen kompletten Websaal mit 32 industriellen Webstühlen, auf Terminals kann man den Arbeitsalltag aus Sicht des Webers kennenlernen. Außerdem werden das Maschinenhaus, die Werkstatt und ein Arbeiterhaus gezeigt. In der Spinnerei werden 100 Jahre Modetrends gezeigt, laufende

Am Bocholter Aasee

Maschinen und andere Exponate der Zeit (Weberei ganzjährig, Spinnerei Mai-Okt. Di-So 10:00-18:00 und Feiertage, 4 €, Kinder/Schüler frei).

Das **Historische Rathaus** ist das bedeutendste Bauwerk Bocholts und wurde von 1618-1624 im Renaissance-Stil gebaut. Der Europa-Brunnen am Rathausplatz wurde aus Anlass der Verleihung des Titels „Gemeinde Europas" wegen des Engagements für Europa errichtet. Der Bau der gotischen Kirche St. Georg begann 1486 und dauerte 50 Jahre. Nach der Zerstörung 1945 waren die gotischen Mauern so stabil, dass man sich zu einem originalgetreuen Wiederaufbau entschloss. Weitere Aktivitäten in Bocholt können ein Spaziergang durch den **Stadtwald mit Tiergehege** und Restaurant oder ein Besuch im Inselbad Bahia mit großer Saunalandschaft sein. Im Oktober findet die Bocholter Herbstkirmes statt.

(071) Offizieller WOMO-Stellplatz: Bocholt - Am Aasee

GPS: N 51°50'06.9" E 6°37'52.5"s, Uhlandstraße 39. **Max. WOMOs:** 50+.

Ausstattung: V/E, Strom, Dusche und Toilette, Waschmaschine/Trockner (alles gegen Gebühr).

Beschreibung: Gliedert sich in verschiedene Buchten mit Asphalt, Rasengittersteinen und Schotter für jeweils mehrere WOMOs, diese sind mit Bäumen und Büschen unterteilt, bei Vollbelegung eng, laut durch angrenzende Straße, perfekte Lage zwischen See und Zentrum.
Preis: 10 €.
Anfahrt: Richtung Bocholter Aasee, beschildert.
Hinweis: Fußwege zu beiden Seiten der Aa führen zum neuen Rathaus Bocholt, dessen Glasfassade sich auf Pfeilern in der Aa stützt. Hier liegt die Innenstadt mit dem Historischen Rathaus nach rechts.

(072) Offizieller WOMO-Stellplatz: Bocholt - Bahia Bad

GPS: N 51°51'46.4" E 6°36'37.5", Hemdener Weg 169. **Max. WOMOs:** 10.
Ausstattung: Keine.
Beschreibung: Am Ende des Parkplatzes des Bahia Bades, umgeben von Bäumen und Feldern, abgesehen vom Badebetrieb sehr ruhig.
Preis: Kostenlos.
Anfahrt: Beschildert zum Bahia Bad am Nordrand der Stadt.

(073) Offizieller WOMO-Stellplatz: Bocholt - Stadtwald

GPS: N 51°50'56.5" E 6°38'13.3", Unter den Eichen 33. **Max. WOMOs:** 3.
Ausstattung: Keine.
Beschreibung: Stellplätze auf PKW-Parkplatz mit einzelnen Bäumen, zwischen zwei Wohngebieten aber umgeben von Wiesen und Wald, in der Saison der ruhigste der Stellplätze.
Preis: Kostenlos.
Anfahrt: Ausgeschildert zum Friedhof Bocholt / Bocholter Stadtwald am Nordostrand der Stadt.

Die Wasserburg Anholt

Im nördlichen Ortsteil Barlo steht **Schloß Diepenbrock**, ein kleines Wasserschloss aus dem 15. bis 18. Jahrhundert mit sonnenblumengelber Fassade. Vom Parkplatz aus kann man einmal außen ums Gelände herumlaufen (GPS N 51°52'29.3" E 6°39'15.2").

Südlich bietet sich die **Dingdener Heide** als Ausflusgziel an.

Von Bocholt können wir einen Ausflug nach in den westlichsten Zipfel des Münsterlandes unternehmen. **Isselburg** ist benannt nach dem Grenzfluss Issel und der Wehrturm verweist auf die lange Geschichte der Ansiedlung.

Touristisches Highlight von Isselburg ist die **Wasserburg Anholt**. Sie beherbergt ein Hotel und ist Wohnsitz der Fürsten zu Salm. Zu besichtigen ist das Museum mit Kunstsammlung und der Park (Park 5 €, Museum ab 12 € inkl. Führung, bis 16 Jahre kostenlos, die Schlossparkplätze sind aufgrund der niedrigen Platanen **für WOMOs ungeeignet**, Besichtigung nur möglich als Ausflug vom WOMO-Stellplatz Anholter Schweiz).

Im 12. Jahrhundert wurde die Anlage in sumpfigem Gelände auf einem Fundament von Holzpfählen gebaut. Aus dieser Zeit stammt der runde Bergfried, dessen Eingang damals sieben Meter über dem heutigen Innenhofniveau lag, und ein Mauerring. Nach mehreren Erweiterungen wurde das jetzige Barockschloss im 17. Jahrhundert gebaut.

Reich verzierter Torbogen der Wasserburg

Die **Anholter Schweiz** ist ein Wildpark mit einheimischen Tieren, der sich im großen Landschaftspark im englischen Stil der Fürsten zu Salm befindet. Dieser wurde Ende des 19. Jahrhundert mit aufgeschütteten Hügeln und kleinen nachgebauten Felsformationen rund um einen künstlichen See angelegt mit der kleinen Gaststätte Schweizer Häuschen auf einer Insel (15. März bis 01. November 9:00– 8:00, Winter Mo–Fr 11:00-15:00, Sa/So 9:00-16:00, 8 €, 3-13 Jahre 4,50 €, keine Hunde erlaubt).

(074) Offizieller WOMO-Stellplatz: Isselhorst Anholter Schweiz

GPS: N 51°49‘57.0“ E 6°25‘48.7“ , Pferdehorster Str. **max. WOMOs:** 6.
Ausstattung: Strom, Toiletten während der Parköffnungszeit.
Beschreibung: Stellplätze auf Schotter im hinteren Bereich des Parkplatzes am Waldrand.
Preis: 7 € inkl. Strom.
Anfahrt: Von Anholt Richtung Rees, Beschilderung „Anholter Schweiz“.
Hinweis: Der Außenzaun des Wildparks steht unter Strom! Wildparkeintritt 7 / 4 €.
Alternative: Am Bürgerhaus in Vehlingen, 3 kostenlose Stellplätze, 650 m südwestlich, GPS N 51°49‘50.3“ E 6°25‘22.6“.

Wir kehren zurück nach Bocholt und rollen entlang der niederländischen Grenze nach Norden.

Kurz vor **Burlo** führt die schmale Straße „Mittbrake“ trotz „Durchfahrt verboten“-Schild zum kleinen, offiziellen Parkplatz des **Burlo-Vardingholter Venns**. Es ist ein Teil des ehemaligen breiten Moorstreifens, der früher eine natürliche Grenze zwischen Staaten und Sprachen erzeugte vom Niederrhein bis zum Emsland. Im Venn leben mehrere Vogelarten, die auf der Roten Liste stehen, wie z.B. Schwarzspecht, Wasserralle, Ziegenmelker und der auffällige Pirol. Während der Schutzzeit 15.03. bis 15.06. dürfen die Wege der Kernzone nicht begangen werden (nur kleine WOMOs, GPS N 51°53‘58.1“ E 6°45‘23.3“, etwas ausgeblichene Infotafel und zwei beschilderte Rundwege mit je etwa 3 km Länge, siehe auch WOMO-Platz). Außerhalb der Schutzzeit können Fahrer größerer Fahrzeuge zu Fuß vom Kloster ins Venn laufen.

In Burlo erwartet uns das **Kloster Mariengarden**. Der Name des Ortes erklärt seine Vergangenheit: Bu(e)r wie Bauer und Lo(e) oder Lo(h) wie Hain, lichter Wald, also eine Siedlung verstreuter Höfe, die am Rande eines weiten Moores ums Überleben kämpften.

Das Kloster Mariengarden blickt auf eine 800jährige Geschichte zurück. Heute beherbergt es neben den Ordensleuten der Oblatenmissionaren ein Gymnasium und ein Gästehaus in einem Ensemble von unterschiedlichen Gebäuden. Die Klosterkirche wurde im 14. und 15. Jhd. gebaut und nach dem Dreißigjährigen Krieg erneuert. Am Kloster gibt es ein Bistro-Café. Nebenan wurde ein über 200 Jahre alter Hof wiederaufgebaut und als Heimathaus genutzt. (GPS N 51°54'18.1" E 6°46'31.9")

Kloster Mariengarden

(075) WOMO-Stellplatz: Burlo - Sportanlagen

GPS: N 51°54'18.1" E 6°46'31.9", Vennweg. **max. WOMOs:** 1-2.
Ausstattung: Keine.
Beschreibung: Parkstreifen der Sportanlagen mit schräg angelegten Parkbuchten, durch Baumstreifen von Bebauung getrennt.
Anfahrt: Am Kreisverkehr am Ortsteingang 3. Ausfahrt, hinter der Sporthalle links.
Hinweis: Klostergrill und Kiosk Burlo am Kreisverkehr.

Wanderung vom Kloster ins Venn, 6,6 km

Nur außerhalb der Schutzzeit 15.03. bis 15.06.! Sonst auf erstem Weg nach Gehöft zum Infopunkt hin und zurück.

Vom Stellplatz aus folgen wir dem Sträßchen ortsauswärts und geradeaus über die Kreuzung nach Westen. Hinter dem

letzten Gehöft wählen wir den zweiten Abzweig links, einen grasbewachsenen Fahrweg am Graben. Wir wandern immer geradeaus, bis wir im Wald auf eine T-Kreuzung treffen. Hier biegen wir auf den Pfad nach links ab und wandern durch Birken-Niederwald und an Wassergräben entlang. Schließlich treffen wir auf eine T-Kreuzung mit einem guten Fahrweg.
Hier gehen wir nach links und kommen zur Kreuzung am Infopunkt. Der Beobachtungsstand liegt hinter der Schranke links, wir wählen den als Radweg gekennzeichneten „Entenschlatt" leicht links und folgen ihm, bis wir kurz hinter dem Gehöft wieder auf den Vennweg treffen und nach rechts zum Fahrzeug zurückgehen.

Weiter nach Norden können wir einen Abstecher in den Borkener Stadtteil Weseke mit einem schönen Areal des Heimatvereines machen.

(076) Offizieller WOMO-Stellplatz: Borken Weseke Festplatz

GPS: N 51°54'20.7" E 6°51'10.0", Borkenwirther Str. **max. WOMOs:** 10.
Ausstattung: Keine.
Beschreibung: Parkplatz am Ortsrand von Weseke neben einer Schule, umgeben von Grasflächen und Böschung zur B 70.
Preis: Kostenlos.
Anfahrt: Von Burlo kommend auf der B 70 nach rechts und nächste links Richtung Stadt, dann sofort rechts.

Dann erreichen wir **Vreden**, ein ruhiges Städtchen an der Berkel mit kleinem Freilicht- und Geschichtsmuseum. Die Sehenswürdigkeiten liegen alle dicht beieinander und können mit einem Spaziergang zwischen Markt und Berkel erkundet werden.

Vreden – Geschichtssplitter

Vreden entwickelte sich mit und um das Damenstift, das 839 oder früher gegründet wurde mir der Übergabe der Reliquien dreier Heiliger. Mitte des 13. Jahrhunderts erhielt Vreden Stadtrechte und wurde befestigt. Nach Besetzungen im Mittelalter und Zerstörungen durch Brände führte die industrielle Textilproduktion 1903 mit dem Anschluss an die Eisenbahn zu wirtschaftlicher Entwicklung. Kurz vor Kriegsende wurden 1945 weite Teile der Stadt durch Bombenangriffe zerstört.

Ausschnitt aus dem Hungertuch

Das Alte Rathaus am Markt beherbergt heute ein Café und ein Scherenschnittmuseum. In Sichtweite steht die Pfarrkirche St. Georg, gebaut von 1952 bis 57. Seit etwa 820 ist hier ein Kirchenstandort und es konnten die Fundamente

Das Berkelkraftwerk in Vreden

von sechs Bauwerken nachgewiesen werden. Die Krypta unter dem Chor zeigt auf 250 Quadratmetern die Geschichte dieses Kirchenstandortes (Besichtigung nach Anmeldung im Pfarrbüro oder Stadtmarketing). Der Hochaltar von 1520 wurde während des Krieges ausgelagert und gerettet. St. Felicitas dahinter war Stiftskirche eines Damenstiftes, der vom frühen 8. bis ins 19. Jahrhundert bestand. Die Hallenkrypta unter dem Chor stammt aus dem 11. Jahrhundert, während die Kirche im 12. und der Chor im 15. Jahrhundert gebaut wurden. Nach der Zerstörung im 2. Weltkrieg wurde die Kirche wiederaufgebaut. In einer Vitrine wird das Vredener Hungertuch aus dem Jahr 1619 gezeigt. Es ist eine für das Münsterland typische Leinen-Filetstopfarbeit mit den Maßen 4,85 x 4,50 Meter und diente der Verhüllung des Kruzifixes während der Fastenzeit.

Gegenüber befindet sich das **kult Westmünsterland**, ein Museum, das sich der Entwicklung, Kultur und Tradition der Menschen in Westmünsterland und den Niederlanden widmet. Es zeigt regelmäßig Sonderausstellungen und beteiligt sich an Forschungen (früheres Hamaland-Museum, Di–So 10:00-17:00,

Historische Hofanlage in Vreden

4 €, Kinder ab 7 Jahre 2 €, Familie 8 €, 1. Samstag im Monat Eintritt frei).

Das benachbarte Berkelkraftwerk erzeugt seit 1947 Strom und auch heute noch können die zwei Turbinen etwa 100 Haushalte versorgen. Außerdem dienen die Räume für Ausstellungen und auf der flussabwärts liegenden Gebäudeseite scheinen „Die Badenden" ins kalte Nass zu springen. Direkt nebenan auf einer Halbinsel zwischen Berkel und Stadtgraben wurde im Stadtpark eine **historischen Hofanlage** mit elf Gebäuden aus der Umgebung aufgebaut. Sie geben Einblick in das Leben auf einem Münsterländer Hof im 18./19. Jahrhundert und beherbergen ein liebevoll gestaltetes Bauernhausmuseum (April–Okt. Fr 14:00–17:00, Sa/So 11:00–17:00).

(077) Offizieller WOMO-Stellplatz: Vreden Hamaland-Sporthalle

GPS: N 52°01'58.7" E 6°49'14.8", Up de Bookholt 10.
Max. WOMOs: 12.
Ausstattung: Keine.
Beschreibung: Schotterplatz mit einigen Bäumen nahe der Berkel, in ruhiger Ecke zwischen moderner Sporthalle und Häusern, ideal für Stadtbesichtigung.
Preis: Kostenlos.
Anfahrt: Beschilderung zur Hamaland-Sporthalle folgen.

Stadtrundgang Vreden

Vom Stellplatz Hamaland-Sporthalle gehen wir an die Berkel, hinter der Halle vorbei und dann über die Brücke. Durch den Park am Seniorenzentrum kommen wir zum Berkelkraftwerk. Die zweite Brücke über den hier geteilten Fluss bringt uns an die Rückseite des kult Westmünsterland. Wir gehen nach links, überqueren den Stadtgraben nicht, sondern gehen geradeaus zur historischen Hofanlage im Stadtpark. Vorbei am Spielplatz wechseln wir an der nächsten Brücke die Seite des Stadtgrabens und laufen auf zwei Kirchen zu, die Stiftskirche St. Felicitas rechts und links die Pfarrkirche St. Georg. Links an St. Georg vorbei kommen wir zum gemütlichen Marktplatz mit Brunnen und Altem Rathaus. Durch die Fußgängerzone „Wassermühlenstraße" nach rechts gehen wir wieder zu Stadtgraben, Berkel und Sporthalle.

(078) Offizieller WOMO-Stellplatz: Vreden - Sportpark

GPS: N 52°02‘27.5“ E 6°50‘23.7“, Ottensteiner Str. 59. **max. WOMOs:** 9.
Ausstattung: V/E, Strom, WC, Dusche.
Beschreibung: Ruhig im Grünen am nordwestlichen Stadtrand hinter den Sportanlagen, mit Schotter befestigte Wiese, mit niedrigen Hecken unterteilt und von Büschen und Bäumen gerahmt, B 70 direkt nebenan.
Preis: 13 € (inkl. Ausstattung).
Anfahrt: Ausgeschildert an der östlichen Umgehung (B 70).
Hinweis: Reservierbar unter www.camping-vreden.de, Frei- und Hallenbad sind nebenan.

(079) WOMO-Gaststättenplatz: Vreden Zum Dornbusch

GPS: N 52°02‘04.2“ E 6°50‘31.5“, Wüllener Straße 107.**max. WOMOs:** 5.
Ausstattung: Keine.
Beschreibung: Wiese mit Sichtschutz an B 70.
Preis: Kostenlos, Einkehr erwünscht (aktuell nur Fr/Sa/So geöffnet).
Anfahrt: An der Ortsumgehung (B 79) neben der Avia-Tankstelle
Hinweis: Gaststätte und Biergarten mit irischem Flair, moderne Speisekarte mit Wraps, Burger, Schnitzel, Salat.

Ein echtes Highlight wartet westlich von Vreden, das **Zwillbrocker Venn** mit seinen **Flamingos**. Es gehört zum Venngürtel auf der Westseite des Münsterlandes und ist ein Mischgebiet mit Wald, Moor, Seen und Feuchtwiesen. Seit den 1980ern brüten hier die Flamingos auf einer Insel. Im Venn ist ein barrierefreier Rundweg ausgeschildert (5,8 km).

Flamingos im Zwillbrocker Venn

Wahrscheinlich sind die Chile-, Zwerg- und Kubaflamingos ursprünglich aus Tierhaltungen entflogen. Inzwischen werden hier zwischen Februar/März und September über 60 Tiere gezählt. Zum Überwintern fliegen die Vögel in die Niederlande. Außerdem brütet hier die größte westfälische Lachmövenkolonie mit etwa 5000 Paaren. Diese Vögel erkennt man am schokobraunen Kopf. Um die Vogelkolonie auf der Insel vor Bruträubern wie dem Fuchs zu schützen, wird inzwischen der Wasserstand des Sees reguliert.

Die Flamingoinsel im Zwillbrocker Venn

Die Ausstellung in der Biologischen Station informiert über Venn und Flamingos (Osterferien bis Okt., Mo-Fr 8:00-16:30, Sa/So 12:00-17:00, Winter Mo-Fr 8:00-16:30, Sa 8:00-14:30, 2 €, Kinder 1 €, Familien 5 €). Sie betreibt übrigens auch eine eigene Schäferei mit fast 500 Moorschnucken plus Lämmern, die in den Mooren der Umgebung als Landschaftspfleger unterwegs sind.

Gegenüber erhebt sich die **barocke Kirche St. Franziskus**, ehemals Kirche eines Franziskanerklosters. Hier im Grenzland entwickelte sich im 17. Jahrhundert ein reger Grenzverkehr, als tausende von niederländischen Katholiken, denen in den calvinistischen Niederlanden ihr Glaube verboten war, zu Messen der Franziskaner aus Bocholt kamen. So wurden Kirche und Kloster gebaut. Die heutige Kirche stammt vom Beginn des 18. Jahrhunderts, das zugehörige Kloster wurde Anfang des 19. Jahrhunderts abgerissen. Von außen eher schlicht, ist die Kirche, auch weil sie nicht zerstört wurde, im Inneren prachtvoll ausgestattet. Von der Kirche Richtung Hotel, davor links und sofort rechts beginnt der Kloppendiek, vermutlich der alte Prozessionsweg aus den Niederlanden, der von uralten Kopfeichen gesäumt ist.

Der Irrgarten Zwillbrock ist ein Spielparadies auf dem Bauernhof mit Piratenschiff, Mais- und Heulabyrinth, Hüpfkissen, und Kettcar-Bahnen (Mitte Juni - Mitte Okt., Mi-Fr 14:00-19:00, Sa/So 13:00-19:00, 4 €).

(080) Offizieller WOMO-Stellplatz: Zwillbrock

GPS: N 52°03'15.1" E 6°41'43.2", an der L608. **Max. WOMOs:** 8.
Ausstattung: Keine.
Beschreibung: Parkplatz zwischen Straße, Feld und Waldstreifen, mit Bäumen unterteilt, geschottert.
Preis: Kostenlos.
Anfahrt: Richtung Zwillbrock, 700 Meter nach der Abfahrt zum Zwillbrocker Venn auf der linken Seite
Hinweis: Der WOMO-Stellplatz liegt ideal, um die verschiedenen Highlights zu besuchen. Kirche und Biologische Station sind nur 200 Meter westlich, zum Zwillbrocker Venn s.u.

Wanderung zum Zwillbrocker Venn, 2,6 km zum Aussichtsturm, 8,5 km mit Rundweg ums Venn

Entlang den Bäumen an der westlichen Seite des Stellplatzes führt ein Weg von der Straße weg. Er bingt uns zu einem Sträßchen, an dem wir nach links abbiegen. Wir folgen ihm um zwei Kehren zur nächsten Kreuzung und gehen auf einem breiten Schotterweg nach rechts zu Unterstand und Infotafel. Hier startet der gut beschilderte Rundweg durch das Venn. Zum Aussichtsturm mit Blick auf die Flamingoinsel geht es beim Unterstand geradeaus weiter. Der Rundweg um das Venn ist gut beschildert.

Stadtlohn liegt am Rande der unter Naturschutz stehenden Berkelauen. Ein Stopp bietet sich vor allem für Fahrzeug-Fans an, denn es gibt ein Oldtimer- und ein Eisenbahnmuseum.

Schlacht im Lohner Bruch

Am 6. August 1623 schlugen die katholischen Truppen von Graf Tilly die protestantischen Truppen unter Christian von Braunschweig-Wolfenbüttel vernichtend. Die Protestanten waren auf dem Weg in die Niederlande über den Düwing Dyk, den einzigen trockenen Weg durch die weiten Moore der Grenzregion, als sie von Tilly eingeholt wurden. Sie dezimierten das protestantische Heer, von dem etwa 2/3 der Männer starben oder gefangen genommen wurden. Über 6000 Tote zählten allein die protestantischen Truppen an diesem Tag. Ein Diorama der Schlacht mit rund 16.000 Figuren auf 12 Quadratmetern wurde zum 360. Jahrestag der Schlacht erstellt (Besichtigung in der früheren Marienschule nach Anmeldung im Stadtarchiv).

Das private **Siku- und Oldtimermuseum** mit Café liegt am Westrand von Stadtlohn. Auf 2000 Quadratmetern Fläche werden über 35.000 Modellautos sowie 90 echte Fahrzeuge ausgestellt (Mo – Do 14:00-18:00 Uhr, So/Feiertage 11:00-18:00), Erwachsene 6,50 €, Kinder 2,50 €, Familie 15 €, GPS N 51°59'07.3" E 6°53'20.8"). Das **WLE-Eisenbahnmuseum** im ehemaligen Bahnhofsgebäude wird vom Eisenbahn-Club betreut (April bis Okt., jeder 1. So im Monat 14:30-18:00 GPS N 51°59'29.4" E 6°55'46.4"). Direkt hinter Frei- und Hallenbad und Sportplatz erstreckt sich der Losberg Park mit Spielplatz, Minigolf-Bahn, Teich, Vogelvolieren, kleiner Parkbahn für Kinder und Restaurant im Spieker.

Am südlichen Ortsrand an der B 70 hat der Heimatverein eine **Bockwindmühle** erhalten, um die sich zwei Fachwerkhäuser gruppieren (GPS N 51°53'48.3" E 6°51'25.7"). Direkt nebenan liegt **Garten Picker**, ein privater Schaugarten mit üppigen Stauden und angeschlossener Gärtnerei (Mitte Febr. - Mitte Okt., Di-Fr 9:30-12:30 und 14:00-18:00, Sa 9:30-14:00). Zwischen Windmühle und Schaugarten führt ein Fahrweg unter der B 70 hindurch in den Ort zu weiteren Angeboten des Heimatvereines: Heimathaus, Apothekergarten und Geologischer Garten sowie Quellgrundteich der Holtbachquelle.

(081) Offizieller WOMO-Stellplatz: Stadtlohn Am Hallenbad

GPS: N 51°59'49.2" E 6°55'36.7", Uferstraße 29. **Max. WOMOs:** 5.
Ausstattung: Strom, Wasser (Gebühr).
Beschreibung: Gepflasterter Parkplatz mit Bäumen zwischen Berkel und Sportplatz, ruhige Lage am Ortsrand.
Preis: Kostenlos.
Anfahrt: In Stadtlohn Richtung Vreden, nach der Berkelbrücke scharf rechts und nächste links.

Mit einem kleinen Fahrzeug lassen sich außerdem die Berkelauen erleben.

Entdeckungen in den Berkelauen

Start am Parkstreifen im Wald (GPS N 52°01'02.7" E 6°51'44.4", nur kleine WOMOs). Wenige Meter weiter erreichen wir eine Kreuzung mit mehreren Möglichkeiten:
1. Nach rechts und dann immer geradeaus spazieren wir an dem kleinen Einschnitt der Teufelsschlucht entlang bis zu einer Sandbank der Berkel unter Bäumen (300 m).
2. Nach rechts und dann auf dem breiten Fahrweg nach links können wir mit

Die kleine Teufelsschlucht

schönen Ausblicken auf die Auwiesen durch den Wald wandern (Rückweg auf gleichem Weg)
3. An der Kreuzung geradeaus startet ein schmaler, wildromantischer Pfad, der immer links an einem Graben entlangführt. An seinem Ende gehen wir zweimal links zurück zur Kreuzung am Parkplatz (1,2 km).

Weiter führt unsere Tour in die **Glockenstadt Gescher**. Im **Westfälischen Glockenmuseum** wird alles Wissenswerte über Herstellung, Klang und Geschichte der Glocken vermittelt. Es gibt Mit-Mach-Stationen zum Selbst-Erforschen und eine Ausstellung unterschiedlichster kleiner und großer Glocken mit ihren Geschichten (Di-So 10:00-17:00, 3 €, 6-16 Jahre 1,50 €, Familie 8 €, GPS N 51°57'24.7" E 7°00'07.3", große WOMOs GPS N 51°57'26.6" E 7°00'01.2"). In direkter Nachbarschaft liegen das **Imkereimuseum** (Öffnung nach Vereinbarung, Tel. 02542 1093), sowie der **Museumshof auf dem Braem** des Heimatvereines mit den verschiedenen Gebäuden einer typischen münsterländischen Hofanlage. Gegenüber vom Parkplatz befindet sich außerdem die Kunsthalle Hense, eine private Sammlung zeitgenössischer Kunst.

Glockenmuseum Gescher

Abrunden lässt sich ein Tag in Gescher mit einem Spaziergang durch die Berkelauen.

Spaziergang Berkelauen, 2,4 km

Zwischen Parkplatz und Schulhof führt ein Pfad in Gegenrichtung zum Museumshof. Wir überqueren die Konrad-Adenauer-Straße und spazieren weiter geradeaus, am Friedhof vorbei und bis zu einer Verzweigung am Friedhofsende und vor dem See in den Berkelauen. Hier biegen wir rechts ab. An der nächsten Straße gehen wir kurz rechts und sofort wieder links in

die Berkelauen. Um die folgenden zwei Seen können wir links- oder rechtsherum gehen und treffen schließlich wieder auf den Holtwicker Damm, die Verlängerung der Konrad-Adenauer-Straße, an der entlang nach rechts und über den Fußweg zum Parkplatz wir zurück zum WOMO gehen.

Der Campingplatz Brinkmann's Hof direkt nördlich von Gescher wird von seinen Festcampern geliebt. Direkt am Eingang gibt es einige eher lieblose Stellplätze für WOMOs (GPS N 51°58'04.2" E 7°00'27.6").

Von Gescher können wir zu Tour 4 nach Coesfeld wechseln oder weiterfahren nach Velen mit dem Schloss Velen, dem „Märchenschloss des Münsterlandes".

Die Geschichte von **Schloss Velen** begann im 13. Jhd. mit dem Bau einer Burg. Sie wurde über Jahrhunderte geändert und zum heutigen Anwesen gestaltet. 1931 zerstörte ein Brand große Teile des Schlosses. Es wurde wiederaufgebaut und beherbergte zuerst ein Lazarett, dann ein Altenheim, eine Zollschule und zum Schluss ein Sporthotel. Zum Schloss gehören eine Orangerie und die Alte Försterei. Der Tiergarten mit Spazierwegen und alter Fasanerie von 1755 schließt sich nach Süden an den Schlossgarten an.

Die Schlossmühle, eine ehemalige Kornmühle, liegt westlich am Zusammenfluss von Thesingbach und Vennbach, aus dem die Bocholter Aa entsteht. Teile der Mühle stammen aus

Schloss Vehlen

dem 14. Jhd. Die Mühle wird umgebaut und soll in der Zukunft neben Wohnräumen ein Mühlencafé und ein Museum beherbergen.

Schlossmühle Velen

(082) Offizieller WOMO-Stellplatz: Velen - Freibad

GPS: N 51°53'30.5" E 6°58'37.2", Geeste/Mühlenallee. M**ax. WOMOs:** 6.
Ausstattung: Strom, Wasser (Gebühr).
Beschreibung: Ruhiger Stellplatz auf gepflastertem Parkplatz am Ortsrand mit Blick ins Grüne, leider sind die WOMO-Plätze direkt vorne an der Straße.

Preis: 5 €.
Anfahrt: Von Ramsdorf kommend am ersten Kreisverkehr 1. Ausfahrt, nächste links und Straße folgen auch über Vorfahrtstraße, hinter Campingplatz Tiergarten (nur für Festcamper) rechts.
Hinweis: Fußweg zum Schloss: Wir überqueren den Thesingbach am Ende des Parkplatzes und wenden uns auf der Landsbergallee nach links. Sie führt bis zum Schlosspark (700 m eine Richtung). Hier befinden sich das Schloss nach links, die Orangerie auf der gegenüberliegenden Seite des Parks und die Alte Försterei auf der anderen Seite der Hauptstraße.
Zur Schlossmühle: Vom Stellplatz Richtung Thesingbach und vor dem Bach rechts (150 Meter).

Das kleine, aber wild-natürliche **Naturschutzgebiet Fürstenkuhle** liegt westlich von Velen beim Ort Hochmoor. Unbedingt lohnend ist der beschilderte Rundweg auf schmalen Pfaden durch das Naturschutzgebiet, der teilweise über Holzstege führt (Rundweg 1,9 km, GPS N 51°54'09.7" E 7°02'35.4", Richtung Ortsausgang gehen, Durchfahrtstraße überqueren und auf schmalem Sträßchen geradeaus 350 m bis zum Start des Rundweges mit Infotafel, nur sehr kleine WOMOs parken direkt dort GPS N 51°54'09.7" E 7°02'35.4"). Das zugehörige Torfmuseum in der alten Dorfschule unterrichtet über das Moor, die Torfstecherei und die Rekultivierung (Mai-Sept. 14:30-17:30, Parken GPS N 51°53'52.8" E 7°01'31.3").

In der Fürstenkuhle

(083) WOMO-Campingplatz: Velen Erholungsgebiet Waldvelen

GPS: N 51°54'06.6" E 7°00'43.3", Klyer Damm 8-10. **Tel.:** 02863 3450.
Geöffnet: Ganzjährig.
Ausstattung: Strom, V/E (inklusive), Duschen 1 €.
Beschreibung: Wohnmobilstellplätze auf von Bäumen gerahmter Wiese eines Campingplatzes mit Festcampern und Hüttenvermietung, ruhig und im Grünen.
Preis: WOMO 10 €, Erwachsener 5 €, Kind 4 – 16 Jahre von 3,50-4,50 €.
Anfahrt: Von Velen in Richtung Hochmoor, am Ende des Gewerbegebietes auf der rechten Seite links in den Klyer Damm.

In **Ramsdorf** ist vor allem die **Burg Ramsdorf** interessant, ein Anfang des 15. Jahrhunderts errichtetes Backsteingebäude. Es wurde im 16. Jahrhundert zerstört und im 18. Jahrhundert wieder aufgebaut mit und aus den Resten der alten Anlage. Es beherbergt ein Museum zur Geschichte der Region, beginnend mit einem etwa 80.000 Jahre alten Faustkeil bis ins 20. Jahrhundert, quasi eine Zeitreise im Schnelldurchgang. (April-Okt. Di-Sa 15:00-17:00, So 14:00-17:00, 2 €, Kind 5-14 Jahre 1 €, Familie 5 €, Parken GPS N 51°53'09.6" E 6°55'11.6").

Burg und Skulptur in Ramsdorf

Die Alte Schmiede Beckmann hinter der Kirche St. Walburga wurde vom Heimatverein renoviert und ist normalerweise geschlossen.

(084) Offizieller WOMO-Stellplatz: Ramsdorf - Freibad

GPS: N 51°53'20.9" E 6°55'30.9", Worthe.
Max. WOMOs: 5.
Ausstattung: Keine.
Beschreibung: Gepflasterter PKW-Parkplatz, keine ausgewiesenen Stellplätze, abends evtl. Lärm durch Skaterbahn.
Preis: Kostenlos.
Anfahrt: Am Nordrand von Ramsdorf an der Straße nach Velen, letzter Kreisverkehr ortsauswärts vor Bocholter Aa: 3. Ausfahrt.

Nieder-
lande
Enschede
Gronau
Drilandsee
Gildehäuser Venn
LAGA Park
Epe (Gronau)
Ahaus
Alstätte
Witte Venn
Amtsvenn
Stadtlohn
Gescher
Glocken-
museum
Ochtrup
Langenhorst
Wettringen
Wellbergen
Metelen
Nienborg
Heek
Asbeck
Legden
Egelborg
Schöppingen
Eggerode
Holtwick
Coesfeld
Rosendahl
Varlar
Darfeld
Billerbeck
histor.
Altstadt
Longinusturm
Horstmar
Burg-
mannshöfe
Alst
Leer
Steinfurt
Histor. Altstadt
Borghorst
Laer
Nordwalde
Altenberge
Havixbeck
NSG Baumberge
Stapel
Tilbeck
Hülshoff
Rüschhaus
Roxel
Nien-
berge
Münster
Greven
Rieselfelder
Sachsenhof
Ems-Aue Hembergen
Ems-Aue
Ems
Saerbeck
Riesen-
beck
Emsdetten
Emsdettener Venn
Rheine
Mesum
Neuenkirchen
N
10 km
100
101
099
098
097
096
095
102
103
104
093
094
089
090
091
092
088
087
086
085
105
106
107
WC
31
70
54
474
481
219
7
4
5
1

TOUR 6 145 km

Nord-West – Moderne trifft Historie

Altenberge – Laer – Horstmar – Schöppingen – Eggerode Metelen – Nienborg – Ahaus – Gronau – Ochtrup – Steifurt Borghorst – Nordwalde

Stellplätze:	Altenberge, Horstmar, Schöppingen, Eggerode, Metelen, Ahaus, Gronau, Drilandsee, Ochtrup, Steinfurt, Borghorst
Campingplätze:	Steinfurt
Besichtigen/ Stadtrundgang:	Laer, Horstmar, Schöppingen, Nienborg, Schloss Ahaus, Gronau, Burgsteinfurt
Spaziergang/ Wandern:	Altenberger Höhenrücken, Mühlen von Leer, Eggerode, Gildehäuser Venn, Bagnopark Burgsteinfurt

Einen Ausflug in den nord-westlichen Zipfel Nordrhein-Westfalens unternehmen wir auf dieser Tour. Dabei entdecken wir alte Burgmannshöfe, Mühlen und mit Burgsteinfurt eine Stadt mit viel historischer Bausubstanz und Burg. Im Kontrast dazu steht Gronau mit dem rock'n'popmuseum und einem sehr modern gestalteten LAGA-Park und Ochtrup mit einem großen Outletcenter. Aber auch Naturerlebnisse kommen auf dieser Tour nicht zu kurz. Neben einigen Parks können wir die großartige Aussicht vom Altenberger Höhenrücken erleben, die Aussicht von der Bergkapelle bei Schöppingen und die einsame Weite des Amtsvenns. Alles in allem eine abwechslungsreiche Tour und teilweise abseits ausgetretener Pfade.

Weite Aussicht vom Altenberger Höhenrücken bis zum Teutoburger Wald

Wir starten direkt nördlich von Münster auf dem Altenberger Höhenrücken. Bei Nienberg bietet der Hof Stertmann im Sommer Maislabyrinth und Blumen-/Kürbispflücken an (GPS N 52°00'32.1" E 7°31'52.0").

Dann folgt **Altenberge**, das dem Höhenrücken seinen Namen gab. Der Eiskeller ist ein großer Gewölbekeller in Ziegelbauweise für die Gärung von Bier (GPS N 52°02'57.1" E 7°27'57.3", Mai–Sept. Sa 13:00-16:30, So 11:00-16:30, Besichtigung nur mit Führung zur vollen Stunde, > 16 Jahre 2 €). Von dort kann das Heimathaus Kittgen mit drei denkmalgeschützten Gebäuden und Bauerngarten zu Fuß besichtigt werden (mit dem Schotterparkplatz im Rücken nach rechts, T-Straße rechts, nächste links bis zur nächsten Kreuzung, 300 Meter). Vorsicht, die Innenstadt mit den schmalen Straßen und engen Kurven ist für große WOMOs zu eng. Südlich der Stadt wartet das Schlepper- und Gerätemuseum (GPS N 52°01'03.3" E 7°26'33.3") und westlich das Museum Zurholt mit einer Fossilien- und Mineraliensammlung.

Heimathaus Kittgen in Altenberge

Ein Spaziergang auf dem **Altenberger Höhenrücken** lockt mit weiter Aussicht.

Spaziergang Altenberger Höhenrücken

Parken auf kleiner Freifläche vor Stromverteiler GPS N 52°02'27.5" E 7°28'36.4". Wir gehen nach links Richtung Ortsende und kommen zur Brücke über die Umgehungsstraße mit Bänken und weiter Aussicht zum Teutoburger Wald und den Türmen des Kraftwerks Ibbenbüren (750 m). Wir spazieren vor der Brücke rechts hoch und überqueren die Umgehungsstraße über die nächste Brücke. Ab hier verläuft geradeaus der alte Münsterweg an Waldstreifen und Feldern entlang über den Altenberger Höhenrücken (bis Hohenhorst 2,7 Kilometer eine Richtung). - Vom Parkplatz nach rechts kommen wir zur **Krüselinde**, einer etwa 300 Jahre alten Sommerlinde, unter der als Dorfbaum getanzt, gefeiert und Gericht gehalten wurde (200 Meter).

(085) Offizieller WOMO-Stellplatz: Altenberge Sportzentrum

GPS: N 52°03'16.4" E 7°28'21.4", Sportzentrum. **Max. WOMOs:** 10.
Ausstattung: V/E (nur Grauwasser), Strom (für 4 WOMOs).
Beschreibung: Auf gepflastertem Parkplatz mit Baumbestand am Nordrand der Stadt, teilweise etwas schräg.
Preis: Kostenlos.
Anfahrt: Von Nienberge kommend am Kreisverkehr am Ortseingang rechts auf die Umgehungsstraße und geradeaus, 2. Kreisverkehr 3. Ausfahrt, nächster Kreisverkehr 1. Ausfahrt, Straße folgen.
Hinweis: Der Stellplatz ist außerhalb, in die Stadt sind es 1 – 1,5 Kilometer. Vom Stellplatz führen Fußwege „im Grünen" am nordwestlichen Ortsrand entlang in Richtung Eiskeller.

(086) WOMO-Stellplatz: Altenberge Rastplatz an der Laerstraße

GPS: 52°03'00.9"N 7°24'41.0"E, Laerstraße. **Max. WOMOs:** 2.
Ausstattung: Keine.
Beschreibung: Rastplatz, durch Grünstreifen und einige Bäume von der Straße getrennt.
Anfahrt: Zwischen Altenberge und Laer.

Unsere Tour führt nun in den kleinen Ort **Laer**. Im Zentrum liegen die Teiche des Ewaldibaches mit Rundweg, Spielplatz, Steg und Bänken. Hier steht der **Schulzenhof Welling**, dessen

Schulzenhof Welling in Laer

historischer Wohnteil von 1599 sich aus dem Wasser erhebt und heute als Rathaus umgebaut ist. Im Speicher, einem Natursteinbau von 1870, befindet sich eine Begegnungsstätte und das Dorfmarketing. Die Windmühle des Schulzenhofes wurde 1920 neu gebaut, ist bewohnt und befindet sich auf der gegenüberliegenden Seite der Teiche. Die spätgotische Kirche St. Bartholomäus stammt aus dem 15. Jahrhundert.

Das liebevoll gestaltete Holzschuhmuseum ist im originalen Gebäude eines Holzschuhmachers eingerichtet und zeigt Arbeitsweisen, Werkzeuge und Maschinen, Wohnküche und Schlafkammer. Es lässt sich prima zu Fuß erreichen, allerdings ist es nur nach Vereinbarung zu besichtigen (Dorfmarketing 02554 910610, 1,50 €, Kinder 0,75 €)

Rundgang durch Laer

Vom Stellplatz aus gehen wir an der Straße nach links, sofort links in den Mühlenhoek und kommen zu den Teichen des Ewaldibaches. Rechts erhebt sich die Windmühle. Wir laufen um den Teich herum und treffen auf der anderen Seite auf den Schulzenhof mit Speicher. Vorbei am Speicher und an der Hohe Straße rechts erreichen wir die Kirche St. Bartholomäus.

(087) Offizieller WOMO-Stellplatz: Laer Altdeutsche Schänke

GPS: N 52°03'25.6" E 7°21'50.7", Münsterdamm 43. **Max. WOMOs:** 2.
Ausstattung: Strom, Duschen möglich im Hotelbereich.
Beschreibung: Teilweise schattig mit Bäumen, ruhige Lage hinter Restaurant/Hotel, Biergarten, nah zum Zentrum von Laer, Netto schräg gegenüber
Preis: Kostenlos (städtischer Stellplatz).
Anfahrt: Am Kreisverkehr am Ortseingang 2. Ausfahrt, dann sofort nach der Kreuzung am Netto links.

In Altenburg gibt es einen Wohnmobilstellplatz direkt an der **RadBahn Münsterland**. Die RadBahn verbindet auf fast 50 Kilometern Coesfeld mit Rheine.

(088) Offizieller WOMO-Stellplatz: Horstmar Bahnhofscafé

GPS: N 52°04‘00.7“ E 7°19‘12.7“, Am Bahnhof 39. **Max. WOMOs:** 6.
Ausstattung: Strom, Wasser, V/E, Toilette während Öffnungszeit im Café.
Beschreibung: Schotterrasen von hohen Hecken gesäumt an der Radbahn, große Stellplätze, sehr ruhige Lage, Bahnhofscafé direkt nebenan, sehr empfehlenswert.
Preise: 8 €, ab 2. Nacht 6 €.
Anfahrt: Von der L 579 nach links Richtung Altenburg, 2. rechts.
Hinweis: Auf der RadBahn nach Norden: 10 km bis Burgsteinfurt, 30 km bis Rheine, nach Süden: 20 km bis Coesfeld.

Mit **Horstmar** erreichen wir eine Stadt, deren Bedeutung im Mittelalter noch heute zu erkennen ist an den vier verbliebenen Burgmannshöfen, Kirche und Rathaus.

Horstmar – Geschichtssplitter

Entstanden rund um eine Burg gelangte die Stadt von 1269 – 1802 unter die Herrschaft der Fürstbischöfe von Münster. Stadtrechte und Privilegien sorgten für Selbstbewusstsein und Reichtum. Rund um Kirche und Rathaus wurde die fast quadratische Anlage der Stadt außen von acht Burgmannshöfen bewacht.
Die adligen Burgmannen waren für die Verteidigung der Stadt mit verantwortlich und trennten ihre Höfe zu den einfachen Bürgern der Stadt durch hohe Mauern.
Einen erneuten Aufschwung brachte die Textilindustrie zu Beginn des 20. Jahrhunderts. Die Burg Horstmar wurde bereits während des Dreißigjährigen Krieges zerstört.

Rathaus Horstmar

Die schlichte gotische Hallenkirche stammt aus dem 14. Jahrhundert. Das **Alte Rathaus** mit dekorierter Vorderseite wurde 1571 auf einem vorhandenen Bruchsteinmauerwerk mit einem Geschoss aus Ziegelmauerwerk erweitert. Heute beherbergt es Trauzimmer und Sitzungssaal.

Münsterhof Horstmar

Der **Merveldter Hof** wurde 1561 teilweise in Specklagentechnik gebaut. Ursprünglich dreiflügelig stand seine Rückwand über dem

Berkapelle mit Aussicht

Festungswall und seinem Wassergraben. An den **Sendenhof** schließt sich das Schlosstor an, ein Torturm aus dem 15. Jahrhundert und das letzte erhaltene Stadttor. Der **Münsterhof** schützte das Osttor, das heute durch zwei Torpfeiler aus einem Kloster markiert wird. Der **Borchorster Hof** ist der älteste Hof, von dem die hohen Treppengiebel original sind, während das Haupthaus um 1800 verändert wurde.

Rundgang Horstmar, 1,2 km ohne Herrenholz

Parken Parkplatz Krebsstraße GPS N 52°04'53.4" E 7°17'58.9" oder 50 Meter weiter am Friedhof. Entlang der Krebsstraße gehen wir Richtung Zentrum und links in die Gossenstraße. Sie führt vorbei am Merveldter Hof und am Sendenhof mit dem Schlosstor. Wer mag, kann hier durch das Tor und die folgende Lindenallee zum Waldgebiet Herrenholz spazieren. Am Sendenhof nach rechts kommen wir zur gotischen Hallenkirche aus dem 14. Jahrhundert und zum Alten Rathaus. Links am Rathaus vorbei und an der Front links abwärts spazieren wir auf der Münsterstraße zum Münsterhof. Von dort gehen wir zurück und biegen die erste Straße links ab (Überwasserstraße), der wir um die Rechtskurve folgen und dann immer geradeaus gehen, bis wir auf den Borchorster Hof zulaufen. Links vom Hof liegt der kleine Bürgerpark. Wir folgen dem Straßenverlauf vor dem Hof nach rechts und dann immer geradeaus zurück zum WOMO.

Bei einem Ausflug nördlich von Horstmar könnten wir **Haus Alst** sowie die Mühlen in Leer besuchen, allerdings sind die Parkmöglichkeiten nur für kleine WOMOs geeignet. Haus Alst von 1624 besticht mit seiner Specklagentechnik der niederländischen Renaissance, bei der sich Ziegel und Sandstein abwechseln. Die Burg ist in Privatbesitz, wird für Hochzeiten genutzt und verbirgt sich überwiegend hinter Bäumen. Wer trotzdem einen Blick erhaschen möchte, parkt am Friedwald (GPS N 52°05'27.6" E 7°20'22.6") und folgt der schmalen Straße, die vom Wald wegführt (350 Meter eine Richtung).

Gehöft in der Parklandschaft

Spaziergang zu den Mühlen von Leer, 1,8 km

Parken am Friedhof Leer, GPS N 52°06'33.3" E 7°17'40.6". Wir folgen der Straße Naher Weg ortsauswärts. Die erste Straße nach links führt zur Schmeddings Doppelmühle und einem Müllerkotten am Leerbach, die vom Heimatverein restauriert wurden. Öl- und Kornmühle stammen wahrscheinlich aus dem Mittelalter und wurden mit zwei Wasserrädern angetrieben. Später wurde eine Windmühle ergänzt für Trockenzeiten. Ein Stückchen weiter auf der ursprünglichen Straße kommen wir zur Wennings Mühle, die zur nächsten Hofanlage gehört. Am Hof gibt es einen Hofladen. Schließlich können wir der Straße noch ein wenig folgen zur Leerbachquelle auf der linken Seite. Sie entspringt oberhalb einer wasserundurchlässigen Kalkschicht des Schöppinger Berges und trieb die Mühlen an. Früher beliebter Abkühlungsort ist sie heute nach heißen Sommern ausgetrocknet.

Zurück auf unserer Tour fahren wir auf den **Schöppinger Berg**. Er ist mit 157 Metern der höchste Punkt des Schöppinger Höhenrückens, einer nördlichen Verlängerung der Baumberge. Hier warten zwei Kapellen auf uns. Direkt an der L579 zwischen Horstmar und Schöppingen liegt die **Antoniuskapelle** von 1770. Die schlichte Kapelle enthält einen Barockaltar und eine Marienklage aus dem 15. Jahrhundert. Bänke laden zu einer Pause ein.

Antoniuskapelle

Die **Bergkapelle** ist auf einspurigen Sträßchen zu erreichen, am besten über Schöppingen (GPS N 52°05'57.4" E 7°15'15.0"). Sie wurde wahrscheinlich 1718 gebaut zu einer Flurprozession, bei der die Flurgrenzen abgeschritten und gesegnet wurden. Von der kleinen, achteckigen Bruchsteinkapelle hat man eine wunderschöne Aussicht. Es gibt einige Parkmöglichkeiten für kleine Fahrzeuge und Bänke. Von der Kapelle sind es gut 500 Meter zum **Aussichtsturm am Schöppinger Berg**, einem Mobilfunkturm mit frei zugänglicher Aussichtsplattform.

Rathaus Schöppingen

Schöppingen ist ein nettes Städtchen mit einem außergewöhnlichen Rathaus, einem Renaissance-Bau von 1583, dem wichtigsten historischen Bau. Der Kirchturm von St. Brictius stammt aus dem 11. Jahrhundert, während die Kirche als gotische Hallenkirche im 15. Jahrhundert neu aufgebaut wurde. In ihrem Inneren ist ein berühmter Flügelaltar aus der Mitte des 15. Jahrhunderts zu sehen. Am Fuß der Kirche entspringt eine Quelle, die „Welle", die einen kleinen Park und ein Tretbecken durchfließt. Das „Künstlerdorf" ist eine Stiftung, die in zwei denkmalgeschützen Höfen aus dem frühen 19. Jahrhundert Raum und Stipendien für Künstler schafft und vergibt. In Schöppingen bieten sich mehrere Übernachtungsmöglichkeiten sowie einen beschilderten Stadtrundgang „3000 Schritte".

(089) Offizieller WOMO-Stellplatz: Schöppingen Künstlerdorf

GPS: N 52°05'34.8" E 7°14'00.8", Feuerstiege. **Max. WOMOs:** 4.

Ausstattung: Keine.
Beschreibung: Asphaltierter Parkplatz am Ortsrand, umgeben von Bäumen, ruhig und mit Blick ins Grüne, nur für eine Nacht.
Preis: Kostenlos.
Anfahrt: Von Horstmar kommend am Kreisverkehr am Aldi 1. Ausfahrt, in der Rechtskehre geradeaus, hinter Kulturhalle/Künstlerdorf links.
Alternative: Parkplatz am Hallenbad, GPS N 52°05'48.0" E 7°13'44.7".

Stadtrundgang Schöppingen, 1,4 km

Vom Stellplatz Künstlerdorf aus spazieren wir Richtung Park und biegen auf den Fußweg ab nach links. Wir umrunden das Künstlerdorf mit Museumsscheune und Kulturhalle. An der Straße gehen wir rechts, sofort links und in der nächsten Kehre geradeaus. Vor dem Mühlenbach biegen wir links ab und gehen über den Parklatz am Mühlenwall bis zur Sparkasse. Hier halten wir uns rechts und folgen dem Straßenverlauf zum Alten Rathaus. Von dort gehen

St. Brictius

wir in die Gasse genau gegenüber dem Infoschild „Kunst-Route." Sie führt uns in den kleinen Park mit Tretbecken (links), in dem wir nach rechts zur St. Brictus-Kirche gehen. Von der Turmseite der Kirche spazieren wir geradeaus in die Hauptstraße und biegen am Zebrastreifen links ab auf einen Pfad unter Bäumen, der uns zum WOMO zurückbringt.

(090) Offizieller WOMO-Stellplatz: Schöppingen Gutshof Schulze Althoff

GPS: N 52°04'27.3" E 7°13'24.8", Heven 48. **Max. WOMOs:** 40.
Ausstattung: V/E, Strom, Toilette, Dusche, Spülbecken, Waschmaschine und Trockner.
Beschreibung: Ferienhof mit Stellplätzen auf Wiesenflächen, die von Hecken und Bäumen gerahmt sind, viel Service aber eng bei Vollauslastung, kleiner Teich mit Liegewiese und beheiztem Pool, Indoorspielplatz, Brötchenservice, Bauernhofcafé.
Preis: 12 €, Person 2 €.
Anfahrt: Von Schöppingen auf der Schöppinger Straße / L 582 in Richtung Rosendahl, dann beschildert (linke Seite).
Hinweis: Tel. 02555 93850.

(091) Offizieller WOMO-Stellplatz: Schöppingen Ferienhof Wenker

GPS: N 52°04'27.0" E 7°10'39.8", Ramsberg 76. **Max. WOMOs:** 3.
Ausstattung: V/E, Strom, Toilette, Dusche, Spülbecken, Waschmaschine und Trockner.
Beschreibung: Reichlich Privatsphäre auf der großen Wiese mit Bäumen, abgelegen im Grünen und ruhig.
Preis: 10 €, Person 4 €.
Anfahrt: Wie zuvor, aber von der Schöppinger Straße rechts abbiegen Richtung Asbeck, 3. rechts und wieder rechts.
Hinweis: Bitte zuvor anfragen,Tel. 02555 1503.

„Die Welle" entspringt unter der Kirche, Brunnenskulptur in Schöppingen

Kreuzweg Eggerode

Ein **Abstecher** führt nach Süden zum **Wallfahrtsort Eggerode**.

Mit seinem Gnadenbild der Mutter Gottes im byzantinischen Stil aus dem 12. Jahrhundert zieht Eggerode jährlich etwa 60.000 Wallfahrer an. Das Gnadenbild ist in der sechseckigen Wallfahrtskapelle ausgestellt, um es zu schonen werden Kerzen nebenan in der Kerzenkapelle angezündet. Der Westturm der benachbarten Kirche St. Marien mit Treppengiebel stammt aus dem 12. Jahrhundert, die restliche Kirche wurde im 20. Jhd. neu gebaut oder massiv umgestaltet. An der Südseite der Kirche beginnt ein landschaftlich reizvoller Kreuzweg, der nicht nur für Wallfahrer schön ist, denn er führt romantisch zwischen Wald, Feld und Vechte entlang. In Eggerode liegt außerdem der Entstehungspunkt der Vechte, die hier am Zusammenfluss von Burloer und Rockeler Bach beginnt.

Von Norden kommend gibt es am Ortseingang einen Parkplatz (GPS N 52°03‘51.9“ E 7°14‘38.7“).

Rundgang Eggerode,1,8 km

Vom Parkplatz aus gehen wir in Richtung Ort und biegen am Eiscafé nach links ab, am Stellplatz Hotel Winter vorbei und zu den Kapellen und der Kirche. Am Kirchturm vorbei und dem Fußweg folgend kommen wir zum Kreuzweg. Er führt auf einem gut ausgebauten und fein geschotterten Weg am Waldstreifen entlang rund um ein großes Feld. Nach drei Feldseiten treffen wir direkt vor einer Straße auf den Stein, der auf den Entstehungspunkt der Vechte hinweist. Hier überqueren wir die Straße geradeaus und wandern auf einem Pfad am baumbestandenen Ufer der Vechte entlang. Er führt uns zum Ortseingang, wo der Parkplatz direkt links liegt.

Parklandschaft bei Eggerode

(092) WOMO-Gatstättenplatz: Eggerode Hotel Winter

GPS: N 52°03'48.6" E 7°14'40.1", Gildestraße 3. **Max. WOMOs:** 4.
Ausstattung: Keine (Strom/Wasser möglich am Hotel).

Beschreibung: Markierte Stellplätze auf Asphalt unter Bäumen.
Preis: 5 €, wird bei Verzehr angerechnet.
Anfahrt: Von Norden kommend im Ort 1. links.
Alternative: Schotterparkstreifen am Sportplatz im Grünen unter Bäumen, GPS N 52°03'28.9" E 7°14'21.6".

Unsere Tour führt jetzt nach **Metelen**. Hier wartet direkt am Stellplatz die **Plagemanns Mühle** mit Mühlenmuseum an der Vechte (April – Sept. jeder 3. So im Monat 14:00–17:00). Auf der anderen Seite der Vechte sind in beiden Richtungen längere Spaziergänge möglich.

St. Marien in Eggerode

Knapp 4 Kilometer nordöstlich von Metelen liegt der **Dino-Zoo** im Wald. Im weitläufigen Tierpark wurden verschiedenste Dinoskulpturen aufgestellt. Dieses Angebot spricht vor allem Familien mit kleinen Kindern an (April–Okt. 10:00–18:00, 10 €, davon 6 € Gutschein für Souvenirshop/Restaurant, Kinder bis 1 Jahr frei).

Das **Bahnhofsmuseum Metelen** wird von der Eisenbahn Interessengemeinschaft Metelen geführt (April-Okt. jeder 1. So im Monat 14:00-18:00, 1,50 €).

(093) Offizieller WOMO-Stellplatz: Metelen Mühlenmuseum

GPS: N 52°08'45.9" E 7°12'49.2", Im Stiftsgarten. **Max. WOMOs:** 5.
Ausstattung: Keine.
Beschreibung: Gepflasterter Parkplatz, zentrale Lage zum Ort und an der Vechte, von Park umgeben.
Preis: Kostenlos.
Anfahrt: Von Metelen Richtung Ochtrup fahren, rechts in den Stiftsgarten.

(094) Offizieller WOMO-Stellplatz: Metelen Störmann-Böwing

GPS: N 52°09'43.6" E 7°15'14.5", Naendorf 72. **Max. WOMOs:** 10.
Ausstattung: Keine.
Beschreibung: Privat, auf einer Wiese zwischen den Gebäuden eines Hofes, an einer Neben-Zugstrecke.
Preise: 5 €.
Anfahrt: Von Metelen auf der B 70 in Richtung Rheine, nach der Ausfahrt Dino-Zoo 1. rechts, T-Kreuzung links, nächste links, gegenüber vom Bahnhofsmuseum Metelen.

Als Nächstes liegt der kleine Ort **Nienborg** an unserer Tour, in dem noch einige Gebäude der ehemaligen Burg erhalten sind. Der Ort ist Sitz der Landesmusikakademie.

Nienborg – Geschichtssplitter

Nienborg war seit dem 12. Jahrhundert Sitz einer Landesburg. Die Burgmannen des Bischofs lebten in Burgmannshöfen im Areal der Burg. Die Burg verfiel bereits im 17. Jahrhundert. Erhalten blieben drei Burgmannshöfe, die im Kern aus dem 15. und 16. Jahrhundert stammen, sowie Torhaus und zwei Mühlen aus dem 14. Jahrhundert.

Nur von außen zu sehen sind: **Hohes Haus**, eine Hochzeitslocation, **Langes Haus** im Besitz des Heimatvereins mit dahinter liegendem kleinen Park und Klanggarten und die **Keppelborg**,

Die Mühlen in Nienborg

edles Hotel mit Event-Räumlichkeiten. Das Burgtor gehörte zur Befestigung. Die Wassermühlen wurden als Korn- und Ölmühle eingesetzt.

Rundgang durch Nienborg, 1 km

Parken GPS N 52°08‘10.3“ E 7°06‘03.9“, nur kleine WOMOs. Mit der Gebäudefront, die den dreieckigen Parkplatz begrenzt, im Rücken gehen wir nach links und an der Kreuzung links. Hier stehen rechts die Mühlen an der aufgestauten Dinkel. Wir folgen dem Straßenverlauf und biegen bei der nächsten Straße rechts ab und hoch ab zum Gelände der ehemaligen Burg, heute ein Wohngebiet. In der Linkskehre steht das Hohe Haus, dann folgt das Lange Haus mit Klanggarten und Blick auf die Rückseite des Hohen Hauses. An der Kirche gehen wir rechts vorbei zu Haus Keppelborg. Auf der anderen Kirchenseite biegen wir rechts ab durch das Burgtor. An der Skulptur „Der wilde Bernd“ mit Bank gehen wir links und spazieren zurück Richtung Mühle und Parkplatz.

Mit **Ahaus** erreichen wir eine Mittelstadt mit fürstlichem Wasserschloss, deren historische Substanz durch Brände und Kriege zerstört wurde.

Ahaus – Geschichtssplitter

Seinen Namen trägt die Stadt vom Adelssitz Haus an der Aa, das im 11. Jahrhundert erwähnt wurde. Als Stadt kam Ahaus unter die Herrschaft der Fürstbischöfe von Münster. Kurz war die Stadt Sitz der ersten deutschen Fayence-Manufaktur. Im 17. Jahrhundert wurde die alte Burg niedergerissen und an ihrer Stelle ein barockes Wasserschloss gebaut. 1863 wurde die Stadt bei einem Großbrand fast völlig zerstört. Ende des 19. Jahrhunderts führte die Gründung der Westfälischen Jutespinnerei und -weberei zu wirtschaftlichem Aufschwung. Im zweiten Weltkrieg wurde das Wasserschloss zerstört, anschließend von der Stadt gekauft und wiederaufgebaut. Bekannt wurde Ahaus durch das Zwischenlager Ahaus, genauer das Transportbehälterlager Ahaus für stark und schwach strahlenden radioaktiven Abfall, das etwa drei Kilometer östlich des Zentrums liegt.

Schloss Ahaus

Brunnen in Ahaus

Schloss Ahaus, die ehemalige Residenz der Fürstbischöfe von Münster, ist heute kulturelles Zentrum der Stadt. In den Torhäusern befinden sich das Torhausmuseum mit geschichtlichen Zeugnissen (Mo 10:00–18:00, Di–Fr 9:00–18:00, Sa 9:00–14:00) und das Schulmuseum (Di–Fr 15:00–17:00, Sa/So 14:00–17:00). Im Fürstensaal finden Schlosskonzerte statt. Durch den gepflegten **Schlossgarten** führen breite Spazierwege.

Am Markt steht die auffällige Kirche St. Mariä Himmelfahrt mit ihrem Turm aus dem 16. Jahrhundert und einer modernen, rechteckigen Betonhalle. Auf dem Marktplatz finden sich Wasserspiele sowie die Brunnenskulptur „Quellen – Fließen – Versickern – Trinken" mit fünf schwarzen Stelen.

Am Westrand von Ahaus liegt das kombinierte **Hallen- und Freibad AquAHAUS** mit Wellen- und Erlebnisbecken. Entlang der Aa-Umflut hinter dem Bad erstreckt sich ein Freizeitpark mit Spazierwegen, dem Aussichtsturm Rodelberg, einem Teich sowie Spielplatz und Skaterpark.

(095) Offizieller WOMO-Stellplatz: Ahaus Am Kirmesplatz

GPS: N 52°04'30.8" E 7°00'11.4", Wüllener Str. 23. **Max. WOMOs:** 10.
Ausstattung: V/E, Strom (Gebühr).
Beschreibung: Zentrale Lage, Stellplätze am Rand eines großen, asphaltierten Parkplatzes, am Rand schmaler Grünstreifen mit Bäumen, dadurch etwas Abtrennung zu umgebenden Gebäuden.
Preis: Kostenlos.
Anfahrt: Von Metelen kommend dem Straßenverlauf durch die Stadt folgen, nach dem Kreisverkehr 2. links.
Hinweis: Zum Schloss: An der südlichen Zufahrt „Schloßstraße" nach links, 300 m.

(096) Offizieller WOMO-Stellplatz: Ahaus - Schwimmbad AquAHAUS

GPS: N 52°04'40.0" E 6°59'00.7", Unterortwick 32. **Max. WOMOs:** 7.
Ausstattung: V/E, Strom (Gebühr).
Beschreibung: Plätze auf Rasengittersteinen in grüner Umgebung, im Sommer evtl. laut durch Freibad und Tennisplätze.
Preis: Kostenlos.
Anfahrt: An der Straße von Ahaus nach Vreden, beschildert.
Hinweis: Auch von hier kommt man zu Fuß oder mit dem Rad zum Schloss: Vom Stellplatz aus führt ein Fußweg immer an der Aa-Umflut entlang. An der vierten Straßenquerung (Wüllener Straße) geht es auf einer kleinen Extra-Brücke für den Radweg nach links. Nach der großen Kreuzung mit dem Adenauerring führt die nächste Straße nach rechts, die Schloßstraße, gerade auf das Schloss zu (2 Kilometer eine Richtung).

(097) WOMO-Stellplatz: Ahaus - Vredener Dyk

GPS: N 52°03'59.8" E 6°56'32.9", Vredener Dyk **Max. WOMOs:** 2.
Ausstattung: Keine.
Beschreibung: Alter Straßenabschnitt, durch Bäume und Büsche von der Landstraße L 560 getrennt.
Anfahrt: An der Straße von Ahaus nach Vreden, nach letztem Kreisverkehr und Gewerbegebiet auf der rechten Seite, zweite Straße nach rechts.

Bei **Alstätte** kommen wir in die Grenzregion mit ihren vielen Mooren.

Das Ausflugsziel **Haarmühle** liegt westlich von Alstätte direkt an der niederländischen Grenze (GPS N 52°07'54.0" E 6°52'37.9"). Seit dem 14. Jahrhundert wird an der Alstätter Aa eine Wassermühle betrieben. Die heute zu sehende und 1619 erbaute Mühle ist als Fachwerkbau mit Backsteinausfachung auf massivem Steinsockel gebaut. Neben den historischen Gebäuden gibt es Restaurant, Spielplatz und Freizeitaktivitäten. Eine Besichtigung der funktionsfähigen Mühle ist jederzeit möglich (3 €). In der zugehörigen Tenne von 1865, einer Scheune,

Landschaftpfleger im Amtsvenn

Auch Kanadagänse fühlen sich im Amtsvenn wohl.

befindet sich ein Ausflugslokal mit Biergarten, die Speisekarte ist westfälisch und abwechslungsreich (täglich ab 9:00). Von der Haarmühle aus kann das Witte Venn zu Fuß, mit Fahrrad, Golfmobil oder Segway erkundet werden.

(098) WOMO-Stellplatz: Amtsvenn

GPS: N 52°10‘16.4“ E 6°57‘38.7“, B 70. **Max. WOMOs:** 2.
Ausstattung: Keine.
Beschreibung: Altes Fahrbahnstück, Schranken sind normalerweise hoch, durch schmalen Waldstreifen von der B 70 getrennt, mit Blick ins Venn.
Anfahrt: An der B 70 zwischen Alstätte und der Kreuzung mit der B 45.

Die B 70 verläuft jetzt durch das **Naturschutzgebiet Amtsvenn-Hündfelder Moor**. Der Aussichtsturm beim WOMO-Stellplatz kann leider nicht mehr bestiegen werden. Von Süden kommend nach der Abfahrt Epe liegt links der B 70 ein kleiner Wanderparkplatz, von dem aus der Weg in Richtung niederländische Grenze zu empfehlen ist.

Mit Gronaus südlichem Stadtteil **Epe** erreichen wir wieder die Zivilisation. Dort kommen wir an **Schepers Mühle** vorbei, die seit dem 14. Jahrhundert von der Dinkel angetrieben wird. Mehrfach erweitert und umgebaut dient sie heute als Restaurant-Café und Trauzimmer. Im Eper Park mit Grünflächen, Spielplatz und Teich lädt zum Spazierengehen ein.

Abendstimmung und Stille im Amtsvenn

(099) Offizieller WOMO-Stellplatz: Epe - Kirmesplatz

GPS: N 52°10'39.8" E 7°02'16.7", Ahauser Str. 1. **Max. WOMOs:** 3.
Ausstattung: Keine.
Beschreibung: Schotter und Rasenflächen am Ufer der Dinkel, umgeben von Bäumen.
Preis: Kostenlos.
Anfahrt: An der großen Ampelkreuzung nach Kirche St. Agatha rechts, nach Brücke über Dinkel rechts.
Hinweis: Die Mühle ist hinter Hotel Schepers, der Eper Park auf der anderen Seite der Dinkel links.

Gronau, die Geburtsstadt von Udo Lindenberg, hat sich den Beinamen **Musikstadt** gegeben und wirbt mit einem ungewöhnlichen Parkgelände rund um das rock'n'popmuseum.

Gronau – Geschichtssplitter

Die Ursprünge liegen in der Siedlung Gronauwe, Grüne Aue, am Fluss Dinkel. Lange blieb Gronau ohne Stadtrechte und die entsprechenden Einnahmequellen. Im 17. Jahrhundert wurde Gronau zu einem Zufluchtsort für niederländische Protestanten. Sie prägten auch den Beginn der industriellen Revolution, die in Gronau mit Webstühlen in den Häusern begann und zum Bau großer Textilfabriken führte. 1980/81 ging ein großer Textilkonzern Konkurs und die Zeit der großen Fabriken endete.

Inspiriert durch den berühmten Sohn der Stadt ist das bekannteste Highlight Gronaus, das **rock'n'popmuseum.** Es zeigt in einer Turbinenhalle zahlreiche Exponate, interaktive Ausstellungselemente und entführt mit dem „Pophimmel" in das Gefühl eines großen Konzertes (Di–So 10:00–18:00, 9,50 €, Ermäßigt 7 €, Familie mit 4 Kindern bis 14 Jahre 25 €)

Das Gelände des **ehemaligen LAGA-Parks** wirkt fast futuristisch mit seinen großen, quadratischen, vom Eschbach umspülten und gepflasterten Inseln. Hier warten Wasser und Piratenspielplatz, Entdeckerstationen, Kletterturm, Sitzmöglichkeiten und die Pyramide, ein grasbewachsener Hügel mit Aussicht (kostenlos, Parken GPS N 52°12'56.7" E 7°01'34.2"). Eine weit tragende Brücke über die Eisenbahn mit Pfeilern wie Mikado-Stangen verbindet das Gelände mit **ehemaligen Fabrikgebäuden** im Norden bzw. dem WOMO-Stellplatz.

Das rock'n'popmuseum, Aushängeschild von Gronau

Das Backsteingebäude im Stil des Historismus wurde 1892 als Spinnerei gebaut und beherbergt heute die Wirtschaftsförderungsgesellschaft. Die „Weiße Dame" dahinter, ebenfalls eine Spinnerei von 1910 und ehemals beliebter „lost place" in Gronau, wird renoviert und soll Raum für Kino, Restaurant, Wohnungen und Seniorenheim bieten.

Am Theodor-Heuss-Platz steht der **Rathausturm,** der Rest des ehemaligen neugotischen Rathauses aus den 1890ern, das 1945 weitgehend zerstört wurde. Im Turm befindet sich das Drilandmuseum des Heimatvereins, das die Geschichte Gronaus zeigt (SA 15:00–17:00, Eintritt frei). Ein geplantes Gebäudeensemble mit einem Nachbau des ehemaligen Rathauses soll hier zu Gronaus historischer Mitte werden.

Der **Stadtpark** an der Dinkel wartet auf mit Wasserturm, See und Tierpark mit verschiedenen Vogelarten, Nasenbären, Stachelschweinen, Alpakas, Kapuzineraffen (kostenlos) sowie Café und Freibad.

Als Musikstadt bietet Gronau verschiedene Veranstaltungen, zum Beispiel Ende April das **Jazzfest** und im Sommer ein großes **Rockfestival**.

Brücke vom LAGA-Gelände zur weißen Dame

(100) WOMO-Stellplatz: Gronau - An der Bürgerhalle

GPS: N 52°12‘55.1“ E 7°01‘33.3“, Spinnnereistr. 20. **Max. WOMOs:** 3.
Ausstattung: Keine.
Beschreibung: Schotter-Rasen-Platz, ungenutzt außer während Veranstaltungen, mit Bäumen und Dinkel abgetrennt vom historischen Gebäude der Wirtschaftsförderung, direkter Zugang zum LAGA-Park über die Brücke.

Anfahrt: Ausfahrt von B 54 Richtung Gronau Mitte, Straße folgen über die Bahngleise, nächste links.
Hinweis: Im hinteren Bereich des Geländes wird die „Weiße Dame“ renoviert, dadurch kann es zu Änderungen kommen.
Vom Laga-Park zum Theodor-Heuss-Platz: Vor dem rock‘n‘popmuseum rechts über die kleine Brücke zum Parkplatz, dahinter sofort links auf den Fußweg an der Dinkel, dem Weg über zwei Brücken folgen, dann zweimal rechts und Dinkel erneut überqueren, nächste links, 350 m eine Richtung.
Weiter zum Stadtpark: Am südlichen Ende des Theodor-Heuss-Platzes links in die Neustraße, am Ende der Fußgängerzone rechts in den Paßweg, am Ende geradeaus auf den Fußweg und leicht links unter der Unterführung hindurch (770 m eine Richtung).

Das **Erholungsgebiet Drilandsee** wurde in den 1980ern künstlich geschaffen für Freizeitnutzung. Der See ist benannt nach der alten Flurbezeichnung Driland, denn hier trafen Westfalen, die niedersächsische Grafschaft Bentheim und die niederländische Provinz Overijssel zusammen. Bade- und Wassersportbereich sind durch eine unterbrochene Landbrücke getrennt. Am See gibt es Ferienhäuser, Mobilheime, Camping- und Wohnmobilstellplatz sowie Parkplatz für Tagesgäste. Am Badestrand warten Café, Liegewiese und Spielplatz sowie Minigolf und Tretbootverleih auf Gäste. Um den See herum führt ein 3,3 Kilometer langer Spazierweg.

(101) Offizieller WOMO-Stellplatz: Gronau - Drilandsee

GPS: N 52°14‘13.8“ E 7°04‘49.1“, Hagelsweg. **Max. WOMOs:** 50+.
Ausstattung: V/E, Strom (Gebühr, nur bei Alleecamping).
Beschreibung: Unterteilt in Alleecamping, einen mit Bäumen parzellierten langen Wiesenstreifen, sowie Naturcamping auf einer Wiese von etwa 100 mal 150 Metern Größe, beide Bereiche sind von Bäumen gerahmt, vom Seeufer etwa 200 Meter entfernt, vom Badestrand etwa 800 Meter.
Preis: 10 €.
Anfahrt: Von Gronau Richtung Nordhorn, Abfahrt rechts beschildert.
Hinweis: Auf dem zugehörigen Campingplatz dürfen nur Wohnwagen und Zelte stehen.

Nördlich an den See grenzt das Naturschutzgebiet **Gildehäuser Venn**, eines der wichtigsten Feuchtgebiete in Norddeutschland. Das Moor- und Heidegebiet ist 650 Hektar groß, wird von Dünenrücken durchzogen und liegt bereits in Niedersachsen. Das Gebiet ist ein wichtiger Rückzugsort für gefährdete Vogelarten.

Wanderung Gildehauser Venn, 7,8 km

Vom Stellplatz Drilandsee aus wenden wir uns an der Zufahrtsstraße „Brechter Weg" nach rechts. Wir folgen ihr an den Einrichtungen des Sees und dann an zwei Feldern vorbei. Wir wandern durch ein kleines Waldgebiet, dann biegen wir auf den ersten, mit Bäumen gesäumten Fahrweg nach links ab. Er bringt uns zu einer Kreuzung mit Infotafel zum Tütenvenn. Wir gehen noch ein kurzes Stück geradeaus und bei der nächsten Möglichkeit links am Waldrand entlang. An der nächsten Verzweigung biegen wir rechts ab. Hier beginnt das Gildehäuser Venn und vor uns liegt ein Aussichtsturm. Wir folgen dem Fußweg weiter, der uns sehr naturnah meist am Waldrand entlang von Heideflächen und an kleinen Tümpeln vorbeiführt. An einem Querweg vor einer kleinen Seenplatte und einer weiteren Aussichtsplattform gehen wir rechts und an der folgenden T-Kreuzung wieder rechts. Ein breiterer Weg führt zwischen Wald und Felder zurück nach Süden. Wir kommen zurück zur Kreuzung mit Infotafel, gehen weiter geradeaus bis zum „Brechter Weg" und dort nach rechts zurück.

Die Sehenswürdigkeiten der **Töpfer- und Textilstadt Ochtrup** liegen weit über das Stadtgebiet verstreut. Das **Design- und Outletcenter DOC** am nördlichen Stadtrand ist ein wichtiger Publikumsmagnet. Mit seinen 66 Stores erstreckt es sich in und hinter dem Beltmann Bau, wobei der hintere Bereich wie kleine, offene Einkaufsstraßen gestaltet ist mit bunten Fassaden einzelner Häuser. Dafür wurde der historische **Beltmann Bau**, ein Industrie- und Handelsgebäude aus dem Jahr 1893, vollständig entkernt und seine denkmalgeschützte Fassade renoviert (siehe Stellplatz).

Der Beltmann Bau, heute Design und Outletcenter, in Ochtrup

Villa Winkel in Ochtrup

Villa Winkel im Stadtpark, früher Privateigentum eines Textilfabrikaten im Stil der Neorenaissance vom Ende des 19. Jahrhunderts, dient als Begegnungsstätte, Trauzimmer und Geschäftsstelle (siehe Stellplatz). Im Westen beim Freibad befindet sich die Windmühle Nobbenhuis, die wie die benachbarte Gaststätte in privater Hand ist (GPS N 52°12‘37.9“ E 7°10‘15.1“). Das in einem Ackerbürgerhaus untergebrachte Töpfereimuseum liegt südlich des Zentrums (GPS N 52°12‘22.3“ E 7°11‘21.2“, Di–Fr 9:00–12:00 und 15:00–17:00, So 15:00–17:00, Mai - Okt. auch Sa 15:00–17:00, 1 €).

(102) Offizieller WOMO-Stellplatz: Ochtrup - Stadtpark

GPS: N 52°12‘49.4“ E 7°11‘21.3“, Piusstraße. **Max. WOMOs:** 7.
Ausstattung: Keine.
Beschreibung: etwas liebloser Stellplatz in einem Randgebiet, eine Seite des Platzes ist mit Büschen und Bäumen bewachsen.
Preise: Kostenlos.
Anfahrt: von Gronau kommend am großen Kreisverkehr „geradeaus“, der Parkstraße bis zum Stadtpark folgen und dort rechts, erste rechts.

(103) WOMO-Stellplatz: Ochtrup - Outletcenter

GPS: N 52°12‘48.9“ E 7°11‘51.7“, Gellenbecke. **Max. WOMOs:** 2-3.
Ausstattung: Keine.
Beschreibung: Parkstreifen ganz am hinteren Ende des Outletgeländes, von Hecke gesäumt.
Anfahrt: Richtung DOC (Outlet Center), der beschilderten Zufahrt zum Parkplatz Nord folgen und bis an sein nördliches Ende fahren.

Happens Hof bietet Wildgerichte und für Kunden ruhige Stellplätze im Grünen [**104**: GPS N 52°13‘22.9“ E 7°12‘15.7“].

Burg Steinfurt mit Vorburg

Fast an Ochtrup grenzt **Langenhorst** mit der Kirche St. Johannes Baptist, einer Stiftskirche von 1230. Das Kloster wurde bei einem Brand 1556 weitgehend zerstört. Das Wohnhaus der Äbtissin von 1722 überragt den Kirchplatz. Das Stiftsgelände ist im Norden von einem Wassergraben und im Süden von der Vechte umgeben (Parken GPS N 52°11'49.3" E 7°14'18.7").

Mit **Haus Wellbergen** erreichen wir eine sehenswerte Burg mit Park, die noch nicht vom Tourismus überlaufen ist. Der Eingang zur Burg führt zwischen Wassermühle und Spieker hindurch. Die Vorburg mit ihrem streng geometrischen Garten wird von Wirtschaftsgebäuden begrenzt. Das Herrenhaus aus dem 16. Jahrhundert ist komplett vom Wasser der Gräfte umgeben. Der Park, ein Waldgebiet, das vom Gauxbach durchflossen ist, lädt zu Spaziergängen ein. Park und Hof sind tagsüber frei zugänglich, Führungen gibt es leider nur für Gruppen (GPS N 52°11'25.4" E 7°15'11.2", Fußweg 200 Meter).

Altes Rathaus, heute Tourist-Info

Nächstes Ziel ist **Burgsteinfurt**, nördlicher Ortsteil der Stadt Steinfurt und ein echter Touristenmagnet mit Schloss, historischer Altstadt und Bagnopark.

Weihnachtsstimmung in Burgsteinfurt

Burgsteinfurt – Geschichtssplitter

Steinfurt entwickelte sich um die Burg und erhielt seinen Namen nach einer steinernen Durchfahrt durch den Fluss Aa, die auch Gespannen eine Durchfahrt ermöglichte. Durch die Kontrolle der Furt und Erhebung von Zöllen kam der Ort zu Reichtum und vergrößerte sich durch die Ansiedlung von Kaufleuten, Handwerkern und Ackerbürgern.
Rückkehrende Krieger eines Kreuzzuges siedelten auf Geheiß ihrer Edelherrn Mitte des 13. Jahrhunderts ebenfalls in Steinfurt. Auch zu ihrer Versorgung wurde ein Stift des Johanniterordens gegründet, genannt Kommende, mit der Aufgabe, 13 Arme täglich mit Speis und Trank zu versorgen. In weitem Umkreis hohes Ansehen erhielt die 1558 gegründete „Hohe Schule", eine Hochschule. Im Dreißigjährigen Krieg wurde Burgsteinfurt mehrfach besetzt und durch Hunger und Pest entvölkert.

Das **Schloss Burgsteinfurt** am östlichen Ortseingang ist die älteste Wasserburg Westfalens und wird von der Steinfurter Aa umströmt. Die Oberburg aus dem 12. Jahrhundert stellt sich dar als schmaler, ringförmiger Gebäudekomplex, dessen offene Seite zur Straße zeigt. Die Unterburg aus dem 13. Jahrhundert mit ihrem Fachwerk-Torhaus beinhaltet Wirtschaftsgebäude und zwei Burgmannshäuser. Die **Schlossmühle** auf der gegenüberliegenden Straßenseite beherbergt heute ein Restaurant-Café. Das Schloss dient als Wohnsitz der Familie zu Bentheim und Steinfurt und kann nicht besichtigt werden.

Im 18. Jahrhundert wurde ein **Schlosspark**, das **Bagno**, nach französischen und englischen Vorbildern ergänzt. Im Park waren über hundert Attraktionen wie Statuen, Wasserspiele, Brücken und anderes verteilt. Schon damals durfte der Park von Jedermann betreten werden. Die Konzertgalerie, eine Konzerthalle, wurde wahrscheinlich 1774 fertiggestellt und ist auch heute noch regelmäßiger Veranstaltungsort.

Schlossmühle Burgsteinfurt

In der Stadt mit ihren engen Kopfsteinpflaster-Straßen sind **viele historische Gebäude** erhalten. In der Tourist-Information gibt es eine Broschüre für einen Stadtrundgang, der unten vom Stellplatz aus beschrieben ist.

Der **Schlosspark Bagno** ist ebenfalls vom Stellplatz aus durch eine schöne Wanderung zu besichtigen oder vom Bagno-Parkplatz außerhalb der Stadt (GPS N 52°08'30.9" E 7°21'28.7", kostenpflichtig).

(105) Offizieller WOMO-Stellplatz: Steinfurt Burgsteinfurt

GPS: N 52°08'53.6" E 7°20'52.6", Liedekerker Straße. **Max. WOMOs:** 25-30.
Ausstattung: V/E, Strom (Gebühr).
Beschreibung: Großer, geschotterter Stellplatz, fast vollständig mit Bäumen umgeben und dadurch „im Grünen", im rechten Bereich teilweise etwas schräg, nur 500 Meter vom Schloss entfernt.
Preis: Kostenlos.
Anfahrt: Von Burgsteinfurt Richtung Leer, erste Straße nach Ortsausgang links, nächste links.
Hinweis: Hier befinden sich auch große Parkplätze.

Stadtrundgang Burgsteinfurt, 2,8 km

Diese Kurzbeschreibung geht nicht auf alle Nummern ein, da die Gebäude, oft kunstvoll gestaltete Bürgerhäuser, deutlich mit Infotafeln markiert sind. Vom Stell-/Parkplatz aus gehen wir an der Zufahrtsstraße nach links und biegen links in den Fußweg „Fillerstiege" ein. An der Steinfurter Aa biegen wir links ab und folgen ihr bis Burgstraße, wo Schlossmühle und Schloss rechts und gegenüber zu sehen sind. Hier biegen wir rechts ab und gehen auf der Burgstraße zwischen beiden historischen Bauten hindurch . Die nächste Straße biegen wir links ab in Katthagen. Diese Straße mit kleinen Entdeckungen, nicht Teil des offiziellen Rundweges, hat uns besonders gut gefallen. Am Ende links und die Nächste rechts sind wir jetzt auf dem offiziellen Rundgang. Vorbei an der Kirche St. Johannes Nepomuk (15) nehmen

Katthagen, Burgsteinfurt

wir die nächste Gasse nach rechts. An ihrem Ende links steht der Schlusenturm (16), heute als Wohnhaus genutzt. Wir gehen leicht rechts versetzt in die Flintenstraße und kommen zur Hohen Schule (19). Wieder leicht rechts versetzt in die Kautenstege und an der T-Kreuzung rechts kommen wir zum Markt mit dem Alten Rathaus (1), heute Tourist-Info. Hier sollten wir zuerst über den Markt bis an sein rechtes Ende gehen zu alten Bürgerhäusern. Dann spazieren wir zurück, am Rathaus vorbei, die dritte Straße rechts (Viefhoek) und dann die zweite rechts (Hahnenstraße). An der nächsten Kreuzung links steht das Huck-Beifang-Haus (4). An ihm vorbei kommen wir wieder zum Markt. Hier links und an seinem Ende schräg links führt die Burgstraße zur Schlossmühle und dem Standbild von Arnoldus (8).

Torhaus der Burg Steinfurt

Wanderung Bagnopark, 4,5 km inkl. Seeumrundung

Ein längerer Spaziergang im Bagno-Park gehört eigentlich zum Pflichtprogramm eines Besuchs in Burgsteinfurt. Wir starten wie beim Stadtrundgang beschrieben. Bei der Schlossmühle überqueren wir die Burgstraße geradeaus in den Bagnopark links des Schlosses. Der geschotterte Fußweg führt uns zur breiten Doppelallee. An Ihrem Ende weiter geradeaus kommen wir zur Grenadierwache und etwas weiter zum Spiegelsaal, der Konzerthalle. Von dieser gehen wir wenige Schritte zurück und biegen links ab vor der Brücke über einen Ausläufer des Bagnosees. Diesem Weg folgen wir um den See und über zwei Brücken. Danach biegen wir beim zweiten Abzweig rechts ab und folgen dem Weg zurück zum Beginn der Allee. An der Konzerthalle startet ein Waldlehrpfad, der noch weiter in den Schlosspark hineinführt.

(106) WOMO-Campingplatz: Steinfurt
Natur Camping Hof Köninck

GPS: N 52°07'34.2" E 7°19'42.4", Veltrup 10. **Tel.:** 0160 7722354.
Geöffnet: Ganzjährig.
Ausstattung: V/E.
Beschreibung: Camping bei einem historischen Bauernhof, Wiesengelände, von Bäumen umgeben, In direkter Nähe befindet sich ein See, für Naturfans sehr schön.
Preise: WOMO 10 €, Erwachsener 5 €, Kind 6 – 13 Jahre 3 €.
Anfahrt: Von Burgsteinfurt Richtung Schöppingen, an der letzten Siedlung von Veltrup links (beschildert) und zweite links.

Östlich von Burgsteinfurt liegen die Fundamente der **Burg Aschberg**, die im 12. Jahrhundert aufgegeben wurde, wahrscheinlich wegen der übermächtigen Herren von Steinfurt. 2013 wurde der Verlauf der Fundamente mit Steingitterkästen nachgeführt, Wege angelegt und Informationstafeln installiert (Eingang GPS N 52°09‘13.4“ E 7°21‘31.4“, Parken möglich entlang der Häuser 100 Meter weiter).

Borghorst, der zweite Stadtteil von Steinfurt, erwartet uns nur wenige Kilometer nach Süden auf der anderen Seite des Waldgebietes Bagno – Buchenberg.

Borghorst – Geschichtssplitter

Borghorst entwickelte sich um den Damenstift Borghorst, in den Gräfin Bertha und ihre Tochter ihre Burg um das Jahr 1000 herum umwandelten. Das Stiftskreuz aus der Gründungszeit, ein Reliquienkreuz aus Eichenholz mit Bergkristallen, wurde in der Pfarrkirche St. Nikomedes gezeigt. Borghorst und der Stift litten vor allem unter den Unabhängigkeitskriegen zwischen Spanien und den Niederlanden Ende des 16. Jahrhunderts. Ende des 19. Jahrhunderts führte die Textilindustrie zu einem schnellen Aufstieg. Um für die wachsende Bevölkerung Platz zu schaffen, wurde die Stiftskirche abgerissen und 1889 durch eine der größten Hallenkirchen in Nordrhein-Westfalen ersetzt. Erst in der zweiten Hälfte des 20. Jahrhunderts folgte der Niedergang der blühenden Industrie. Im zweiten Weltkrieg wurde Borghorst mehrfach schwer bombardiert.

Heute ist die Kirche St. Nikomedes zu betrachten und daneben für Kunstinteressierte das HeinrichNeuyBauhausMuseum. Vom Kirchportal geradeaus in die Nikomedesstraße kommt man zum Alten Rathaus, einem prachtvollen Zweiflügelbau mit barockem Türmchen. Als Heimathaus beherbergt es heute ein Museum mit liebevoll eingerichteten Räumen Wohn-, Schul- und Arbeitsräumen (an ausgewählten Sonntagen 15:00–17:30).

Unterwegs auf einer der vielen Alleen des Münsterlandes

(107) Offizieller WOMO-Stellplatz: Steinfurt Borghorst

GPS: N 52°07'41.4" E 7°23'36.8", Emsdettener Str. 40. **Max. WOMOs:** 6.
Ausstattung: Keine.
Beschreibung: Asphaltierter Parkplatz beim Rathaus-/Polizeigebäude, von vielen Bäumen umgeben.
Preise: Kostenlos.
Anfahrt: Von Burgsteinfurt kommend in Borghorst nach Emsdetten abbiegen, am ersten Kreisverkehr erste Ausfahrt, nach Rechtskehre Zufahrt nach rechts.

Nordwalde ist schließlich der letzte Ort unserer Tour. Am Westrand des Ortes wurde der Bispinghof vom Heimatverein zu einem Begegnungs- und Veranstaltungsort ausgebaut. Als ehemaliger bischöflicher Amtshof diente er der Verwaltung des Landbesitzes der Kirche (GPS N 52°05'09.0" E 7°29'18.7", nur kleine WOMOs). Das Gelände ist frei zugänglich.

Bispinghof Nordwalde

Außerdem ist der kurze Grachtenweg mit zehn Stationen ausgeschildert. Der ebenfalls beschilderte Artenschutzturm, ein für verschiedene Tiere umgebautes ehemaliges Trafohaus, mit Infotafel und Schutzhäuschen für Zweibeiner, ist 2,4 Kilometer entfernt.

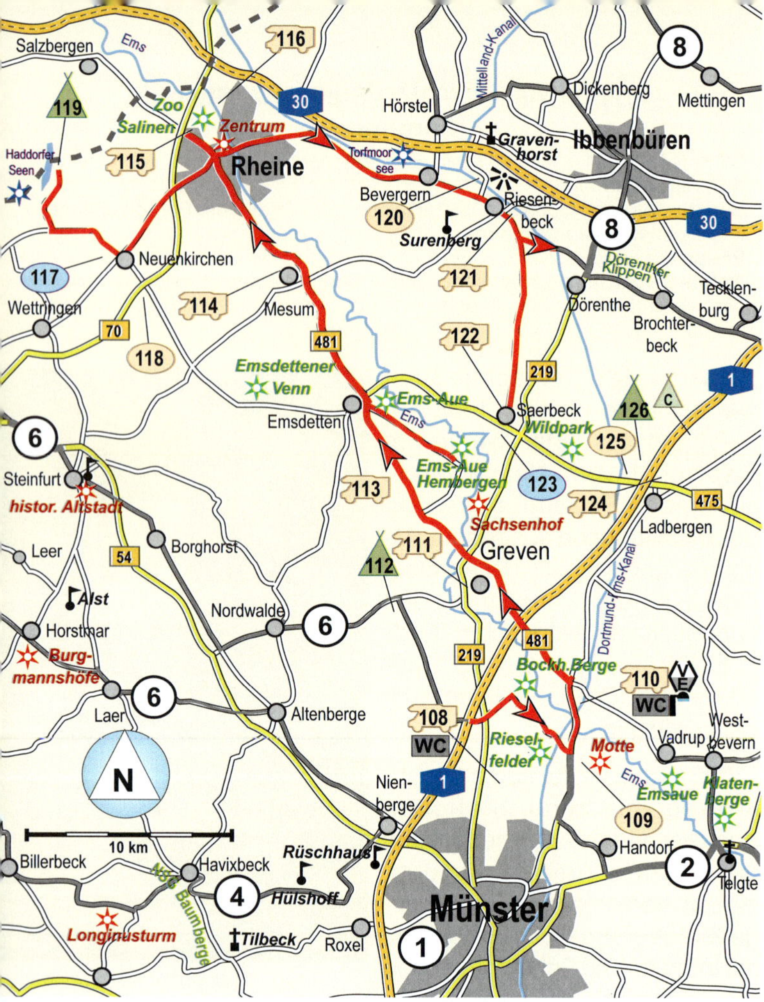

Morgenstimmung an der Emsaue Hembergen

TOUR 7 115 km

Norden – Natur an Ems und Kanal

Greven – Emsdetten – Rheine – Neuenkirchen – Haddorfer Seen – Bevergern – Riesenbeck – Saerbeck

Stellplätze:	Coermühle, Fuestrup, Greven, Emsdetten, Rheine, Neuenkirchen, Bevergern, Riesenbeck, Saerbeck Ladbergen
Campingplätze:	Greven, Haddorfer Seen, Ladbergen
Besichtigen/ Stadtrundgang:	Turmhügelburg Haskenau, Sachsenhof Pentrup, Emsdetten, Rheine, Erholungsgebiet Bentlage mit Saline und NaturZoo in Rheine, Bevergern, Saerbeck
Spaziergang/ Wandern:	Rieselfelder Münster, Bockholter Berge, Ems-Aue Emsdetten, Ems-Aue Hembergen, Emsdettener Venn, Offlumer See, Am Nassen Dreieck, Zur Schönen Aussicht Riesenbeck, Schloss Surenberg, Feuchtgebiet Saerbeck

Vieles, was wir auf dieser Tour entdecken, wird vom Wasser bestimmt. Da sind die Rieselfelder, vom Menschen gemachte, weite Wasser- und Schilfflächen und Vogelschutzgebiet, die Emsauen, an einigen Stellen renaturiert und unerwartet wild, das Emsdettener Venn, Reste eines ursprünglichen Hochmoores. Am Nassen Dreieck, dem Wasserstraßendreieck zweier Kanäle, treffen wir auf die nördlichen Ausläufer des Teutoburger Waldes mit grandiosen Aussichtspunkten übers Münsterland. Wer sich für das frühe Mittelalter interessiert, kann sich im Sachsenhof Pentrup oder der Turmhügelburg Haskenau in die Zeit zurück versetzen. Mit Emsdetten und Rheine erleben wir außerdem zwei größere Orte mit verschiedenen Sehenswürdigkeiten.

Bewohner der Rieselfelder: unterschiedlichste Vögel und Heckrinder.

Mit den **Rieselfeldern Münster** erreichen wir ein Europäisches Vogelschutzgebiet und ein erstes Highlight unserer Tour.

Das Naturschutzgebiet Rieselfelder Münster

Ihre Geschichte begann 1901, als die Stadt Münster hier die steigende Menge an Abwasser in den Heidegebieten mit sandigem Untergrund verrieselte, um sie zu reinigen. Mit der Einwohnerzahl wuchs die Fläche und weil gleichzeitig weiter Feuchtgebiete trockengelegt wurden, fanden sich viele Vogelarten ein. Nach der Fertigstellung der großen Kläranlage 1975 sollten die Rieselfelder trockengelegt werden und als Gewerbegebiet genutzt werden. Naturschützer erreichten, dass letztlich große Teile des Gebietes unter Schutz gestellt und teilweise wieder vernässt wurden. Die ehemaligen Rieselfelder bilden heute das Reservat mit vielen See- und Röhricht-Flächen, die von schmalen Asphaltstraßen durchzogen werden. Viele der ehemaligen Versorgungsstraßen sind zum Schutz der Tiere gesperrt.

Für einen Besuch gibt es zwei Startpunkte: Die **Biologische Station** mit kurzem **Lehrpfad** liegt direkt im Bereich der wiedervernässten Rieselfelder (GPS N 52°01‘43.4“ E 7°39‘18.3“, Ausweichparkplatz am Kanal GPS N 52°01‘19.0“ E 7°39‘51.7“, beide Parkplätze nur kleinere WOMOs). Das **Informationszentrum** an der **Gaststätte Heidekrug** mit einer kleinen Steganlage über einen Teich und Ausstellung befindet sich zwei Kilometer südlich und liegt im Gebiet ausgedehnter Feuchtwiesen, die von Heckrindern kurz gehalten werden (Parkmöglichkeit auch für große WOMOs, GPS N 52°00‘52.3“ E 7°38‘24.7“, Ausstellung So 12:00-18:00, Okt. - März So 12:00-17:00).

Wichtig: Die direkte Verbindungsstraße „Coermühle".ist seit Sommer 2021 gesperrt zwischen den beiden Startpunkten, statt dessen muss über Sprakel und Gimbte gefahren werden!

Im gesamten Gebiet gibt es viele Beobachtungshütten, den beeindruckendsten Blick über die weite Schilflandschaft hat man vom zwölf Meter hohen **Aussichtsturm** (s. Spaziergang).

Spaziergang durch die Rieselfelder, 2 km

Start bei der Biologischen Station.
Zuerst entdecken wir den Lehrpfad an der Biologischen Station, der auf Stegen durch ein kleines Feuchtgebiet führt. Dann gehen wir zur Durchgangsstraße Coermühle und dort rechts. Beim Wehr des Emsableiter-Stausees, des größten Einzelgewässers, wechseln wir auf den Fußweg und biegen beim ersten Abzweig links ab. Jetzt umrunden wir den Stausee auf einem breiten, geschotterten Fußweg. Neben mehreren Beobachtungshütten kommen wir an der Südseite am Aussichtsturm vorbei .
Bei einer Verzweigung biegen wir links ab und kommen zur Nordseite des Sees, wo der Fußweg mit einigen Metern Abstand parallel zu einer Straße verläuft. Der Dortmund-Ems-Kanal befindet sich nur 500 m entfernt nach rechts. Hier ist der Zugang vom Parkplatz am Kanal bzw. die Möglichkeit zu einem Abstecher.
Für unsere Umrundung biegen wir vor der Straße links ab, kommen zu einer Plattform mit Picknicktischen und Aussicht über den Staussee und dann zurück zur Straße Coermühle und zur Biologischen Station.

(108) Offizieller WOMO-Stellplatz: Münster-Coerheide Haus Coerde

GPS: N 52°00'29.8" E 7°37'34.8", Coermühle 50. **Max. WOMOs:** 3.
Ausstattung: Strom, Hoftoilette, Restaurant Landgenusswerkstatt.
Beschreibung: Nur für kleine WOMOs!, gepflasterte Stellplätze im Innenbereich der Hofanlage, nachts sehr ruhig, wochentags durchaus Trubel.
Preis: 10 €.
Anfahrt: Am Informationszentrum Rieselfelder weiter Richtung Münster, in 90°-Linkskehre geradeaus.
Hinweis: In der denkmalgeschützten Hofanlage aus dem 19. Jahrhundert befinden sich Ateliers, Werkstätten, Wohnungen und eine Biogärtnerei in Selbstverwaltung. **Stellplätze geöffnet von April bis Oktober.**

Schilf, Wasser, Feuchtwiesen, im Hintergrund die alte Deponie

Turmhügelburg Haskenau: Brücke zur Motte, unten Haupthügel der Motte

Für Mittelalterfans wartet die **Turmhügelburg Haskenau** auf der östlichen Emsseite. Diese sogenannte Motte war im 12. Jahrhundert ein Wehrturm auf einem Hügel, umgeben von Wirtschafts- und Wohngebäuden und geschützt von Erdwällen. Sie lag auf einer Hochterrasse und wurde nach Nordwesten von Werse und Ems geschützt. Heute sind im Wald noch Reste der Wälle zu finden, durch die ein ausgebauter Weg mit drei Infotafeln führt (Parken GPS N 52°01'30.6" E 7°41'02.5", siehe Stellplatz, zur Wersebrücke gehen (T-Kreuzung rechts, dann links), an den zwei folgenden Verzweigungen links).

Am Gellenbach

Ein weiteres Naturhighlight sind die **Bockholter Berge**, ein Naturschutzgebiet der Europäischen Natura 2000-Gebiete. Auf den während der letzten Eiszeit hier abgelagerten Sandschichten bildeten sich Wald- und Heidelandschaften. Vom großen Parkplatz führt ein gut beschilderter und abwechslungsreicher Lehrpfad zuerst auf breitem Forstweg durch Kiefernmischwald, dann als Pfad entlang der Mäander des Gellenbaches und durch eingezäunte Gebiete mit Wacholderheide (GPS N 52°03'29.9" E 7°40'29.6", 3,5 Kilometer).

Auf der Westseite der Bockholter Berge liegt Gimbte mit einem pittoresken Ortskern, das vor allem als beliebter Zwischenstopp für Radwanderer gilt (GPS N 52°03'36.2" E 7°38'43.0").

(109) WOMO-Stellplatz: Greven - Haskenau

GPS: N 52°01'30.6" E 7°41'02.5", Werseesch. **Max. WOMOs:** 2.
Ausstattung: Keine.
Beschreibung: Randstreifen der „Fast-Sackgasse" bzw. kaum befahrenen Straße vor dem Aussichtspunkt „Windrad", Bäume und Blick in die Felder auf beiden Seiten, der eigentliche Parkplatz liegt bereits im Naturschutzgebiet.
Anfahrt: Von der B 481 in Richtung Gelmer abfahren, am Ende der Abfahrt aber in Gegenrichtung von Gelmer.

(110) Offizieller WOMO-Stellplatz: Greven Yachthafen Fuestrup

GPS: N 52°02'43.3" E 7°41'07.8", Fuestruper Str. 37A. **Max. WOMOs:** 130.
Ausstattung: V/E, Strom (Gebühr) WC, Dusche (Gebühr), Waschmaschine und Trockner (Gebühr).
Beschreibung: Auf einer Halbinsel zwischen altem und neuem Kanal mit einer Stellplatzreihe direkt am Wasser sowie Plätzen am Rand unter Bäumen, Brötchenservice, kleines Geschäft mit regionalen Produkten, Gaststätte mit klassischer Speisekarte und Kuchen.
Preis 12,50/ 14/ 15 € (Schotter-/ Rasenplatz/ direkt am Kanal).
Anfahrt: Von der B 481 abfahren Richtung Gelmer, dann nach Fuestrup (Yachthafen beschildert).
Hinweis: Zu Fuß zur Alten Kanalbrücke: Der Zufahrtsstraße zurück bis zur Durchgangsstraße folgen, diese überqueren und danach links abbiegen, nächste links auf Schotterweg und an der alten Kanalwanne entlang zur Brücke der „Alten Fahrt" (1,2 km eine Strecke).
Der Stellplatz bietet sich an für Radtouren entlang des Kanals.

Greven besticht vor allem mit seinen teilweise bereits beschriebenen landschaftlichen Highlights. In der Stadt selbst ist die Marktkirche erwähnenswert, die von Bischof Luidger gegründet wurde. Ihr massiver Wehrturm stammt aus dem 12. Jahrhundert, das Kirchenschiff aus dem 15. Jahrhundert. Eine Sonnenuhr von 1616 findet sich an der Südmauer. Rund um die Kirche erstreckt sich der Marktplatz mit vielen Cafés und Restaurant in teils historischen Häusern (von Stell-/Parkplatz zurück zur Rathausstraße und dort links, 400 Meter eine Richtung).

Empfehlenswert ist außerdem der Naturlehrpfad in den direkt westlich an Greven angrenzenden **Wentruper Bergen**. Gelbe Punkte leiten durch den Wald und zu Aussichtspunkten über die Emsaue. In dem dazugehörigen Flyer gibt es Aufgaben für Kinder (Flyer googeln „Greven Naturlehrpfad", GPS N 52°06'47.4" E 7°35'43.7", nur kleine WOMOs, 2,5 Kilometer).

Mit dem Knatterdrom hat Greven die größte In- und Outdoor-Kartbahn des Münsterlandes.

(111) Offizieller WOMO-Stellplatz: Greven - Busbahnhof

GPS: N 52°05'32.7" E 7°36'26.1", Hinter der Lake. **Max. WOMOs:** 8.
Ausstattung: Keine.
Beschreibung: Große, markierte Stellplätze am Rande des asphaltierten Parkplatzes, Blick auf Bäume und dahinterliegende Miethäuser, Spielplatz, Straßenlärm durch B 219.
Preis: 4 €.
Anfahrt: Am Kreisverkehr der B 219 am Hallenbad Richtung Zentrum, nächste links, dann links auf Bushof und gerade durchfahren.

(112) WOMO-Campingplatz: Greven Ferienpark Westheide

GPS: N 52°05'00.5" E 7°33'29.3", Altenberger Str. 23. **Tel.:** 02571 560701.
Geöffnet: Ganzjährig.
Ausstattung: Direkter Zugang zum ringsum bewaldeten See, kleiner Sandstrand, Brötchenservice, Fahrradverleih, Ponyreiten, Reitplatz, Ziegen, Pferde und Kühe.
Beschreibung: Campingplatz überwiegend für Dauercamper am Westeroder See, im Randbereich gibt es 34 ruhige Touristenstellplätze, teilweise mit Hecken parzelliert.
Preis: 9 € inklusive Strom plus 5,50 €/Person, 3,50-4,50 Kinder/Jugendliche bis 16 Jahre.
Anfahrt: Von Greven Richtung Nordwalde, links in die Altenberger Straße.

Ein verstecktes Highlight ist das **Freilichtmuseum Sachsenhof Pentrup**. Hier kann die Rekonstruktion einer sächsischen Hofanlage um das Jahr 800 besucht werden. Zentrum ist das 18 Meter lange Pfostenhaus, das als Wohnhaus und Stall diente. Dazu gehören Nebengebäude, Grubenhaus, Scheune und Heuberg. Im Rahmen experimenteller Archäologie gibt es Töpferofen und Kohlenmeiler sowie den Anbau verschiedener Pflanzen jener Zeit. Im Juni findet ein großer Aktionstag statt (GPS N 52°07'36.6" E 7°37'01.4", nur kleine WOMOs, ganzjährig geöffnet, Eintritt frei).

Sachsenhof Pentrup

Auch **Emsdetten** bietet mit den Emsauen, dem Emsdettener Venn und dem in der Nähe verlaufenden Max-Clemes-Kanal vor allem Naturerlebnisse, die weiter unten ausführlich geschildert sind.

Emsdetten – Geschichtssplitter

Die Geschichte von Emsdetten ist eng verbunden mit der Herstellung und des Webens von Flachs und dem Flechten flacher Weidenkörbe zum Trennen von Spreu und Korn sowie der Wannenmacherei. So sind beide Handwerke im Stadtwappen zu sehen, als Weberschiffchen und Tünisen, Wannenmachereisen, rechts und links der stilisierten Ems.

Das Zentrum hat eine angenehme, moderne Fußgängerzone mit kleinen Wasserläufen rund um die auffällige Skulptur Morgenbrunnen von Walter Jasper. Das Heimatmuseum **Museumsinsel Hof Deitmar** verteilt sich auf mehrere historische Bauten des Hofes Deitmar und liegt zentral im Park am Mühlenbach. In zwei Gebäuden werden Maschinen und Geräte zu den Handwerken Emsdettens gezeigt und zur Lebensweise der Menschen. Dazu sind Backhaus und Speicher aus dem 17. Jahrhundert zu sehen (Mi-So 15:00-18:00, Eintritt frei). Außerdem bietet der Park Spielplatz und Wiesenterrassen am Mühlenbach. Im Süden der Stadt warten ein neues Freibad und der **Stadtpark** mit großem Spielplatz, Barfußpfad und kleinem Tierpark mit Nutztierrassen. Emsdetten ist außerdem Veranstaltungsort von Jazz- und Rockfestivals.

Die **Sinninger Mühle** Richtung Saerbeck, eine Holländerwindmühle, ist heute Gerätehaus der Freiwilligen Feuerwehr.

Morgenbrunnen – Sinninger Mühle

(113) Offizieller WOMO-Stellplatz: Emsdetten Stroetmanns Fabrik

GPS: N 52°10'14.9" E 7°31'42.8", Friedrichstraße. **Max. WOMOs:** 7.

Ausstattung: V/E, Strom (Gebühr).
Beschreibung: Schön angelegter Schotter-Stellplatz an den Wiesen hinter der Emshalle, zentral, sehr ruhig.
Preis: 8 €, reservierbar.
Anfahrt: Von Greven auf der B481 kommend nach der Aral-Tankstelle links, an der nächsten großen Kreuzung rechts, zur Tourist-Info rechts und sofort geradeaus weiterfahren hinter die Gebäude.
Hinweis: In die Innenstadt: Auf Zufahrtsstraße zurück, Nordwalder Straße rechts, über große Kreuzung geradeaus, nächste rechts.
Zu Park und Museumsinsel Deitmars Hof: Zwischen Ems-Halle und Stroetmanns Fabrik durch, dann rechts, geradeaus auf den Mühlenbach zu befinden sich die Rasenterrassen.

Schon im Namen der Stadt ist abzulesen, dass die Ems-Auen eine große Rolle spielen. Ihnen kann man an drei unterschiedlichen Stellen nahekommen.

Hochwassermarken

Östlich der Stadt wurden über 2,5 Kilometer barrierefreie Wege angelegt durch die **EmsAue Emsdetten**, als Natura 2000 Gebiet Teil des Europäischen Naturerbes. Bester Zugang und Parkmöglichkeiten für WOMOs ist beim Skaterpark (GPS N 52°10'50.7" E 7°32'17.1"). Verschiedene Info- und Erlebnisstationen erwarten den Besucher. Vom Parkplatz aus ein paar Schritte Richtung Ems und direkt nach rechts sind dies unter anderem: Infostation, Relax-Ufer (an der Infostation links, alle weiteren am Stadtrand), Baumplattform, Wiesenbalkon und Abenteuerspielplatz.

Ems-Aue Hembergen

Wer es wilder mag, sollte auf schmalen Sträßchen zum Heinz-Rinsche-Turm in die dünn besiedelte **Ems-Aue Hembergen** hinausfahren (GPS N 52°09‘37.6“ E 7°36‘56.7“).

Ems-Aue Hembergen

Die in den 1930ern abgetrennte Emsschleife wurde ab 2016 renaturiert und 2018 wieder angeschlossen. Über eine Million Tonnen Sand wurden bewegt, der Flusslauf verlängerte sich dadurch um etwa einen Kilometer. Aufgrund von Verlandungen musste das ehemalige Flussbett neu angelegt werden. Dabei wurde es nicht befestigt, so dass sich ein wildes Stück Ems entwickeln konnte und kann, zusammen mit den schon bestehenden Auebereichen und den letzten Silberweiden-Auwäldern.

Benannt wurde der Aussichtsturm nach dem Naturschützer Heinz-Rinsche, der 30 Jahre für die Renaturierung gekämpft hatte und während der Maßnahmen verstarb. Von ihm stammt der Satz „Die Steine müssen raus und die Ems muss wieder krumm werden."

Vom Parkplatz startet ein Rundweg, der zuerst zum Aussichtsturm führt. Auf dem Rückweg von der Besichtigung des Turms führt er offiziell auf der rechten Seite des großen Grabens entlang. Viele Spaziergänger gehen jedoch zwischen Graben und Ems entlang. Bitte verzichten sie hier unbedingt, zur Ems hinunterzusteigen, in den Steilwänden brüten Vögel!. Ein einfacher Zugang besteht, kurz ehe der Weg etwas weiter vom Fluss wegführt, allerdings liegt auch diese Stelle im Naturschutzgebiet und ist kein Badeplatz.

Eine weitere Möglichkeit für einen **Ausflug an die Ems** bietet das Waldhotel Schipp-Hummert (Frühstücksbuffet (reservieren)/ Restaurant/Ausflugslokal, GPS N 52°11‘53.8“ E 7°32‘52.4“). Der Weg in Verlängerung der Zufahrt führt zu einer Ems-Brücke, nach links begleiten Uferwege die Ems zu beiden Seiten. Statt über die Brücke weiter geradeaus führt bald ein Pfad nach links an das hier sandige Ufer des bewaldeten Hermeler Sees.

Schließlich ist das **Emsdettener Venn** ein unbedingtes Ziel für alle Naturinteressierten. Informationstafeln, ein Lehrpfad (1,5 Kilometer) und zwei Aussichtstürme erwarten den Besucher (Parken GPS N 52°10‘33.3“ E 7°28‘02.9“, am Wochenende oft voll belegt).

Im Emsdettener Venn

Emsdettener Venn

1941 wurden die Reste des ehemals weitreichenden Hochmoores unter Schutz gestellt, inzwischen sind sie Teil der europäischen Natura 2000 Schutzgebiete. Mit Torfstärken bis zu zwei Metern ist es etwa 5000 Jahre alt. Um das Venn zu regenerieren, wird Wasser gestaut und der Wuchs von Bäumen wie Birken verhindert. Das Venn ist Heimat für viele seltene Vögel und Amphibien, auch wenn der Birkhahn leider seit 1945 verschwunden ist.

Vom Parkplatz Emsdettener Venn kommen wir auch zum Naturschutzgebiet Wiesen am Max-Clemens-Kanal und zum **Radweg am Max-Clemens-Kanal**, der über 38 Kilometer den Norden Münsters mit Maxhafen verbindet (am Unterstand links abbiegen und geradeaus bis zur T-Kreuzung, dort links etwa 25 km Richtung Münster, rechts etwa 12 km bis Maxhafen)

Wiesen am Max-Clemes-Kanal

Max-Clemens-Kanal

Mit 12 Metern Breite und 0,9 Metern Tiefe war der Max-Clemes-Kanal für heutige Verhältnisse mickrig. Doch wurde mit seinem Bau 1724 lange vor den meisten anderen Kanälen begonnen und er war für 120 Jahre ein wichtiger Transportweg von Münster in Richtung Niederlande. Der Kanal endete bei Clemens- und später bei Maxhafen, dort wurde wieder auf Karren umgeladen.

Nach so viel Natur rollen wir Richtung Rheine und passieren bei Mesum das älteste Gebäude Rheines, die Alte Kirche St. Johannes der Täufer von 1343 (GPS N 52°13‘41.8“ E 7°29‘37.8“).

(114) Offizieller WOMO-Stellplatz: Mesum Autohaus Brüggemann

GPS: N 52°14‘07.0“ E 7°28‘36.0“, Mesumer Straße 200.**Max. WOMOs:** 8.
Ausstattung: V/E, Strom.
Beschreibung: Gepflasterte Stellplätze an Baumreihe zwischen langer Halle und Straße.
Preis: Kostenlos.
Anfahrt: Abfahrt Mesum, am Kreisverkehr zweite Ausfahrt, durch den Ort und nach kurzem Feldstreifen rechts in die Mesumer Straße.

In **Rheine** lohnt ein Besuch der Innenstadt mit ihren Bürgerhäusern sowie des Erholungsgebietes Bentlage mit Zoo, Saline und Kloster in einem großen Parkgelände.

Rheine – Geschichtssplitter

Das linke Emsufer war so sumpfig, dass es trotz Jahrtausende alter Besiedlungsspuren erst im Lauf des 9. Jahrhunderts allmählich landschaftlich genutzt wurde. Damit begann die Stadtentwicklung an der günstig gelegenen Emsfurt. Während der Sachsenkriege Karls des Großen wurde links der Ems die Villa Reni zur Sicherung der Furt und als Versorgungsstützpunkt gebaut. Dieser Gutshof wurde über die Jahrhunderte an- und ausgebaut und zeigt als Falkenhof noch heute die für fränkische Königsgüter typische Form.
Im Mittelalter und mit dem Bau einer hölzernen Brücke im 14. Jahrhundert wurde die Stadt wohlhabend. Zudem wurde die Ems als Schifffahrtsweg und für den Antrieb von Mühlen genutzt, allerdings war der Fluss unberechenbar und führte regelmäßig zerstörerische Hochwasser oder unschiffbare Niedrigwasser.
Im Spanisch-Niederländischen Krieg von 1568 bis 1648 fiel Rheine an die spanischen Besatzer. Auch im Dreißigjährigen Krieg wurde die Stadt besetzt und teilweise zerstört. Erst der Beginn der Industrialisierung im Textilbereich führte um 1850 zu einem wirtschaftlichen Aufschwung.
Wie fast überall in Grenznähe wurde Rheine gegen Ende des ersten Weltkrieges schwer beschädigt und anschließend im Februar 1946 vom bisher höchsten Emswasser fast völlig überschwemmt. Die Explosion eines Blindgängers in der Innenstadt 1978 verursachte drei Tote und 16 Schwerverletze.

Einer der schmucken Giebel Rheines – das Strätersche Haus an der Ems

In der Innenstadt lohnt es sich nach oben zu schauen. **Rheines Bürgerhäuser** bieten ein großes Ensemble unterschiedlicher, kunstvoll gestalteter Giebel. Im **Falkenhof**, der Keimzelle der Stadt, findet sich das Stadtmuseum. Die St. Dionysius Kirche, auch einfach Stadtkirche genannt, ist eine spätgotische Hallenkirche mit wehrhaft wirkendem Turm von etwa 1400. Sie war Teil der Kirchburg und von einer Wehrmauer umgeben, von der heute noch Reste zu sehen sind. Der Turm der benachbarten, neoromanischen Kirche St. Antonius ist mit 102,5 Metern der höchste im Münsterland. Wichtige oder interessante Gebäude in der Stadt sind nummeriert und beschildert. Parken für Wohnmobile allerdings ist schwierig, da alle Parkplätze mit Höhenbarken versehen sind. Eine Stippvisite können wir mit einem Einkauf verbinden und auf der Rückseite des Einkaufszentrums Lingener Straße mit real parken (GPS N 52°16‘58.7“ E 7°26‘18.1“). Für eine längere Besichtigung sollten wir von einem der Stellplätze mit (Leih-)Fahrrad ins Zentrum fahren.

Stadtrundgang Rheine, 2,7 km:

Vom Parkplatz Einkaufszentrum gehen wir zum Emsuferweg und dort links. Über die breite Fußgängerbrücke erreichen wir das Stadtzentrum und blicken links auf das Strätersche Haus, ein klassizistisches Bürgerhaus (10). Wir gehen geradeaus hoch zur Stadtkirche (9). Diese umrunden wir, wobei wir links zum Marktplatz blicken. Am Hauptportal der Kirche vorbei spazieren wir nach links über Platz und Stufen beim ehemaligen Stadtgraben (17) und am Kannegießerhaus aus Natursteinen (18) vorbei. Der Spieker (16) liegt an der gegenüberliegenden Seite des Platzes. An ihm vorbei gehen wir geradeaus weiter zur Tiefe Straße, an der T-Kreuzung rechts und sofort in den Fußweg links. Er führt am Falkenhof (13) entlang. An der Straße Thiemauer können wir nach rechts in Richtung Ems gehen zu Wehr und Mühle von 1754 und wieder zurück. Dann spazieren wir an der Vorderfront des Falkenhofs vorbei, nächste links und über die Kreuzung geradeaus. Wir kommen zu zwei Bürgerhäusern, eines mit einem großen Glockenspiel am Giebel (15). Es ist ein seltenes Carillon, das zwei Oktaven abdeckt. Von dort geht es schräg links zum Marktplatz. Bei Bünders Teehaus gehen wir rechts in die Klosterstraße und kommen zum Alten Rathaus (1). Dort spazieren wir in die Emsstraße gegenüber. Die nächste rechts bringt uns zu einem grün bepflanzten Platz mit Wasserspielen und Café im Glashaus. Gegenüber vom großen Einkaufszentrum lehnt sich die kleine Bönekerskapelle (3) an ein Kaffeehaus. An ihrer Seitenwand entlang kommen wir zum Barönchen (4). Hier gehen wir links, nächste rechts und stehen wieder an der Ems. Nach links sehen wir den Platz am Sträterschen Haus mit Bänken und Sitzstufen am Fluss und die Fußgängerbrücke.

Das Kannegießerhaus

Impressionen aus dem NaturZoo Rheine

Das **Erholungsgebiet Bentlage** mit Kloster Bentlage, Salinenpark und NaturZoo Rheine liegt am Nordwestrand von Rheine (Parken N 52°17‘44.3“ E 7°25‘02.3“ oder WOMO-Stellplatz).

Vom Parkplatz den Reiherspuren durch den Park folgend sehen wir zuerst den **NaturZoo Rheine** auf der rechten Seite. Hier leben rund 1000 Tiere verschiedener Kontinente in einem großen parkähnlichen Gelände, darunter Tiger, verschiedene Affen, Lippenbären und viele Vögel. Die Berberaffen bewohnen einen begehbaren Affenwald und im Frühjahr brüten 100 Weißstorch-Paare im Zoo. Streichelzoo und Zoo Café können einen Familientag abrunden (täglich 9:00-8:00, So/ Feiertage bis 19:00, im Winter bis 17:00 oder bis zur Dämmerung, 9,50 €, Kinder 3-17 Jahre 5,50 €, Familie 33 €)

Am Zoo vorbei blicken wir auf die Gradierwerke der **Saline Gottesgabe** und links davon zu Museum und Salzwerkstatt.

Saline Gottesgabe

Bereits im 11. Jahrhundert wurde nachweislich Salz gewonnen aus der hier natürlich vorkommenden Sole, salzhaltigem Wasser. Zu dieser Zeit war die Trocknung der Sole ein langwieriges und energieintensives Unterfangen,

Gradierwerk

das nur für den Eigenbedarf und die nächste Umgebung durchgeführt wurde. Erst mit der Verpachtung an Freiherr von Velen im Jahr 1611 begann der Ausbau und die Saline erhielt den Namen „Gottesgabe". Die großen Gradierwerke wurden von 1743 – 1751 gebaut. In ihnen rieselt das Salzwasser über Schwarzdornzweige. Da dabei viel Wasser verdunstet, wird die Salzkonzentration von 9% auf 18 - 22 % erhöht. Dies spart beim anschließenden Siedeprozess viel Energie. Das Salz wurde nach Münster transportiert und dort für den weiteren Handel verkauft. Ursprünglich war das Gradierwerk 300 Meter lang. Davon ist noch der 35 Meter lange westliche Abschnitt erhalten, während der 30 Meter lange Abschnitt am Salinenkanal 1966 nach altem Vorbild neu gebaut wurde. Zur Saline gehörte bis 1975 ein Badehaus.

Im Salzsiedehaus im Fachwerkbau links der Gradierwerke befindet sich ein Museum (nur mit Führung). Daneben liegt das Informationszentrum Dreigiebelhaus mit der Salzwerkstatt, in der Salz der Saline gekauft werden kann. Das Außengelände mit den Gradierwerken ist ganzjährig frei zugänglich.

Am Museum Salzsiedehaus vorbei führt der Schlossweg in großem Bogen zum **Kloster Bentlage**.

Kloster Bentlage

Gebaut wurde das Kloster Mitte bis Ende des 15. Jahrhunderts von den Brüdern des Ordens vom Heiligen Kreuz. Nach Zerstörung im Dreißigjährigen Krieg wurde es wiederaufgebaut. 1978 erwarb die Stadt Rheine das Kloster und richtete ein Museum zur Kunst- und Kulturgeschichte Westfalens ein sowie ein Museum zur Kunst der Moderne (DI–SA 14:00–18:00, SO 10:00–18:00, 5 €, Kinder 3 €). Die „Bentlager Familiensonntage" bieten ein bunt gemischtes kulturelles Programm. Das Kloster ist umgeben von einem Landschaftsschutzgebiet, in dem es sich schön am Ufer der Ems entlang spazieren lässt.

(115) Offizieller WOMO-Stellplatz: Rheine Erholungsgebiet Bentlage

GPS: N 52°17'40.8" E 7°24'52.4", Salinenstraße 105. **Max. WOMOs:** 5.
Ausstattung: Keine.
Beschreibung: Stellplätze am Rand des vorderen Parkplatzes mit Blick auf Felder und einzelnen Bäumen, abends ruhig.
Preis: Kostenlos.
Anfahrt: Auf der B481 durch Rheine Richtung Lünne/Lingen, am Kreisverkehr am nordwestlichen Ortsende rechts (beschildert).

(116) Offizieller WOMO-Stellplatz: Rheine TAT Gästehaus

GPS: N 52°18'04.0" E 7°26'09.6", Hovesaatstraße 6. **Max. WOMOs:** 15.
Ausstattung: V/E, Strom (5 €).
Beschreibung: Von Bäumen umgebener, breiter Schotter-Rasen-Streifen am Südrand des Technologieparks, sehr ruhige Lage.
Preis: 12 €.
Anfahrt: Von Rheine in den Ortsteil Schotthock, der Straße Lingener Damm folgen (TAT ist beschildert).
Hinweis: Check-In während Rezeptionszeiten (Mo – Fr 8:00 – 18:00, Sa/ Feiertag 9:00 – 11:00 und 16:00 – 18:00, So 9:00 – 11:00).
E-Bike Verleih 15 €/Tag, Frühstück 9,50 €/Person, zu Fuß zu Kloster Bentlage an Ems entlang, Pizzeria.

Wer noch einen Badestopp einlegen möchte, dem sei ein **Abstecher nach Westen** nach Neuenkirchen oder an die Haddorfer Seen empfohlen.

Der **Offlumer See** am Westrand von **Neuenkirchen** entstand durch Sandabbau, ist fast vollständig von Bäumen umgeben und wirkt so sehr natürlich. Im oberen Bereich des Strandes bieten sich lange Stufen als Sitzgelegenheit an. Es gibt ein Café und eine Aussichtsplattform auf drei Trichtersilos (GPS N 52°14'06.7" E 7°21'15.3", Vorsicht mit Kindern, das Ufer fällt recht steil ab). Um den See führt ein empfehlenswerter **Rundweg** (3,5 Kilometer). Direkt südlich wartet ein **Naturfreibad** mit Becken und kleinem See auf Gäste. Der Campingplatz am See beherbergt nur Dauergäste. Die St. Anna Pfarrkirche im Ort ist ein monumentaler Bau von 1899 im Stil der Neoromanik. In der Villa Hecking, ehemals Wohnhaus eines Textilfabrikanten, ist heute unter anderem der Verkehrsverein untergebracht, im dazugehörigen Park befinden sich Skulpturen von Otmar Alt.

Abendstimmung am Offlumer See

Aussichtsplattform auf den Trichtersilos am Offlumer See

(117) WOMO-Stellplatz: Neuenkirchen - Offlumer See

GPS: N 52°14'06.7" E 7°21'15.3", Zur Helle. **Max. WOMOs:** 2.
Ausstattung: Keine.
Beschreibung: Außerhalb der Saison ist eine Übernachtung auf den großzügigen Parkplätzen in Nähe des Sees möglich, Schotter, umgeben von Waldstreifen.
Anfahrt: Richtung Neuenkirchen, im Ort vor der Molkerei links in den Haarweg, erste Straße links.

(118) WOMO-Stellplatz: Neuenkirchen Parkplatz Fahrgemeinschaft

GPS: N 52°13'19.3" E 7°22'30.1", Burgsteinfurter Damm **Max. WOMOs:** 2.
Ausstattung: Keine.
Beschreibung: Ruhe und Blick ins Grüne am Ende des Parkplatzes.
Anfahrt: Von Rheine kommend auf die B 70 Richtung Ochtrup/Gronau, nächster Kreisverkehr 3. Ausfahrt nach Steinfurt, sofort rechts.

An den **Haddorfer Seen**, ebenfalls Baggerseen, sind sowohl Seeumrundungen wie auch Badespaß an einem kleinen See mit großem Strand möglich. Eine schöne Möglichkeit für Familien, allerdings sind die Seen in der Saison in Anbetracht der sich darum gruppierenden Ferienhaussiedlungen und Campingplatz sehr, sehr voll.

(119) WOMO-Campingplatz: Wettringen Campingpark Haddorfer Seen

GPS: N 52°16‘26.6“ E 7°19‘13.3“, Haddorf. **Tel.:** 05973 2742.
Geöffnet: Ganzjährig.
Ausstattung: Naturfreibad, Bistro, Restaurant, Spielplatz.
Beschreibung: Neben dem großen Bereich für Festcamper gibt es Komfort- und Premiumstellplätze auf Wiese, abschnittsweise mit niedrigen Hecken unterteilt, ohne Schatten und direkt neben dem Naturfreibad sowie nicht parzellierte Stellplätze im lichten Kiefernhain in etwas ruhigerer Lage. Moderne Sanitäranlagen.
Preis: 26 – 30 € inkl. 2 Pers., zusätzlicher Erwachsener 8 €, Kind 3,50 €.
Anfahrt: Von Haddorf beschildert.
Hinweis: Wochenenden Ostern/ Himmelfahrt/ Pfingsten/ Fronleichnam nur komplett buchbar.

Wir rollen jetzt von Rheine nach Osten und kommen zu einer weiteren Bademöglichkeit, dem **Naturschutzgebiet Torfmoorsee**. Es entstand, weil in den 70ern für den Damm der A 30 große Mengen Sand gebraucht wurden. Der See ist umgeben von Waldgebieten sowie einem kleinen Feuchtbiotop. Auf der Westseite gibt es eine fast runde **Badebucht mit Sandstrand** und nur schmalem Durchgang in den See, einem Wasserlauf und Kiosk mit Toiletten, ideal für Familien mit Kindern. Um den Torfmoorsee führt ein geologischer Lehrpfad (2,2 Kilometer). Die Hauptfläche des Sees wird von Seglern und Windsurfern genutzt (GPS N 52°16‘57.4“ E 7°34‘16.9“, Parken 1 Stunde: 1€, bis 5 Stunden: 3 €, über 5 Stunden: 5 €).

Mit **Bevergern** erreichen wir die nördlichen Ausläufer des Teutoburger Waldes und das Tecklenburger Land. Bevergern liegt am **Nassen Dreieck**, dem Zusammentreffen von Dortmund-Ems-Kanal und Mittellandkanal. Unbedingt lohnenswert ist ein Spaziergang zwischen Schleuse und Bevergerner Steg, der ergänzt werden kann mit einem Rundgang durch die Altstadt mit einzelnen historischen Gebäuden. Die Pfarrkirche St. Marien aus dem 15. Jahrhundert wurde mit Anbauten und einer Turm-Aufstockung erweitert.

Pause am Nassen Dreieck mit Blick auf den Teuto

Der Klosterhof, ein gehobenes Ackerbürgerhaus von 1669, diente den Zisterzienserinnen des Klosters Gravenhorst als Zufluchtsstätte. Levedags Mühle wurde auf den Resten eines Turms der alten Stadtbefestigung gebaut, während für den oberen Teil Steine der 1680 abgerissenen Burg Bevergern verwendet wurden. Einige weitere Ackerbürgerhäuser aus dem 17. und 18. Jahrhundert sind erhalten.

Spaziergang zum Nassen Dreieck, 2 km

Der offizielle Parkplatz „An der Schleuse Bevergern" (GPS N 52°16'41.3" E 7°35'19.3") ist nur für kleine WOMOs geeignet. Größere Fahrzeuge können gegenüber dem Gasthaus „Zur Schleuse" in der Kanalstraße parken (GPS N 52°16'36.7" E 7°35'22.5"). Vom Parkplatz aus gehen wir zur Schleuse und dem dazugehörigen Aussichtspunkt. Dann wandern wir auf der Stadtseite des Kanals bis zur Metallbrückenkonstruktion Bevergerner Steg. Wir überqueren den Kanal und können den Info-Pavillon „Red Box" besuchen. Eine zweite Brücke führt über die „Alte Fahrt", den stillgelegten alten Kanal. Von dort nach rechts sind es nur wenige Meter zu einem Biergarten und Pommes-Bude. Auf dem Rückweg können wir entlang der „Alten Fahrt" oder zwischen beiden Kanälen entlang gehen.

Rundgang Bevergern, 2,6 km

Vom Parkplatz gehen wir an der Schleuse mit Aussichtpunkt vorbei, dann an der Kanalstraße zur Linken (s. Parken). Nach dem Gasthaus zur Schleuse biegen wir rechts in die Allee ein. Sie wird zum mit Bäumen gesäumten Fußweg, dem wir geradeaus und am Merschteich vorbei folgen bis zur Volksbank an der Herrenstraße. Hier gehen wir nach links, überqueren die Durchgangsstraße und erreichen den ehemaligen Burgplatz mit Informationstafeln. Über den Platz nach rechts kommen wir zum Marktplatz mit einem Ackerbürgerhaus und Klosterhof. Am Ende spazieren wir nach links an der St. Marien-Kirche vorbei durch die Straße Papenhoek. Wir folgen der Rechtskehre beim aus Steinen der Burg erbauten Pastorat und biegen sofort wieder rechts ab.

Das Nasse Dreieck mit Red Box, von einer östlichen Brücke aus gesehen

Dieser Bogen führt an weiteren historischen Häusern vorbei. Wir treffen wieder auf die Durchgangsstraße, gehen links und nächste rechts ins Mühlenpättken. An der Lavedags Mühle gehen wir rechts und biegen nach einigen Schritten schräg links ab. Dem von Bäumen gesäumten Fußweg folgen wir geradeaus über eine Kreuzung bis zum Kanal. Dort spazieren wir nach rechts zu Schleuse und Parkplatz.
Am genannten Parkplatz startet auch das beschilderte Bevergerner Pättken (7 Kilometer), das durch den Ort und über den Huckberg führt.

Dortmund-Ems-Kanal

Der Dortmund-Ems-Kanal (DEK) ist eine sogenannte Bundeswasserstraße, die den Stadthafen Dortmund mit Papenburg kurz vor der Emsmündung verbindet, wobei er vor allem im nördlichen Teil immer wieder im Bett der Ems verläuft. Der Bau begann 1824, 1899 wurde der DEK von Kaiser Wilhelm II feierlich eröffnet. Seitdem wurde der Kanal immer wieder ausgebaut.

Mittellandkanal

Mit 325 Kilometern Länge ist der Mittellandkanal der Längste in Deutschland. Er stellt eine Verbindung des Dortmund-Ems-Kanals mit Weser und Elbe her und verläuft dabei relativ gradlinig in Ost-West-Richtung. Sein Bau wurde nach über 60 Jahren Planung 1918 begonnen und zehn Jahre später beendet. Es folgten die Anbindung weiterer Städte sowie der Ausbau für größere Schiffe. Mit einer Breite von 42 bis 55 Metern, einer Tiefe von vier Metern und einer Durchfahrtshöhe von 5,25 Metern wird er auch heute noch genutzt von Großmotor-Güterschiffen und Schubverbänden mit Tragfähigkeiten von 2300 bzw. 4500 Tonnen.

Wir rollen weiter an der Südseite von Dortmund-Ems-Kanal und Teutoburger Wald entlang.

Unser nächstes Ziel ist **Riesenbeck**. Unbedingt zu empfehlen ist ein Aufstieg über die 256 Stufen der **Himmelsleiter zur Schönen Aussicht** am Südhang des Teuto, die eine grandiose Aussicht nach Süden über das Münsterland bietet. Einen Namen gemacht hat Riesenbeck sich vor allem als Austragungsort von nationalen und internationalen Reitturnieren und Seminaren im **Reitsportzentrum „Riesenbeck International"**, das in Zusammenarbeit mit Ludger Beerbaum 2015 eröffnet wurde. Das Reitsportgelände liegt südwestlich von Riesenbeck.

In seiner Nachbarschaft befindet sich **Schloss Surenburg**. Das Schloss wurde gebaut im 15. Jahrhundert, der heutige dreiflügelige Bau stammt aus dem 17. und 18. Jahrhundert. Das kleine, aber malerische Wasserschloss ist Wohnsitz der Familie von Zuydtwyck und kann nicht besichtig werden.

Himmelsleiter

In der katholischen Kirche St. Kalixtus im Zentrum von Riesenbeck wird die katholische Heilige und Märtyrerin St. Reinhildis verehrt. Das Epitaph, eine Grabplatte etwa aus dem 12. Jahrhundert, zeigt ein Bild der Verstorbenen, was für die Zeit ungewöhnlich ist. Der Reinhildis-Brunnen an der Kirche stellt die Legende bildlich dar. Das „Ossenlock" ist ein Denkmal an der Stelle der Reinhildis-Quelle, die mit dem Bau des Dortmund-Ems-Kanals versiegte. Die Sage der Heiligen ist bei Westerkapplen dargestellt. Im **Landmaschinenmuseum Riesenbeck** werden fast 1000 kleine und große Ausstellungsstücke zur Entwicklung der Technik von Landmaschinen und handwerklichem und häuslichem Arbeiten ausgestellt (April - Oktober, jeder 1. So im Monat 14:00-18:00, ab 16 Jahre 2,50 €, GPS N 52°15'49.1" E 7°38'12.5").

Aufstieg zur Schönen Aussicht, 3,8/ 1 km

Start vom WOMO-Stellplatz: Am Kanal entlang spazieren wir unter der Autobrücke hindurch und ebenfalls unter der nächsten Brücke. Dahinter führen Stufen hoch, wir überqueren den Kanal, bleiben am kleinen Kreisverkehr links und gehen jetzt geradeaus im Ort aufwärts. Nach 500 Metern laufen wir genau auf den beschilderten Start der Himmelsleiter zu, die uns über 200 Meter und die bereits genannten 256 Stufen zur Schönen Aussicht bringt.

Blick von der Schönen Aussicht ins Münsterland

Start oberhalb von Riesenbeck (GPS N 52°16'10.3" E 7°37'38.4"): Von hier aus gehen wir 300 Meter in den Ort hinein. Dort an einem kleineren Parkplatz beginnt der beschilderte Aufstieg.

Spaziergang um Schloss Surenberg, 1,2 km

Wir parken auf einem kleinen offenen Platz im Wald an der Bevergerer Aa (GPS N 52°15'18.1" E 7°35'43.5"). Von hier wählen wir den rechten Weg, der am Burggraben entlangführt. Zuerst erblicken wir rechts den Wirtschaftsgarten, dann den Schlossgarten, der sich durch geometrische Formen und verschiedene Baumarten auszeichnet. An der Orangerie vorbei gehen wir an der Rückseite des Schlosses entlang. Hier erhebt sich die Schlosskapelle direkt aus dem Wasser der Gräften. An einer Allee gehen wir rechts und kommen zum Eingang des Geländes. Hier haben wir den besten Blick auf den symmetrischen Bau mit Treppenturm im Innenhof. Wir folgen der Zufahrtsstraße vom Schloss weg und biegen an der ersten Verzweigung nach rechts ab. In der Linkskurve gehen wir schräg rechts auf einen Fußweg entlang des Schlossgrabens. Er führt uns zu einer Straße, an der nach rechts unser WOMO geparkt ist.

(120) WOMO-Stellplatz: Riesenbeck - Kanal

GPS: N 52°16'17.1" E 7°37'06.9", Am Teutohang. **Max. WOMOs:** 2.

Ausstattung: Keine.

Beschreibung: Breiter, asphaltierter Seitenstreifen an einer Nebenstraße, von Kanal und Kanaluferweg durch eine Baumreihe getrennt, direkt neben viel befahrener Kanalbrücke.

Anfahrt: Am Kreisverkehr am westlichen Ende von Riesenbeck nach Hörstel, hinter der Brücke erste scharf links, Parkbucht kurz vor der Durchfahrt unter der Brücke.

(121) Offizieller WOMO-Stellplatz: Riesenbeck Am Kanal

GPS: N 52°15'22.1" E 7°38'00.8", Postdamm/Lazarusbrücke.
Max. WOMOs: 18.
Ausstattung: Strom (Gebühr), V/E bei der Tankstelle Pruß (Gebühr, 750 Meter auf Durchfahrtsstraße Richtung Ortsmitte).
Beschreibung: Sehr schöne Lage direkt am Kanal mit Blick auf den Teutoburger Wald, Schotterplätze mit asphaltierter Zufahrt.
Preis: 5 €.
Anfahrt: Geradeaus durch Riesenbeck in Richtung Lengerich, im Industriegebiet östlich des Ortskerns Richtung Ibbenbühren, vor der Brücke rechts.

Jetzt sind wir am Ende unserer Tour und können weiterfahren Richtung Dörenthe und Tour 8, oder wir unternehmen noch einen Abstecher nach Saerbeck.

Saerbeck, gesprochen wegen des Dehnungs-e wie „Saarbeck", ist eine kleine Gemeinde mit 7000 Einwohnern. Sie nennt sich Klimakommune und wirbt mit dem Slogan „Leidenschaftlich nachhaltig".

Klimakommune Saerbeck

Bereits 2009 hat Saerbeck sich auf den Weg gemacht, um bis 2030 klimaneutral zu werden. Im Bereich Strom ist das Ziel geschafft. Allein im Saerbecker Bioenergiepark wird doppelt so viel Strom aus Sonne, Wind und Biomasse erzeugt, wie die Gemeinde selbst benötigt. Photovoltaikanlagen auf Dächern und ein zusätzlicher Windpark erhöhen die Quote noch. Jetzt werden die Bereiche Verkehr und Wärme in Angriff genommen.Bereits seit 2010 erzeugt ein Holzpellet-Heizkessel der Gläsernen Heizzentrale Warmwasser und versorgt über ein Nahwärmenetz Schule, Sportzentrum und weitere Gebäude. Für dieses Engagement und ihre Vorreiterrolle wurde die Kommune mit vielen Preisen ausgezeichnet.

Der **Energielehrpfad** beginnt an der **Gläsernen Heizzentrale**. Er folgt dem Nahwärmenetz und erklärt an zehn Stationen Möglichkeiten zur Energiewende und zum Energiesparen.

In der neugotischen Pfarrkirche St. Georg von 1898 wurden Wand- und Deckenmalereien aufwändig restauriert. Im **Kornbrennereimuseum** des Heimatvereins kann eine alte Spezialität der Brennerei getestet werden (am Parkplatzende Gasse nach rechts, in Sichtweite der Kirche, So 10:30 – 12:30). Saerbeck richtete außerdem den „Weg des Friedens" ein. An den 14 Stationen wird an Ereignisse aus dem Zweiten

Gläserne Heizzentrale

Badesee Saerbeck im Winterschlaf

Weltkrieg erinnert genauso wie an aktuelle Ideen zum Frieden und internationale Projekte von Schulen und Gemeindegruppen. Der Weg startet an den Kriegsgräberstätten des Friedhofes (GPS N 52°10‘25.1“ E 7°37‘42.7“).

Der **Badesee Saerbeck** mit Liegewiese und Sandstrand befindet sich am südlichen Ortsrand (Parken s. Stellplatz). Um ihn und einen schmalen Nachbarsee führen Pättkes, kleine Pfade, herum. Saerbeck bietet einen offiziellen WOMO-Stellplatz am Rathaus mit zwei sehr kurzen, sandigen Plätzen ohne jegliche Privatsphäre [**122**, GPS N 52°10‘28.8“ E 7°37‘55.5“].

Brunnenskulptur in Saerbeck

(123) WOMO-Badeplatz: Saerbeck - Badesee

GPS: N 52°10‘12.7“ E 7°37‘54.5“, Zum Badesee. **Max. WOMOs:** 3.
Ausstattung: Keine.
Beschreibung: Nur außerhalb der Badesaison, größere, gekieste Buchten, die mit Bäumen und Büschen getrennt sind.

Anfahrt: Von Riesenbeck kommend Richtung Zentrum, links in die Marktstraße, zweite links, Kreisverkehr erste Ausfahrt, zweite rechts.
Hinweis: Zu Kirche/Gläserne Heizzentrale: Vom Stellplatz Richtung See und der Straße um Rechtskehre folgen, vor Seniorenzentrum nach rechts in Pastors Allee am Mühlenbach, an seinem Ende rechts über die Brücke und links über den Parkplatz, am Parkplatzende geradeaus durch die Gasse zur Kirche, hinter der Kirche links liegt die Heizzentrale (900/1000 m eine Richtung).
Zum Kornbrennerei-Museum: wie oben, aber am Parkplatzende Gasse nach rechts, das Museum liegt auf der gegenüberligenden Seite der Querstraße.

Feuchtgebiet Saerbeck

Das **Feuchtgebiet Saerbeck** östlich des Ortes in den Emsniederungen umfasst 240 Hektar mit extensiv genutzten Wiesen, die frühestens ab Mitte Juni gemäht werden. Ein Besuch lohnt sich vor allem im Frühjahr, wenn hier Brachvögel, Kiebitze, Uferschnepfen und andere Vögel brüten. Durch Aufstauen des Mühlenbaches bildet sich ein Sumpfbereich, der von einem Beobachtungsturm aus überblickt werden kann.

Wanderung Feuchtgebiet Saerbeck, 5,6 km

Parken GPS N 52°11‘02.2“ E 7°39‘37.8“ am Straßenrand im Gewerbegebiet.
Wir folgen der schmalen Straße ortsauswärts und erreichen nach 800 Metern den Beobachungsturm. Von hier spazieren wir auf dem Sträßchen weiter, das in wechselnden Rechts- und Linkskehren an den Dortmund- Ems-Kanal führt (bei erster Verzweigung nach Beobachtungsturm nicht scharf rechts abbiegen). Am Kanal biegen wir links ab auf einen der beiden parallelen Wege am Ufer. Die Baumreihe am Kanal entwickelt sich zu einem kleinen Waldgebiet. Kurz nach dessen Anfang biegen wir nach links ab auf einen Pfad, der nach wenigen Metern wieder aus dem Wald heraus und zwischen Hecke und Wiese entlangführt (wenn wir den kanalnäheren der beiden Fahrwege gewählt haben, müssen wir aufpassen, dass wir den Abzweig nicht verpassen). Am nächsten Abzweig biegen wir nach rechts ab in eine Allee. Der nächste Fahrweg nach links führt zwischen Wiesen und unter Bäumen zurück zum Beobachtungsturm. Dort nach links steht unser WOMO.

Ein abwechslungsreiches und naturnahes Ziel für Familien ist das weitläufige **Wildfreigehege Nöttler Berg**. Hier leben neben einheimischen Tieren auch Alpakas, Auerochsen, Bisons, Woll- und Hängebauchschweine. Dazu gibt es Picknickplätze, Spielplätze und am Wochenende Pony-Reiten (GPS N 52°10‘12.7“ E 7°37‘54.5“, Di-Sa 9:00-18:00, So 9:00-19:00, im Winter 10:00 bis max. Dämmerung, Dez./ Anf. Januar geschlossen, 5 €, Kind 3 €).

Ladbergen liegt zwar nicht direkt an unserer Tour, ist aber für viele ein wichtiger Zwischenstopp an der A1, deshalb hier noch einige Infos: In Ladbergen mit seinen knapp 7000 Einwohnern haben rund 700 Dauercamper einen Zweitwohnsitz. Mitten im Zentrum befindet sich der kleine, aber hübsche Friedenspark mit den zwei Bronze-Plastiken Torfstecher und Amme, die die Arbeit armer Leute darstellen. Der Park wurde 1998 eröffnet zur 350 Jahrfeier des Westfälischen Friedens.

Das **Ladbergener Pättken** ist als Teutoschleifchen gekennzeichnet und führt über 3,3 Kilometer durch den Friedenspark und am Mühlenbach entlang. Für Radfahrer ist die Brachvogelroute ausgeschildert (Infos in der Tourist-Information).

(124) Offizieller WOMO-Stellplatz: Ladbergen Sporthalle

GPS: N 52°08'10.4" E 7°44'19.6", Jahnstraße. **Max. WOMOs:** 8.
Ausstattung: Picknickbank.
Beschreibung: Zwei Wiesenstreifen zwischen Sporthalle und Bäumen, ruhig gelegen, wird manchmal als Parkplatz von Restaurantgästen genutzt.
Preis: Kostenlos.
Anfahrt: Am Kreisverkehr in Ladbergens Zentrum Richtung Friedenspark bzw. in die Mühlenstraße, nächste links.
Hinweis: Friedenspark und Ladberger Pättken sowie Restaurants und Einkaufsmöglichkeiten in direkter Nähe.
Alternative: Beim Hotel Stegemann zwischen Ladbergen und Saerbeck dürfen Restaurant-Gäste über Nacht stehen bleiben, gutbürgerliche Küche, Parkplatz mit Bäumen und Wiesenstreifen, GPS N 52°09'06.7" E 7°41'00.9"

(125) WOMO-Stellplatz: Ladbergen - Autohof

GPS: N 52°08'48.3" E 7°44'00.8", Espenhof. **Max. WOMOs:** 5.
Ausstattung: V/E, Strom, Toilette, Dusche, Mülleimer.
Beschreibung: WC (Gebühr).
Anfahrt: Richtung Saerbeck nach der Überquerung der Autobahn am Kreisverkehr dritte Ausfahrt, nächste links.

(126) WOMO-Campingplatz: Ladbergen - Waldsee

GPS: N 52°08'58.9" E 7°43'46.1", Waldseestraße 81. **Tel.:** 05485 1816.
Geöffnet: Ganzjährig.
Ausstattung: Gaststätte (chinesisch), Naturfreibad Waldsee (freie Nutzung, Mitte Mai bis Mitte Sept.).
Beschreibung: Viele Festcamper, Wiese für Touristencamper, von Bäumen und Hecken gerahmt ohne Parzellierung, ohne Schatten, grenzt direkt an den See, schöne Lage aber nahe an Autobahn, Sanitäranlagen älter und in der Hauptsaison etwas überlastet.
Preis: WOMO 8 €, Person 4,20 €, Kind 2 – 3 €, Strom 1,20 €, Dusche 1 €, Ver-/Entsorgung 3 €, ab zwei Nächten kostenlos.
Anfahrt: Von Saerbeck kommend letzte Straße kurz vor der A 1 links.

Der Campingplatz Regenbogen Buddenkuhle liegt auch an einem Badesee mit Strand, aber direkt neben der Autobahn, und ist bei Preisen über 30 € etwas in die Jahre gekommen.

Nieder-
sachsen
Schale
Halverde
N
Bramsche
10 km
134
Hopsten
Recker Moor
Recke
135
WC
Steinbeck
136
137
138
Sloop-
steene
133
Mittelland-Kanal
132
Dickenberg
Mettingen
Westerkappeln
Wersen
Hörstel
Graven-
horst
Ibbenbüren
131
139
Lotte
Osna-
brück
7
Rheine
Torfmoor-
see
Bevergern
Riesen-
beck
140
141
30
Surenberg
Freizeitpark
Mesum
Dörenther
Klippen
149
150
Hasbergen
129
Dörenthe
Brochter-
beck
Tecklen-
burg
Leeden
143
130
127
147
142
481
128
219
148
Canyon
Lengerich
Hagen a.TW
Emsdetten
Ems-Aue
Ems
Saerbeck
Wildpark
Dortmund-Ems-Kanal
146
145
7
Ems-Aue
Hembergen
1
144
9
Lienen
Sachsenhof
Ladbergen
475
Greven

TOUR 8 — 115 km

Tecklenburger Land – Tödden & Bergbau

Dörenthe – Ibbenbüren – Dickenberg – Hörstel – Hopsten Schale – Recke – Mettingen – Westerkappeln – Lotte – Leden Lengerich – Tecklenburg

Stellplätze:	Dörenthe, Ibbenbüren, Hörstel, Hopsten, Recke, Mettingen, Lotte, Leeden, Lengerich, Tecklenburg
Campingplätze:	Brochterbeck, Dörenthe, Hörstel, Mettingen, Wersen, Leeden, Lengerich, Tecklenburg
Besichtigen/ Stadtrundgang:	Ibbenbüren, Kloster Gravenhorst, Hopsten, Mettingen, Sloopsteene, Leeden, Lengerich, Tecklenburg
Spaziergang/ Wandern:	Dörenther Klippen, Berghalde Rudolfschacht, Heiliges Meer, Recker Moor, Köllbachtal, Sloopsteene und Niedrighaussee, Die Mühlen von Wersen, Leeden Jakobsweg

Das Land der Tödden und der weiten Moorflächen an den Ausläufern und Höhen des Teutoburger Waldes ist das Ziel dieser Tour. Hier gibt es viel zu entdecken, vor allem kleine Orte und Sehenswürdigkeiten, die jedoch oft eindringlicher in Erinnerung bleiben als die überlaufenen Highlights. Wir können viel lernen über die Lebensweise der Menschen früher, den Leinen- oder Töddenhandel, die Art der Wohnbauten. Landschaftlich präsentiert sich die Tour sehr abwechslungsreich mit weiten Moorflächen und Felsformationen auf den Höhen des Teutoburger Waldes. Mit Tecklenburg, der Festspielstadt, liegt schließlich ein sehr bekanntes Highlight auf unserer Tour, das mit Burgruine, gut erhaltener Altstadt und grandioser Aussicht punkten kann.

Gewitterstimmung im Recker Moor

Unsere Tour beginnt in **Dörenthe** am Südhang des Teutoburger Waldes. Der Ort ist bekannt für die **Dörenther Klippen**. Wer kann, sollte ihnen einen Besuch außerhalb der Hauptsaison abstatten, um sie mit mehr Ruhe genießen zu können.

Die Dörenther Klippen

Die etwa vier Kilometer lange Sandsteinformation entstand in der Kreidezeit vor etwa 120 Millionen Jahren und ist Teil des europäisches Naturschutzgebietes „Sandsteinzug Teutoburger Wald". Die bekannteste Felsformation ist das „Hockende Weib". Die Sage erzählt, dass hier eine Frau ihre Kinder vor den ansteigenden Fluten retten wollte, sich hinhockte und sie auf ihre Schultern klettern ließ. Die Frau erstarrte zu Stein, aber die Kinder überlebten.

Kurze Wanderung Dörenther Klippen, 2 km

Das Hockende Weib

Vom Wanderparkplatz Dörenther Klippen (GPS N 52°14'46.9" E 7°41'42.7") folgen wir dem Hauptweg gegenüber der Parkplatzzufahrt bergauf. Er trifft auf den mit „H" gekennzeichneten Hermannsweg, auf den wir rechts abbiegen.

Am Eingang des Campingplatzes wandern wir nach links. An einer Verzweigung bleiben wir auf dem breiten Hermannsweg oder wir können den Pfad nach rechts wählen, der oberhalb näher an den Klippen entlang und zum Hauptweg zurück führt. Das „Hockende Weib" erhebt sich rechts kurz vor der Almhütte. In der Hütte werden Snacks und Getränke angeboten.

Wer mehr wandern möchte, kann den beschilderten Rundweg Dörenther Klippen unternehmen. Auf 6,7 Kilometern Länge folgt er zuerst dem Hermannsweg nach Westen. Zurückgeht es auf der Südseite des Teuto.

(127) WOMO-Campingplatz: Tecklenburg - Bocketal

GPS: N 52°14'04.8" E 7°44'41.5", Im Bocketal. **Tel.:** 05455 1760.
Geöffnet: Ganzjährig.
Ausstattung: V/E.
Beschreibung: Kleiner Platz in ruhiger Lage an den waldigen Hängen des Teuto, flache Terrassen in Südrichtung, viele Hecken, einzelne Bäume, ältere Sanitäranlagen, viele Festcamper, gute Wandermöglichkeiten, Straßenlärm hallt im Tal.
Preis: WOMO 5 €, Person 4 €.
Anfahrt: Auf der Straße von Brochterbeck Richtung Ibbenbüren.

Mit **NaturaGart** und dem **Botanischen Garten Loismann** liegen zwei Ziele für Gartenfreunde nördlich von Dörenthe. NaturaGart ist das riesengroße Außengelände einer Teichbaufirma. Seenlandschaften, ein großes Kaltwasseraquarium, Tauchpark, Bistro und Café warten auf Besucher (GPS N 52°14'30.5" E 7°40'46.1", Mo-Fr 8:00-17:00, in der Teichbausaison Sa 9:00-14:00, 5 € ab 1,20 m Größe). Der private Botanische Garten Loismann zeigt etwa 300 verschiedene Pflanzenarten, davon

Im Teichbau-Park NaturaGart

viele Nadelgehölze und einen 1910 gepflanzten Mammutbaum (GPS N 52°14'16.8" E 7°40'36.4", April-Okt, Mo-Fr 10:00-17:00, Sa 10:00-13:00, Eintritt frei). Der **Kulturspeicher Dörenthe** am Kanalhafen bietet wechselnde Ausstellungen und Veranstaltungen, Musik und Workshops.

(128) WOMO-Stellplatz: Ibbenbüren - Hafen Dörenthe

GPS: N 52°13'10.5" E 7°40'38.7", Im Brook.
Max. WOMOs: 1.
Ausstattung: Keine.
Beschreibung: Wendehammer direkt neben der Kanalbrücke Dörenthe mit Blick auf Kanal, Hafen und Teuto, leicht schräg.
Anfahrt: Von Dörenthe Richtung Saerbeck, sofort nach der Brücke rechts.

(129) WOMO-Campingplatz: Ibbenbüren Dörenther Klippen

GPS: N 52°14'44.1" E 7°41'55.4", Münsterstraße 419. **Tel.:** 05451 2553.
Geöffnet: 1. April – 31. Oktober.
Ausstattung: Gaststätte, Swimmingpool.
Beschreibung: Kleiner Platz mit Hecken und Bäumen, umgeben von hohem Wald, viele Wandermöglichkeiten.
Preis: Pro Person und Nacht inkl. WOMO 12/13 €, Kinder 2–16 Jahre 6 – 10 €, Familie mit 2 Kindern 32/35 €.
Anfahrt: Von der Straße zwischen Dörenthe und Ibbenbüren rechts ab (Abzweig Bruder-Klaus-Kapelle), beschildert.

(130) WOMO-Campingplatz: Ibbenbüren Zum Eichengrund

GPS: N 52°13'05.0" E 7°39'55.9", Im Brook 2. **Tel.:** 05455 521.
Geöffnet: Ganzjährig.
Ausstattung: Kleiner Badeteich mit Sandstrand, Kiosk und Brötchenservice, Minigolf.
Beschreibung: Viele Festcamper, Touristenstellplätze in Nähe des kleinen Teiches, überwiegend mit Hecken parzelliert, einzelne Bäume, ruhige Lage im Grünen, im Sommer fällt der Wasserstand des Teiches zunehmend.
Preis: WOMO plus 2 Erwachsene 20 €, Strom 2 €, Kind 3 €.
Anfahrt: Von Dörenthe Richtung Saerbeck, nach der Brücke 2. rechts.

Mittagspause am Aasee im Winter

Wir rollen über den Teuto-Hauptkamm nach **Ibbenbüren**, der größten Stadt unserer Tour mit über 50.000 Einwohnern. Neben einem gemütlichen Stadtzentrum kann das Erholungsgebiet Aasee besucht werden sowie Museen.

Ibbenbüren – Geschichtssplitter

Bereits um 800 wurde im heutigen Ibbenbüren eine Kirche gegründet. Im 12. Jahrhundert ließen die Edelherren zu Ibbenbüren das Schloss Ibbenbüren bauen, von dem heute nur noch der Stumpf des Heidenturmes beim Aasee zu sehen ist. Im 16. Jahrhundert begann der Abbau von Steinkohle und Ibbenbüren fiel durch Schenkung an die Niederlande. Nach mehrfachem Wechseln während des Achtzigjährigen Krieges blieb der Ort bis 1702 niederländisch. Im 17. Jahrhundert begann die Eisenerzförderung, die zusammen mit der Kohle einer der wichtigsten Faktoren für die Stadtentwicklung war. Wegen der guten Energieversorgung nahmen Anfang des 19. Jahrhunderts mehrere Glashütten ihre Arbeit auf. Im Zweiten Weltkrieg wurden der Mittellandkanal und das Bergwerk mehrfach bombardiert, Ibbenbüren selbst blieb weitgehend verschont.

Noch heute wird der **Ibbenbürener Sandstein** in mehreren Steinbrüchen abgebaut. Er entstand vor etwa 300 Millionen Jahren im Oberkarbon. In den Vorlandsenken von Faltengebirgen, damals etwa auf Höhe des Äquators, sammelten sich Sedimente, die zu Sandstein verbacken wurden. Die zeitgleich verlaufende umfangreiche Ablagerung von Biomasse führte zu Steinkohlelagerstätten. Der Ibbenbürener Sandstein gilt als sehr verwitterungsbeständig, ist mittel- bis grobkörnig und zeigt Farben von hellgrau, gelb bis bräunlich mit deutlicher Maserung. Die Abbaugebiete liegen vor allem nördlich und westlich von Ibbenbüren.

Die Fußgängerzone von Ibbenbüren erstreckt sich zwischen **Oberem und Unterem Markt**. Hier kann man gemütlich flanieren und vor allem am Kirchplatz in Cafés sitzen. Dass ein Teil der Häuser im Kern aus dem 17. und 18. Jahrhundert stammt, sieht man ihnen leider nicht mehr an.

Christuskirche in Ibbenbüren

Die Christuskirche wurde 1533 als spätgotische Hallenkirche gebaut, wobei die unteren Turmgeschosse noch aus dem 12. Jahrhundert stammen. Eine gotische Sonnenuhr ziert die Südseite. Am Ende des Unteren Marktes ein paar Schritte auf der Poststraße nach rechts liegt der Alte Posthof aus dem Jahr 1743. Neben Geschäften beherbergt er heute ein Antiquitäten-Café. WOMOs parken am besten auf Parkstreifen an der Straße nördlich der Eisenbahn (GPS N 52°16‘49.3“ E 7°42‘57.8“, ins Zentrum: etwa 100 Meter Richtung Bahnhof, Fußgängerüberweg über Gleise, Heldermannstraße schräg überqueren in Fußgängerzone, zweite links zum oberem Markt, am Markt rechts zur Christuskirche).

Beim **Aasee** am südlichen Stadtrand bieten sich mehrere Freizeitmöglichkeiten. Um den See führt ein asphaltierter Rundweg und am Südufer lässt sich in Strandbar und Biergarten auf Docks und Sand relaxen. Südlich davon können Wasserratten im Aaseebad plantschen, einem Hallen- und Freibad mit großer Liegewiese. Der Kletterwald am Nordostende des Sees verfügt über einen großen Parkplatz (GPS N 52°15‘57.7“ E 7°44‘11.1“). Der Heidenturm, Überrest des Schlosses Ibbenbühren, liegt am Nordwestende des Sees.

Das **Bergbaumuseum Ibbenbüren** liegt am nördlichen Stadtrand auf dem Gelände des Bergwerkes der RAG Anthrazit Ibbenbühren. Das Bergwerk förderte bis 2018 Steinkohle aus bis zu 1545 Metern Tiefe. Das Museum ist in der Turbinenhalle des ehemaligen Kraftwerkes untergebracht. Es werden viele Originalmaschinen gezeigt und verschiedene Themenbereiche rund um den Bergbau vorgestellt. (Parken GPS N 52°17‘09.4“ E 7°44‘23.6“, Museum gegenüber durch Werkstor 2, Mai bis Sept. jeder 2. und 4. Sa im Monat, 14:00-16:30, außerdem 1. So im Nov. und 2. So im März 10:00-17:00)

An der Straße Richtung Dörenther Klippen wartet ein **Freizeitpark** mit verschiedenen Einrichtungen, die einzeln bezahlt werden, unter anderem eine Sommerrodelbahn von 1926 mit Holzschlitten (0,50 €/ Fahrt), Märchenwald (ab 3 Jahre 5 €),

Weltreise mit der Eisenbahn (GPS N 52°14‘59.5“ E 7°42‘11.1“).

Eine andere Kundschaft spricht das **Motorradmuseum** in einem alten Schulgebäude an. 180 meist motorisierte Zweiräder, das Älteste von 1882, können nicht nur Motorrad-Fans begeistern (GPS N 52°15‘22.8“ E 7°43‘42.9“, April-Okt., Sa 14:00-18:00, So 10:00-18:00, 5 €, 6-14 Jahre 2 €).

Im Motorradmuseum

(131) Offizieller WOMO-Stellplatz: Ibbenbüren Am Aaseebad

GPS: N 52°15‘43.3“ E 7°43‘51.1“, An der Umfluth 99. **Max. WOMOs:** 20.
Ausstattung: V/E an Tankstelle.
Beschreibung: Sehr ruhige Stadtrandlage, Wiesenfläche mit geschottertem Fahrweg, von Bäumen umgeben und Bäume auf der Fläche, nach viel Regen tiefer Grund.
Preis: 3 €, im Aaseebad zu zahlen.
Anfahrt: Beschildert zum Aaseebad.
Hinweis: Der Eintritt ins Bad ist vergünstigt. Das Café und Biergarten am Aasee sind 500 Meter entfernt.

Auch **Dickenberg** lebte vom Bergbau, die Steinkohlenzeche Westfeld schloss 1979. Aufgrund der Ton- und Lehmvorkommen wurden seit dem 17. Jahrhundert Ziegel gebrannt, woraus sich drei feste Ziegeleien entwickelten, von denen die letzte 2011 schloss. Die zwei Abraumhalden, die Halde Rudolfschacht direkt nördlich des Ortes und die Halde Hopstener Straße etwas weiter westlich, dienen heute als Naherholungsgebiete.

Weite Aussicht von der Berghalde Rudolfschacht

Kloster Gravenhorst

Von der **Berghalde Rudolfschacht** hat man eine weite Aussicht in alle Himmelsrichtungen. Am Nordrand der Halde wartet ein Trimm-Dich-Pfad und der Buchholzer Aussichtsturm mit Blick weit nach Norden über bewaldetes Land.

Spaziergang auf die Berghalde Rudolfschacht, 2,4 km

Parken GPS N 52°19'12.7" E 7°41'32.8". Vom Parkplatz folgen wir dem breiten asphaltierten Hauptweg bergauf. Vorsicht, er ist veralgt und nach Regen etwas rutschig! Kurz vor der zweiten Linkskehre wechselt der Belag zu Schotter. **Version 1:** Kurz danach kann, wer es abenteuerlicher mag, auf einen Pfad links hoch wechseln. Dieser Pfad führt immer in die gleiche Richtung aufwärts, über die weitgehend zugewachsene Kuppe und dann wieder abwärts und auf ein breites Tor zu. Hier gehen wir auf dem Fahrweg nach rechts und in der nächsten Rechtskehr links hoch auf einem breiten Pfad mit Stufen.

Version 2: Wir bleiben auf dem breiten Fahrtweg, bis kurz vor Beginn der dritten Linkskehre ein deutlicher, breiter Pfad mit Stufen geradeaus hoch führt.

Für beide: Der stufige Pfad bringt uns zu einem Aussichtpunkt mit einem großen Felsen und Orientierungstafel. Zurück geht es auf dem breiten Fahrweg immer abwärts.

Auf dem Weg nach Hörstel können wir einen Abstecher zum **Kloster Gravenhorst** unternehmen mit seinen zwei Cafés und einem weitläufigen Park.

Das Seecafé beim Kloster Gravenhorst

Kloster Gravenhorst

Die ehemalige Zisterzienserinnenabtei entstand im 13. Jahrhundert. Trotz mehrfacher Plünderung und Zerstörung gilt das Kloster als eines des besterhaltenen im Norden Deutschlands. Die gotische Klosterkirche aus dem 13. Jahrhundert ist der älteste Teil des Klosters, der Südflügel mit Portal und Freitreppe stammt weitgehend aus dem 15. Jahrhundert. Der Westflügel wurde 1817 nach einem Brand wiederaufgebaut, wobei einzelne ältere Teile wie Reste eines altgotischen Kreuzganges erhalten sind. Außerdem gehören ein Brau- und Backhaus und eine Mühle zum Kloster, während von der Schmiede nur noch Fundamente zu sehen sind.
Während der immer wiederkehrenden Plünderungen flohen die Nonnen nach Bevergen in den Klosterhof.

Das Labyrinth

Smiley Eyes :-)

Im Kloster gibt es ein **Café-Restaurant** sowie Ausstellungen, Workshops und Konzerte. Der weitläufige **Klosterpark** lädt zu Spaziergängen ein, am See wartet ein Café. Am Rande des Parks verbirgt sich ein ungewöhnliches Labyrinth, das an die Flucht vor Plünderungen erinnern soll, ein Spaß für Kinder (WOMOs parken auf dem hinteren Parkplatz GPS N 52°17'10.0" E 7°37'35.4").

Der Fußweg vom Kloster zum Zufluchtsort Klosterhof in Bevergern ist als **Nonnenpättken** beschildert und mit Bronzeplaketten markiert (etwa 5 Kilometer eine Richtung). Auf der anderen Seite der Autobahn liegt die **Smiley Eyes Alpaka Ranch.** Hier werden geführte Wanderungen und Produkte aus Alpaka-Wolle angeboten.

(132) WOMO-Stellplatz: Gravenhorst - Mittellandkanal

GPS: N 52°17'20.3" E 7°36'31.3", Schwarzer Weg. **Max. WOMOs:** 2.
Ausstattung: Keine.

Beschreibung: Parkbucht am Mittellandkanal, aufgrund der Lage zwischen der Brücke nach Hörstel und der Brücke der A 30 ständig Verkehrsgeräusche.
Anfahrt: Von Gravenhorst in Richtung Hörstel, hinter Auto Plagemann links, Parkbucht vor Brückendurchfahrt.
Hinweis: 500 Meter weiter befindet sich die Gedenkstätte Gravenhorst. Sie erinnert mit Ausstellungsstücken und Informationstafel an die dreimalige Bombardierung des Mittellandkanals und der dortigen Versorgungsleitungen und an die vielen Toten. Von dort führt ein asphaltierter Fuß-/Radweg entlang der Hörsteler Aa bis Ibbenbühren.

Nach Nordwesten erwarten uns jetzt kleine Ortschaften und das Land des Töddenhandels. In **Hörstel** gibt es zwei historische Mühlen. Die nördlich liegende Knollmanns Mühle ist in privatem Besitz und nicht zu besichtigen. Reinings Mühle an der Dreiwalder Aa ist gut restauriert und weiß verputzt und hat dadurch etwas weniger Charme als manch andere historische Gebäude. Sie dient heute als Begegnungsstätte und Trauzimmer (GPS N 52°19'59.3" E 7°30'58.8").

Auf dem Weg nach Hopsten kommen wir vorbei an der **Erholungsanlage Herthasee** und dem Naturschutzgebiet Heiliges Meer. Der sehr flache Herthasee bietet mit seinem Rund-Um-Sandstrand und vielen Bäumen echtes Urlaubsfeeling. Er ist umgeben von einem großen Campingplatz. Für Tagesgäste gibt es einen Parkplatz direkt am See sowie Gastronomie, bei Schlechtwetter kann ein Indoorspielplatz helfen (GPS N 52°19'39.3" E 7°36'02.8", 4 €, Kind 4-15 Jahre 1,50 €).

(133) WOMO-Campingplatz: Hörstel - Herthasee

GPS: N 52°19'39.3" E 7°36'03.5", Herthaseestraße 70. **Tel.:** 05459 1008.
Geöffnet: Mitte April – Anfang Oktober.
Ausstattung: See, Strand, Gastronomie.
Beschreibung: Der Campingplatz umgibt den Herthasee fast vollständig, Touristencamper stehen wenige Meter vom Seeufer entfernt unter Bäumen, vor allem außer der Saison sehr idyllisch.
Preis: WOMO 12,90–14,90 €, Person 6,80–7,20 €, Kind 4–15 Jahre 3,50–4 €, Dusche 0,50 €.
Anfahrt: In Hörstel Richtung Dickenberg, nach dem Kreisverkehr links in die Herthaseestraße, links halten.

Großes Heiliges Meer

Die Seen des **Naturschutzgebietes Heiliges Meer** sind sogenannte Erdfallseen. Hier wurde im Laufe von Jahrtausenden Salzgestein im Untergrund aufgelöst, wodurch Hohlräume entstanden, deren Deckgestein schließlich einstürzte. Beim Kleinen Heiligen Meer passierte dies im April 1913. Die Landschaft im Naturschutzgebiet umfasst Heide, Feuchtwiesen, Moor und Wald. Rund um das Große Heilige Meer verläuft ein naturnaher Pfad durch unterschiedliche Vegetation, außerdem führt eine kurze Runde auf der anderen Straßenseite zum Erdfallsee (Parken GPS N 52°20'50.9" E 7°38'03.4", 2,5/ 1,5 km).

Kirche in Hopsten

Hopsten nennt sich **Töddendorf** und sein Markenzeichen ist der historische Dorfkern, wobei die asphaltierte Durchgangsstraße den Gesamteindruck etwas stört. Die barocke Kirche St. Georg wurde 1736 an Stelle eines Vorgängerbaus errichtet. Auf der gegenüberliegenden Straßenseite ist die Skulptur „Der Tödde von Hopsten" zu sehen vor dem Haus Veerkamp, einem Bürgerhaus von 1808. Entlang von Markstraße und Marktplatz stehen weitere große Bürgerhäuser meist aus dem 18. Jahrhundert. Schön anzusehen ist auch das Ensemble des Hofes „Holling", dessen Altes Brauhaus von 1730 und Remise vom Heimatverein genutzt werden (vom Marktplatz in die Brenninkmeyerstraße, links in „An Hollings Busch", hinter der Wiese links und am Waldrand zurück auf die

Im Naturschutzgebiet Heiliges Meer

Hofanlage). Haus Nieland gehörte einem der einflussreichsten Töddenhändler und beherbergt heute das Heimatmuseum (Führungen nach Vereinbarung, Tel. 05458 936866).

Tödden, wandernde Leinen-Händler

Die Töddenskulptur in Hopsten erinnert an einen wichtigen Wirschaftszweig in Westfalen, den Handel von Leinen durch wandernde Kaufleute. Dessen Ursprung begann nach dem Dreißigjährigen Krieg, als Bauernsöhne als Saisonarbeiter in die Niederlande zum Torfstechen oder als landwirtschaftliche Helfer gingen, um die Not zu lindern. Dabei nahmen sie Leinenrollen mit, um sie dort zu verkaufen. Die festen Leinenstoffe wurden als Segeltuch oder für wetterfeste Bekleidung verwendet. Aus diesem Zusatzverdienst entwickelte sich ein reger Handel, dessen Höhepunkt im 18. Jahrhundert lag. Die Tödden, auch Tüötten genannt, entwickelten ein System, wie sie die Zielgebiete und Kunden aufteilten, und sogar eine eigene Sprache. In der Hochzeit waren sie teilweise auch vor Hollands Küsten mit Schiffen unterwegs und brachten es zu Wohlstand.

(134) Offizieller WOMO-Stellplatz: Hopsten An der Sporthalle

GPS: N 52°23‘08.0“ E 7°36‘18.4“, Rüschendorferstr. 4. **Max. WOMOs:** 6.

Ausstattung: V/E, Strom (nur Grauwasser, Gebühr).

Beschreibung: Schön angelegter Stellplatz, unterteilt mit kleinen Hecken und umgeben von Bäumen, direkt begrenzt von hoher Sporthallenwand, ansonsten von Bäumen umgeben.

Preis: Kostenlos.

Anfahrt: Von Hopsten auf der Marktstraße nach Schale, vor der Sporthalle. links und dann rechts auf Parkplatz.

Segel erinnern an Töddenhandel

Südlich von Hopsten liegt die St. Anna Kapelle von 1848 auf dem Breischen. Als Dank für Rettung in stürmischer See wurde die erste Kapelle 1694 von zwei Töddenbrüdern gebaut an der Stelle einer Eiche mit der Figur der Heiligen Anna. Auch die stilisierten Segelschiffe im Kreisverkehr, gebaut als Schulprojekte, sollen an den Töddenhandel erinnern.

Wer Lust auf einen Ausflug in ein kleines, ruhiges Dorf mit historischem Kern hat, sollte nach **Schale** fahren (Parken in der Straße „Am Wildgehege" gegenüber vom Friedhof, GPS N 52°26'37.6" E 7°37'35.4").

Schale – Geschichtssplitter

Hier wurde 1278 eines von drei Zisterzienserinnenklöster im Tecklenburger Land gegründet neben Gravenhorst und Leeden. Der Baustil der Kirche zeigt den Übergang von Romanik zu Gotik. 1899 wurde sie um ein südliches Seitenschiff in neuromanischen Stil erweitert und der Turm wurde aufgestockt. Leider ist die Kirche meistens geschlossen. Die Klostergebäude wurden wahrscheinlich im Dreißigjährigen Krieg zerstört.

Klosterkirche in Schale

Die gepflasterte Kirchstraße führt durch den historischen Ortskern. Im Landeswettbewerb „Unser Dorf soll schöner werden" wurde Schale mehrfach ausgezeichnet. Gegenüber vom Ortskern liegt das kleine **Wildgehege**, das entlang der Straße und dem Fußweg an der Halverder-Schaler Aa umrundet werden kann. Das Kulturlandhaus Schale direkt

Stille über dem Recker Moor beim Moorturm

östlich des Zentrums bietet auf einem alten Hof Seminare zur Flachs- und Wollbearbeitung und Korbflechterei sowie ein Café, Hofladen und Trachtenmuseum (GPS N 52°26'47.1" E 7°38'15.5", Sa/So/Feiertage ab 14:00).

Im Gegensatz zum Handelsort Hopsten war **Halverdes** Geschichte vom mühseligen Arbeitsleben abhängiger Bauern geprägt, die im Moor „hal" an der Furt „verde" um ihr Überleben kämpften. Die restaurierte Doppelmühle auf Hof Overmeyer ist in Privatbesitz und kann nach Vereinbarung besichtigt werden.

Mit **Recke** erreichen wir wieder einen größeren Ort, der mit einer auffälligen Kirchengeschichte aufwartet, einem der am besten erhaltenen Moore NRWs und einer Marina.

Die drei Dionysius-Kirchen

Ein ungewöhnliches Ensemble sind die drei Dionysius-Kirchen im Zentrum. Die evangelische, spätromanische Saalkirche stammt aus dem 12. und 13. Jahrhundert (GPS N 52°22'05.8" E 7°43'10.1"). Nachdem Recke an die Niederlande fiel, wurde der reformierte Glauben eingeführt und die Kirche evangelisch. Als Recke an das Königreich Preußen kam, bauten die Katholiken 1752 eine zweite, barocke Dionysiuskirche, heute ein Jugendheim. Aufgrund stark steigender Einwohnerzahl nach dem Zweiten Weltkrieg wurde schließlich ab 1950 die dritte, moderne Dionysius-Kirche gebaut.

Der Weg ins **Recker Moor** führt über einspurige Straßen, am Moor gibt es zwei Parkplätze und zwei Aussichtstürme.

Das Recker Moor

Das Recker Moor bildet zusammen mit dem Mettinger Moor ein europäisches Natura 2000 Schutzgebiet. Dabei gehört das Recker Moor mit ursprünglicher Torfvegetation zu den am besten erhaltenen Moorgebieten in NRW, während das Mettinger Moor durch Abtorfen und Trockenlegung heute vor allem Feuchtwiesen aufweist. Das Moor ist etwa 5000 Jahre alt und war bis zu drei Meter mächtig. Im Recker Moor wächst die Torfschicht wieder an und viele bedrohte Arten haben hier eine Heimat, darunter die kleine Krickente mit grünem Kopf, die drosselgroße Bekassine mit sehr langem Schnabel und auffälligem Gesang und Balzgeräuschen, der große Brachvogel und das Braunkehlchen.

Rundweg Recker Moor, 3,2 km

Start am Parkplatz Schnepfenturm (GPS N 52°22'23.6" E 7°46'07.1", nur kleine WOMOs). Wir gehen in Richtung Moor bis zum Schnepfenturm. Wenige Schritte zurück biegen wir rechts ab und folgen dem Pfad um eine Links-Rechts-Kehre bis zur nächsten T-Kreuzung. Hier nach rechts steht der Moorturm mit weiter Aussicht. Von diesem gehen wir zurück bis zum Sträßchen und dort an einem Unterstand vorbei nach links zum Parkplatz. Falls der Weg durchs Moor sehr zugewachsen ist - wie bei unserem letzten Besuch - können wir auch vom Schnepfenturm bis zum Parkplatz zurück gehen, dort auf dem Sträßchen rechts und beim Unterstand wieder rechts.

Zu Recke gehört auch das Heimat- & Korbmuseum „Alte Ruthemühle" (geöffnet nur während Veranstaltungen). Das **Schwefelbad Steinbeck** liegt ebenfalls nördlich des Mittellandkanals Richtung Recke. Neben der staatlich anerkannten Heilquelle und 34 °C warmen Schwefelbädern verfügt das Bad über einen Saunapark.

Auf der südlichen Kanalseite ist die **Marina Recke** mit Panoramacafé, WOMO-Stellplatz und Fußwegen zum Mittellandkanal ein beliebtes Ziel. Unschlagbar günstigen Wasserspaß bietet das **Waldfreibad** direkt nebenan. An einem komplett bewaldeten See bietet es Schwimmbahnen, Sprungtürme, Kinderbecken mit Sandspielplatz und Rutsche, Trampolininsel, Beachvolleyballfelder, SUP-Bretter und Kiosk (2 €, Kind 1 €, Familie 4 €).

Spiel-Boot an der Marina Recke

Mit dem **Tüottendorf Mettingen** erreichen wir wieder ein Zentrum des früheren Töddenhandels.

(135) Offizieller WOMO-Stellplatz: Recke - Marina Recke

GPS: N 52°21'08.9" E 7°42'43.0", Auf der Haar 23. **Max. WOMOs:** 40.

Ausstattung: V/E, Strom, WC, Dusche.
Beschreibung: Auf gepflegter Wiese, viele Stellplätze mit noch kleinen Bäumen unterteilt, ruhige Lage im Grünen.
Preis: 10 €, Strom 2,50 €.
Anfahrt: Von Recke Richtung Steinbeck, nach der Kanalbrücke links, zweite links (beschildert).
Hinweis: Am Hafenbecken führt das Teutoschleifchen Steinbecker Runde vorbei. Es beginnt eigentlich in Steinbeck und führt unter anderem zum Buchholzer Aussichtsturm und am Mittelland-Kanal entlang. Da es sich um eine Rundtour handelt, kann man auch hier einsteigen (7,4 Kilometer).

Marina Recke

Mettingen und die Tödden

Aus dem angebauten Flachs und Hanf wurde im Winter Leinen hergestellt, mit dem erst Bauernsöhne und später Händler auf Reisen gingen. Auch Mettingen brachte es so zu Wohlstand. Hier hat die Familie Brenninkmeijer ihre Wurzeln. Im 17. Jahrhundert betrieben sie Töddenhandel und wurden zu erfolgreichen Handelsleuten der eingeschworenen Gesellschaft der Tüötten. Südlich von Mettingen steht noch ihr ursprünglicher Hof. 1841 gründete die Familie in den Niederlanden das Unternehmen „C&A“, das immer noch in Familienbesitz ist. Die Familie gilt als verschwiegen und als eine der reichsten Europas. Alle einzelnen Großfamilien besitzen ein Domizil in Mettingen und viele Mitglieder sind hier begraben.

In der gepflasterten Ortsmitte liegen drei Stationen wie in einem kleinen Dreieck: Der älteste Bau Mettingens ist die spätgotische Evangelische Kirche aus dem 15. Jahrhundert, dessen unterstes Turmgeschoss zu einem Vorgängerbau aus dem 12. Jahrhundert gehört. Die neugotische St.-Agatha-

Tüöttenskulptur in Mettingen

Hallenhaus Brenninkmeijer

Kirche von 1894 steht auf einem großen Platz mit Bäumen und Spielplatz. Das **Tüöttenmuseum** besteht aus drei Fachwerkhäusern und zeigt Möbel und Gebrauchsgegenstände von früher (Eingang über das Hotel Telsemeyer am Markt, Di-So, 11:00-20:00, Eintritt frei). Die **Draiflessen Collection** ist eine private Kunstausstellung, initiiert von der Familie Brenninkmeijer. Der Name ist an die Tüottensprache angelehnt, „drai“ gleich handeln und „flessen“ gleich Flachs. Außerdem gibt es drei kleine, kostenlose Museen: das Mineralmuseum (Markt 2, 1. SA im Monat) sowie Schulmuseum und Postmuseum im Schultenhof (Burgstraße 9, Sa/So 15:00-18:00).

In dem südlich des Köllbachtals gelegenen Ortsteil Wiehe steht eines der ältesten Häuser der Gemeinde, ein reetgedecktes **Heuerhaus** aus der Mitte des 16. Jahrhunderts. Das Haupthaus auf der anderen Straßenseite ist ein **Hallenhaus** in Zweiständerbauweise aus dem 18. Jahrhundert. Es handelt sich um den Stammhof der Familie Brenninkmeijer. Das Heuerhaus wird vom Heimatverein bewirtschaftet (GPS N 52°17‘36.7“ E 7°46‘27.7“, keine Besichtigung).

Heuerhaus Brenninkmeijer

Das Hallenhaus – der Bauernhof im Münsterland

Zwischen dem 13. und 19. Jahrhundert war das Hauptgebäude eines Bauerhofes oft ein Hallenhaus, auch Eindachhof genannt. In ihm lagen Wohnung, Stall und Lager. Sie besaßen ein weit heruntergezogenes, großflächiges Dach und eine Toreinfahrt an der Giebelseite. Bei einem Zweiständerhaus trugen zwei Reihen Holzständer die Deckenbalken. Entsprechendes galt für ein Vierständerhaus. Wenn man das Haus betrat, kam man in die große Diele, den Raum zwischen den beiden Holzständer-Reihen. Dies war der Arbeits- und Wirtschaftraum des Hauses. Rechts und links der Diele waren halboffene Ställe für Pferde und Kühe sowie Kammern für Mägde und Knechte. Auch Federvieh lief hier herum. Schweine waren wegen des Gestanks in einem außenliegenden Stall untergebracht. Die Diele ging ohne Abtrennung in den offenen Wohn- und Küchenbereich über, das „Flett", das sich über die ganze Hausbreite erstreckte. Mitten im Flett lag eine offene Feuerstelle, auf der in großen Kesseln gekocht wurde. Außerdem wurde die Ernte auf dem Dachboden getrocknet und der Rauch schützte vor Ungeziefer. Der Rauch konnte durch das „Ulenlock", Eulenloch, eine Öffnung im Giebel, abziehen. Von der Feuerstelle ging eine hohe Brandgefahr aus. Hinter dem Flett lagen die Schlafkammern an der Rückseite des Hauses. Aufgrund der Größe des Hauses erreichte die Temperatur im Flett im Winter kaum mehr als 10°C. Während vieler Jahrhunderte waren die Gerüche von Vieh und Mist und der Rauch des Feuers im Wohnraum normal. Als Vorteil wurde angesehen, dass der Hausherr seinen ganzen Besitz unter einem Dach hatte. Zum Hof gehörte zumindest später ein Backhaus mit Abstand zum Haupthaus, um die Brandgefahr zu verringern.

Der Heuerhof

„Wenn der Bauer pfeift, dann müssen die Heuerlinge kommen!", so lautet der Titel eines Buches, das 2015 erschien.

Wenn der Älteste den Hof erbte, gingen die spätergeborenen Söhne leer aus. Sie zogen in ein Heuerhaus. Heuerhöfe konnten aber auch an Arbeitskräfte vermietet werden. Die Miete, „Heuer", wurde überwiegend als Arbeit abgeleistet. Die Häuser waren eine kleine Variante des Hallenhauses mit Platz für ein oder zwei Kühe und kleinem Arbeits- und Wohnraum. Dazu gehörte ein kleines Stück Land, das aber zum Leben nicht reichte. Deshalb mussten die Heuermänner sich ständig Zuverdienste suchen, zu denen auch das Spinnen von Flachs im Winter gehörte. Viele Heuerlinge oder ihre Söhne gingen im Sommer ins reiche Holland als Lohnarbeiter, woraus sich die Tradition der Tödden entwickelte. Da das Land nicht im Besitz der Heuermänner war, befanden sie sich als Landlose in der strengen Hierarchie weit unten. Nach einer verheerenden Hungersnot 1847/48 wanderten viele Hollandgänger nach Amerika aus, das mit seiner Aussicht auf ein freies Leben lockte.

Der Kötterhof

Im Gegensatz zu den Heuerlingen waren die Kötter Besitzer ihres eigenen Grundes. Damit waren sie zwar im Prinzip frei, aber durch ihre Armut in ähnlichen Zwängen wie die Heuerlinge. Auch die meisten Kötter kämpften täglich ums Überleben. Zuerst durften die Kötter sich auf Markgrund oder der Feldmark niederlassen, eine Art öffentliches Land. Als die Bevölkerung nach dem Dreißigjährigen Krieg stark anstieg, nahm die Zahl der Kötterstellen massiv zu. Diese wichen dann in unwirtschaftliche Gebiete wie Moor und Heide aus. Kötterhöfe besaßen oft weniger als zehn Morgen Land als Anbau- und Weidefläche, das entspricht gut zwei Hektar oder für die Nicht-Landwirte: weniger als 3 Fußballfelder.

Nur wenige hundert Meter südlich des Zentrums von Mettingen beginnt ein grünes Kleinod, das **Köllbachtal**. Das bewaldete Flusstal birgt neben schöner Natur einige Überraschungen wie den Marienbrunnen, eine Kneippanlage, und den Kirchsteinbruch, in dem Steine für die Kirche abgebaut wurden. Das beschilderte Teutoschleifchen Köllbachtal führt durch das Tal. Da der Wanderparkplatz klein ist, sollten wir 300 Meter nördlich an der Kirche St. Agatha starten. Der Zuweg über die Kardinal-von-Galen-Straße ist beschildert (GPS N 52°18'52.5" E 7°46'43.7", gesamt 5,4 km).

Tretbecken Köllbachtal

(136) WOMO-Stellplatz: Mettingen - Sportpark

GPS: N 52°19'29.8" E 7°47'19.8", Nordstraße.
Max. **WOMOs:** 2.
Ausstattung: Keine.
Beschreibung: Parkplatz des Sportparks, ruhig am Ortstrand.
Anfahrt: In der 90°-Rechtskurve der Durchgangsstraße Recke-Westerkappeln links ab, 4. links in die Nordstraße.

(137) WOMO-Campingplatz: Mettingen Zur schönen Aussicht

GPS: N 52°18'46.3" E 7°45'43.3", Schwarze Straße 73. **Tel.:** 05452 606.
Geöffnet: März - Oktober, anhängig von der Witterung/Bodennässe.
Ausstattung: Kleines, beheiztes Frei-/Hallenbad, Spielplatz, Gaststätte.
Beschreibung: Kleiner Campingplatz am Hang, Rasen-Stellplätze, mit Hecken unterteilt, ruhige Lage im Grünen.
Preis: WOMO 11 €, Person 6 €, Kind bis 14 Jahre 3,50 €, Strom 3,50 €.
Anfahrt: Von Mettingen in Richtung Recke, 300 Meter hinter Autohaus/ Feuerwehr links in Schwarze Straße, nach 1 km auf linker Seite.

(138) Offizieller WOMO-Stellplatz: Mettingen Hallenbad

GPS: N 52°19'03.2" E 7°46'58.8", Nordhausener Straße.
Max. WOMOs: 2.
Ausstattung: Keine.
Beschreibung: Parkplatz auf der Rückseite des Bades, kleine Rasenfläche, umgeben von Bäumen und Gärten, etwas schräg, zentral.
Preis: Kostenlos.
Anfahrt: An der Straße zwischen Recke und Westerkapplen, nach dem Aldi zweite links, dann zweimal rechts, Zufahrt ist eng.
Hinweis: 200 Meter zum Schultenhof (vor den Bahngleisen rechts, nächste links), von dort über gegenüberliegenden Platz und Burgstraße zur St. Agatha Kirche (500 Meter).

Mit **Westerkappeln** erreichen wir die nordöstliche Ecke unserer Tour. Seine Sehenswürdigkeiten liegen etwas verstreut. Der **Kulturhof Westerbeck** befindet sich nördlich an der Straße nach Bramsche. Unter dem Thema „Begegnung von Natur und Kultur" finden auf einem historischen Hof mit parkähnlichem Grundstück Kunstausstellung und Sonntagskonzerte im Galeria-Café statt (GPS N 52°19'53.0" E 7°52'09.4"). Kurz vor Lotte befindet sich das **Traktorenmuseum Westerkappeln** mit urigem Bauerncafé. Im historischen Gebäude werden alte Schmuckstücke und Feldmaschinen in drei Hallen gezeigt. Im Café gibt es selbstgemachten Kuchen und frisch gebackenes Brot (April - Okt. Sa/So/Feiertag 10:00-18:00, 2,50 €, Kind 1 €, Café Sa/So 12:00-18:00).

Im Norden von Westerkappeln liegt das Natur- und EU-Vogelschutzgebiet **Düsterdieker Niederung**. Es schützt vor allem Feuchtwiesen mit Brachvögeln, Orchideen und Schmetterlingen, aber auch bewaldete Bereiche und Heide. Der beschilderte Radweg „Kiebitzroute" führt über 25 Kilometer um und durch das Naturschutzgebiet.

Weite in der Düsterdiecker Niedrung

Die Sloopsteine

Die **Sloopsteene** sind ein **Megalithgrab**, etwa 4000 Jahre alt und 24 mal 8 Meter groß. Die Steine befinden sich nicht mehr in den ursprünglichen Positionen (GPS N 52°19'17.2" E 7°54'36.8", Parken am Straßenrand). Wer von hier aus dem Straßenverlauf folgend nach Norden wandert und nach der 90°-Kehre auf den ersten Pfad nach links abbiegt, kann den **Niedrighaussee** umrunden (4,5 km). Außerdem startet hier die Teutoschleife **Sloopsteener Seerunde** (6,7 km, beschildert).

Das Dorf **Wersen** gehört zu Lotte. Im Zentrum steht die spätromanische Pfarrkirche von 1271. Von der alten Brinkenburg ist nur noch ein Mauerrest erhalten, an ihrer Stelle stehen heute mehrstöckige Wohnhäuser. Die Düte trieb mehrere Wassermühlen an, von denen drei erhalten sind.

Die Mühlen von Wersen

Die funktionsfähige Mühle Bohle ist über 300 Jahre alt und wird vom Heimatverein Wersen betreut. Bereits im 13./14. Jahrhundert existierte hier eine Kupfermühle, die einen Kupferhammer zur Verarbeitung des Metalls antrieb. Später wurde eine Walk- und Bokemühle gebaut. Beim Walken werden frisch gewebte Stoffe gereinigt und an der Oberfläche verfilzt, wodurch sie dichter und weicher wurden, Boken bedeutet das Aufschlagen der harten Schalen von Hanf oder Flachs, um leichter an die Fasern zu kommen. Dann wurde sie als Doppelmühle für Korn und Öl und schließlich bis 1975 als Sägemühle eingesetzt. Die Mühle kann bei Führungen besichtigt werden.
Die Mühle Kluth aus dem 13./14. Jahrhundert dient heute als Wohnhaus.
Die Kornmühle Tüchter ist ein dreistöckiges Ziegelgebäude mit dem Wappen der Tecklenburger Grafen.

Rundweg Wersen's Mühlen, 3,9 km

Parken GPS N 52°18'48.2" E 7°56'26.5" (Rampe evtl. schwierig für WOMOs mit langem Überhang). Wir gehen zurück zur Westerkappelner Straße und dort nach rechts. Nach links biegen wir in

oben Mühle Bohle, unten Mühle Tüchter

die Poststraße ein und wieder links auf den Alten Mühlenweg. Der Hof zur Rechten ist von einem Mauerrest der Brinkenburg begrenzt, die Mühle Kluth sehen wir nur von außen. An einer Verzweigung des Mühlenwegs halten wir uns links und kommen zur Kornmühle Tüchter. Vor der Mühle überqueren wir die Brücke. An der Querstraße gehen wir links und oberhalb von Wiesen an der Düte bis zur Kreuzung mit der Vorfahrtsstraße. Hier biegen wir rechts ab, nach 100 Metern links in die Bergstraße und sofort hinter den Gleisen links in den Mühlengrund. Das letzte Haus auf der anderen Gleisseite war früher der Wersener Bahnhof, an dem ab 1903 die Schmalspurbahn „Pingel Anton" zwischen Osnabrück und Rheine anhielt und mit etwa 30 km/h weiterzockelte. Wir spazieren durch das beschauliche Tal oberhalb der Düte und biegen bei einem Heiligenstock nach links ab. Vorbei am Backhaus geht es hinunter zur Mühle Bohle mit Picknickbank. Wir folgen dem Weg an der Mühle vorbei bis zur nächsten Querstraße. Dort nach links und an einer Verzweigung links treffen wir auf die Halener Straße, die uns nach links zurück zum WOMO bringt.

Zwischen Wersen und Lotte liegt der Campingplatz Bullerby auf der linken Seite der A1.

(139) WOMO-Campingplatz: Osnabrück - Bullerby

GPS: N 52°18'00.3" E 7°56'28.4", Zum Attersee 50. **Tel.:** 0541 124147.
Geöffnet: Ganzjährig.
Ausstattung: Schmaler Sandstrand, großer Spielplatz, Bootsverleih, Gaststätte (aktuell geschlossen).
Beschreibung: Landschaftlich schön am Seeufer, der ansonsten rundum mit Bäumen bewachsen ist, aber auch nachts laut wegen der Lage direkt an Autobahn A1 und Eisenbahnlinie, Touristenplätze überwiegend auf Wiese ohne Hecken/Bäume, teilweise mit Seeblick.
Preis: WOMO + 2 Pers. 19 €, Person 5 €, Kind bis 14 Jahre 2,50 €, Strom 1 € plus Verbrauch, Duschen/Warmwasser gegen Gebühr.
Anfahrt: In Wersen auf die Westerkappelner Straße Richtung Büren, nächste rechts „Zum Attersee", Beschilderung folgen.

Haus Hehwerth mit der Flotten Lotte

Lotte ist vor allem durch Staumeldungen auf der A1 bekannt. Im Zentrum steht Haus **Hehwerth**, ein westfälisches Hallenhaus in Zweiständerbauweise von 1858 und heute Begegnungsstätte. Die kleine Evangelische Kirche Lotte wurde 1315 eingeweiht und weist einen schiefen Turm auf (GPS N 52°16'33.1" E 7°54'58.7").

(140) WOMO-Stellplatz: Lotte - Tennishalle

GPS: N 52°16'19.4" E 7°55'21.9", Kornweg. **Max. WOMOs:** 3.
Ausstattung: Keine.
Beschreibung: Schotterplatz hinter der Tennishalle am Ortsrand, auf dem WOMOs bisher geduldet werden, mit Blick in die Felder, nah am Autobahnkreuz Lotte/Osnabrück.
Anfahrt: Richtung Stadion, P3.

(141) Offizieller WOMO-Stellplatz: Lotte Familie Arendröwer

GPS: N 52°15'47.0" E 7°53'54.7", Am Nordberg 4. **Max. WOMOs:** 4.
Ausstattung: Wasser und Strom gegen Gebühr.
Beschreibung: Stellplätze bei Bauernhof im Grünen, auf Wiese mit einzelnen Bäumen, von zwei Waldgebieten umgeben, ruhige Lage trotz Autobahnnähe.
Preis: 12 €.
Anfahrt: Von Lotte Richtung Tecklenburg, nach der Autobahnüberquerung 1. links, dann 1. links. Tel.: 05456 1380.

Das ruhige und charmante Dorf **Leeden** liegt schon in den Ausläufern des Teutoburger Waldes und am Jokobs Pilgerweg. Hier wurde 1240 das dritte Kloster der Zisterzienserinnen im Tecklenburger Land gegründet und bestand als Stift bis 1812. Neben der kleinen Stiftskirche aus dem 13. Jahrhundert beherbergt das ehemalige Stiftshaus ein Museum zur Geschichte des Klosters. Dahinter liegt der neugestaltete Dorfplatz mit Skulpturengarten und Wassertretbecken (Parken s. Stellplatz).

Stiftskirche Leeden

Spaziergang auf dem Jakobsweg, 1,8 km

Vom Stellplatz gehen wir zur Durchgangsstraße und dort nach rechts. An der Gastwirtschaft „Zur Post" überqueren wir die Straße und den Parkplatz

der Gaststätte, in dessen rechter Ecke eine Treppe hoch führt. Vor einem Wirtschaftsgebäude entlang kommen wir zum Wald und folgen jetzt dem Pfad, der sich in Serpentinen aufwärts schlängelt. Nach einem kurzen, steilen Aufstieg haben wir den Kamm des Fangberges erreicht und spazieren jetzt gemütlich

durch den Wald. Schließlich erreichen wir einen Inschriftenstein. Hier spazieren wir nach links zu einer Bank am Waldrand mit Aussicht über Leeden und das Tal. Zurück gehen wir auf gleichem Weg.

(142) Offizieller WOMO-Stellplatz: Tecklenburg Stiftskirche Leeden

GPS: N 52°12'49.8" E 7°52'55.9", Stift.
Max. WOMOs: 3.
Ausstattung: Keine.
Beschreibung: Schotterplatz am Ortsrand im Grünen, ruhige Lage, umgeben von Hecken und Bäumen und mit Grünstreifen unterteilt.
Preis: Kostenlos.
Anfahrt: Von Natrup-Hagen kommend an der ersten Kreuzung rechts in die Rosenstraße, Straße durch den Ort folgen, am Ende links, nächste rechts und sofort links.
Hinweis: Im Umkreis von 100 Metern sind Stiftskirche, Dorfplatz und drei Restaurants, zum Bäcker sind es 250 Meter (vorbei an Stiftskirche durch Park, Rosenstraße rechts).

(143) WOMO-Campingplatz: Tecklenburg Regenbogen Tecklenburg

GPS: N 52°13'44.9" E 7°53'25.4", Grafenstraße 31. **Tel.:** 0431 2372370.
Geöffnet: Mitte März bis Anfang Oktober.
Ausstattung: Ritterspielplatz, Restaurant, Innen-/Außenschwimmbecken (aktuell defekt).
Beschreibung: Großer Platz am Waldrand, wobei einzelne Bereiche mit Waldstreifen unterteilt sind, Sanitärgebäude etwas in die Jahre gekommen, Fest- und Touristencamper gemischt, Parzellen ohne Abtrennung, nur einzelne Bäume bei den Parzellen, im Eingangsbereich Wohnmobilstellplätze auf Wiesenstreifen mit Bäumen.
Preis: 21 – 36 € WOMO inkl. 2 Erwachsene auf dem Campingplatz.
Anfahrt: An der Strecke zwischen Lotte und Leeden, beschildert.

Mit **Lengerich** haben wir die Südwestseite des Teutoburger Waldes erreicht. Hier lohnt sowohl ein Besuch der Innenstadt wie auch des Parkgeländes am nordwestlichen Stadtrand.

Im Mittelalter wurde Lengerich wegen des heilenden Wassers des Margaretenbrunnens zum Ziel von Wallfahrten. Als Ort der Vorverhandlungen zum Westfälischen Frieden trat Lengerich 1645 kurz auf den Schauplatz europäischer Politik.

Friedensreiter, Römer, Brunnen „Der Zwischenfall“

Im Zentrum steht die evangelische **Stadtkirche** aus dem 14. und 15. Jahrhundert, im Inneren der spätgotischen Hallenkirche trägt ein einziger Pfeiler das Gewicht der Gewölbe von Haupt- und Seitenschiff. Der Kirchplatz wird im Südosten vom **Römer** bewacht, einem Torhaus aus dem Mittelalter. Nachdem es im Laufe der Jahrhunderte als Rathaus, Gefängnis, Lager, Klassenraum und Wohnraum genutzt wurde, beherbergt das Gebäude heute ein Restaurant. Auf der anderen Seite des Tordurchgangs liegt der Rathausplatz mit dem **Alten Rathaus** von 1897 und der **Friedensreiter-Skulptur** zur Erinnerung an die Verkündung des Westfälischen Friedens nach dem Dreißigjährigen Krieg 1648. Am Ort des Margaretenbrunnens südlich des Rathauses, der nach zwei Todesfällen zugeschüttet worden war, seht die Skulptur „Der Zwischenfall“. Die beiden Türmchen, die man von der Stadt aus vor dem Teuto sieht, gehören übrigens zum Hauptgebäude der LWL-Klinik Lengerich, einer psychiatrischen Klinik. WOMOs parken am besten hinter dem Feuerwehrhaus (Parken s. Stellplatz).

(144) WOMO-Stellplatz: Lengerich - Feuerwehrhaus

GPS: N 52°11‘27.8“ E 7°51‘08.7“, Bergstraße. **Max. WOMOs:** 2.
Ausstattung: Keine.
Beschreibung: Großer Schotterplatz hinter dem Feuerwehrhaus, nah zum Zentrum, umgeben von Bäumen, ruhige Lage auch nachts, denn die Bahngleise sind nur für Personenverkehr.
Anfahrt: An der Straße nach Tecklenburg, hinter der Feuerwehr.
Hinweis: 250 Meter zur Stadtkirche. **Zum Parkplatz Skulpturen-/Hortensienpark:** Vor den Bahngleisen auf Fußweg nach links, Straße überqueren und geradeaus weiter auf „An der Waldeisenbahn“, nächste rechts in „Mühlenweg“ (1 km). **Zum Canyon:** Durch das Gelände des Hortensienparks und auf dem Forstweg weiter nach Westen (plus 800 Meter).

(145) WOMO-Stellplatz: Lengerich - Hallen-/Freibad

GPS: N 52°10'34.4" E 7°51'06.6", Am Hülsbach. **Max. WOMOs:** 3.

Ausstattung: Keine.

Beschreibung: Gepflasterter Parkplatz, von Bäumen umgeben und einzelne Bereiche durch Bäume unterteilt, ruhige Lage am Ortsrand mit Blick ins Grüne.

Anfahrt: Vom Zentrum Richtung Ladbergen, links auf den Südring Richtung Lienen, 1. Abfahrt in Richtung Stadt, 4. links, 1. links.

(146) WOMO-Campingplatz: Lengerich Auf dem Sonnenhügel

GPS: N 52°11'18.9" E 7°48'16.1", Zur Sandgrube 40. **Tel.:** 05481 6216.

Geöffnet: Ganzjährig.

Ausstattung: Badestrand an flacher Bucht des Sees, großer Spielplatz, Trampolin, Gaststätte und Biergarten.

Beschreibung: Stellplätze auf Wiese, teilweise durch Hecken unterteilt, einzelne mit Seeblick, kein Schatten, im hinteren Bereich einzelne Bäume, hinterer Bereich der Badebucht mit Seerosen bedeckt.

Preis: WOMO 8 – 10 €, Person 4,50 €, Kind bis 16 Jahre 2,50 – 3,50 €, Strom 3 €, Rabatt bei 7 Tagen Aufenthalt.

Anfahrt: Von Lengerich auf der Straße „Südring" Richtung A 1, letzte Ausfahrt vor Autobahn rechts ins Gewerbegebiet, am Kreisverkehr rechts, nächste rechts in Antruper Straße, nach Unterfahrung des Südringes 3. rechts, dann 1. links.

Hinweis: Am Südrand des Sees liegt der kleinere Camping „Sonnenhügel am See" mit wenigen Touristenstellplätzen, seine Zufahrt ist von Süden.

Im Lengerichs **Park am Fuße des Teutos** befinden sich ein **Skulpturenpark**, die kleine Friedhofskapelle am Waldrand und der große **Hortensiengarten**, wo die Büsche im Halbschatten farbenprächtig blühen (Eintritt frei). Hier liegt außerdem der **Canyon**, ein ehemaliger Steinbruch, der eine Schlucht mit steilen Felswänden und blauem See bildet. Drei Aussichtsplattformen bieten einen Überblick (Parken GPS N 52°11'51.2" E 7°50'41.3", Straße bis zum Ende des Wendehammers folgen, dort rechts zum Park, links zum Canyon).

Der Canyon in Lengerich

Vor 5000 Jahren von Menschen geschaffen: Megalithgrab Wechte

In Lengerich sind auch die historischen Züge des **Teuto-Express** beheimatet. Mit ihnen werden Fahrten nach Lüneburg und von Ibbenbüren nach Dörenthe durchgeführt. Außerdem werden zweitägige Seminare mit theoretischen Infos und praktischem Fahren einer Dampflok angeboten (329 €/Person). Infos zu Fahrterminen und Preisen gibt es unter www.eisenbahn-tradition.de.

Gut Erpenbeck ist ein ehemaliger Gräftenhof mit einer gut erhaltenen Wassermühle. Im Hofladen können Erzeugnisse wie Spargel, Wurst- und Fleischwaren, Marmelade und mehr erworben werden.

Kurz vor Tecklenburg liegt im Ortsteil **Wechte** ein steinzeitliches Megalithgrab. Es ist etwa 5000 Jahre alt und wurde teilweise rekonstruiert. Dabei wurden Steine, die zu einem zweiten, kleineren Grab gehörten, in das große Grab eingebaut (GPS N 52°12‘28.1“ E 7°47‘32.5“, Parken entlang der Straße oder an der gegenüberliegenden Kirche möglich, nicht für große WOMOs).

Mit **Tecklenburg** erreichen wir ein touristisches Highlight mit entsprechend vielen Besuchern. Der Ort ist an den Hängen des Teuto erbaut, schmiegt sich an den Burgberg mit der Burgruine und verfügt über eine besonders gut erhaltene Bausubstanz. Deshalb wird es auch schonmal westfälisches Rothenburg genannt. Sich selbst gibt die Stadt mit 9.000 Einwohnern den Beinamen „Die Festspielstadt“.

Torhaus der Tecklenburg

Burg Tecklenburg

Die Burg wurde wahrscheinlich gegen 1100 errichtet, um den wichtigen Handelsweg Lübeck – Bremen – Münster – Köln zu überwachen und Zölle zu fordern. Ende des 12. Jahrhunderts galt die Burg als mächtigste Höhenburg Norddeutschlands. Im 16. Jahrhundert wurde sie im Zusammenhang mit der Reformation ausgebaut und Teile der Stadt abgerissen, um freie Schussbahn nach Norden zu haben. Dann jedoch verfiel die Burg und sie wurde als Steinbruch verwendet. Viele Stücke sind heute über Tecklenburg verstreut, wie der prächtige Kamin im Hotel Drei Kronen und Dekor der Brückenpfeiler in Haus Marck. Erst gut 200 Jahre später wurde der Raubbau gestoppt und die Ruine zumindest bewahrt. Seit 1927 dient der Burghof als Freilichtbühne. Das alte Zentrum des Ortes blieb weitgehend erhalten.

Vom Burggelände hat man eine fantastische Aussicht aufs Umland, auch ohne den meist geschlossenen **Wierturm**, den gemauerten **Aussichtsturm** auf der Burg, zu besteigen. Tecklenburg bietet einige weitere Sehenswürdigkeiten. Der **Bismarckturm** am westlichen Stadtrand wurde 1909 als Aussichtsturm auf dem Stumpf einer Windmühle gebaut. Das **Otto Modersohn Museum** zeigt Werke eines der bekanntesten deutschen Landschaftsmaler im Übergang 19./20. Jahrhundert, der auch in Tecklenburg lebte und arbeitete (täglich 10:00-18:00, 6 €, Schüler/Studenten 4 €, bis 14 Jahre frei). Zum

Aussicht vom Torhaus der Tecklenburg

Wierturm auf der Tecklenburg

Puppenmuseum führen vom Marktplatz aus bunte Pflastersteine mit Puppenkopf. Die ältesten Puppen sind etwa von 1875, außerdem werden Exponate und Zimmer zum Thema bäuerliches Wohnen und Leinenproduktion gezeigt (April-Okt. Di, Do, Sa/So 14:00-17:00, im Winter nur Sa/So). Nach soviel Kultur kann das **Waldfreibad** mit Kinder- und Schwimmerbecken, Sprungturm und Liegewiese nördlich der Stadt im Sommer Abkühlung versprechen (Mai-Sept. 3,50 €, Kind 2,50 €, Familie 8 €). Auch der **Kurpark mit Kräutergarten** bietet Abwechslung im Grünen. Eine weitere Hauptattraktion von Tecklenburg sind die bereits erwähnten **Festspiele**, die Angebote aus vielen verschiedenen Genres bieten. Das Wasserschloss **Haus Marck** aus dem 14. Jahrhundert ist in Privatbesitz und kann nicht besucht werden.

(147) Offizieller WOMO-Stellplatz: Tecklenburg Bismarckturm

GPS: N 52°13‘16.7“ E 7°47‘57.3“, Am Weingarten 48. **Max. WOMOs:** 5.

Ausstattung: Keine.
Beschreibung: Stellplätze am Rand des asphaltierten Parkplatzes, der an Rand und Mittelstreifen viele Bäume aufweist, in der Hauptsaison ist der Parkplatz oft von PKWs voll belegt, so dass kein Platz mehr bleibt.
Preis: 4 €.
Anfahrt: Von Tecklenburg Richtung Ibbenbüren, am Ortsende auf der rechten Seite, beschildert P5.
Alternative: Parkplatz am Bahnhof, GPS N 52°12‘59.0“ E 7°48‘03.2“.

Stadtrundgang Tecklenburg, 2,6 km

Von der Durchgangsstraße am Stellplatz gehen wir Richtung Tecklenburg. Am Bismarckturm vorbei erreichen wir den Parkplatz am Münsterlandblick. Schräg gegenüber steigen wir auf zur Jugendherberge hoch, bleiben an der Verzweigung rechts und gehen durch den kleinen Park nach links hoch. Vor der Umfassungsmauer der Burg gehen wir nach rechts und steigen dann über Stufen hoch zum Burggelände mit dem Wierturm. Es lohnt auch der Blick nach Norden von der gegenüberliegenden Burgseite, dann verlassen wir das Gelände durch die Freilichtbühne und das Burgtor. Die Schlossstraße nach rechts führt uns vorbei an Fachwerkhäusern, Restaurants, Souvenirgeschäften und dem Otto Modersohn Museum zum kleinen Marktplatz. Rechts in der Krummacherstraße sind Schiefes Haus und Krummacherhaus zu sehen. Die Landrat-Schultz-Straße gegenüber bringt uns zur evangelischen Kirche St. Georg, hinter der sich der Kurpark erstreckt. Hier liegt das Puppenmuseum nach rechts. Nach links durch die Ibbenbürener Straße treten wir unseren Rückweg an. An zwei T-Kreuzungen gehen wir rechts zurück zum Parkplatz P5.

(148) WOMO-Campingplatz: Tecklenburg Am Knoblauchsberg

GPS: N 52°12‘50.3“ E 7°49‘14.5“, Königstraße 8. **Tel.:** 05482 396.
Geöffnet: Ganzjährig.
Ausstattung: Außen-Schwimmbecken, Gaststätte, Brötchen-Service.
Beschreibung: Ruhige Lage im Grünen unterhalb von Tecklenburg, Wiesenbereich für Touristencamper, Hecken/Bäume nur im Randbereich, das gesamt Gelände ist leicht schräg, Böcke sind notwendig.
Preise: WOMO 6 €, Person 4 €, Kind 2 €, Strom 2 €, inklusive Dusche.
Anfahrt: Von Leeden kommend nach der Autobahnunterführung an der Vorfahrt-Achten-Kreuzung nicht rechts in die Stadt, sondern geradeaus.

Bei Ledde gibt es zwei weitere Stellplätze: Auf dem Bioland-Hof Windmühlenhof Neyer gilt die Jahresvignette von Landvergnügen [**149**: GPS N 52°14‘43.2“ E 7°49‘41.6“, 29,90 €], bei Kemkens Landgasthaus mit westfälischer Küche dürfen Gäste über Nacht bleiben [**150**: GPS N 52°14‘53.0“ E 7°51‘34.1“].

Das beschauliche **Brochterbeck** wurde 1985 Bronzedorf bei „Unser Dorf soll schöner werden“. Rund um den Mühlenteich liegen sehr hübsch mehrere Fachwerkhäuser, die Alte Ölmühle und der Dorfplatz mit Grünflächen und Kneippbecken (Parkplatz GPS N 52°13‘30.4“ E 7°44‘53.5“). Das empfehlenswerte Teutoschleifchen Brochterbecker Landpartie startet am Parkplatz (4,5 km/ 110 Höhenmeter).

Zurück über Lengerich nach Lienen können wir jetzt auf Tour 9 den mittleren Teutoburger Wald erkunden.

Mühlenteich Brochterbeck

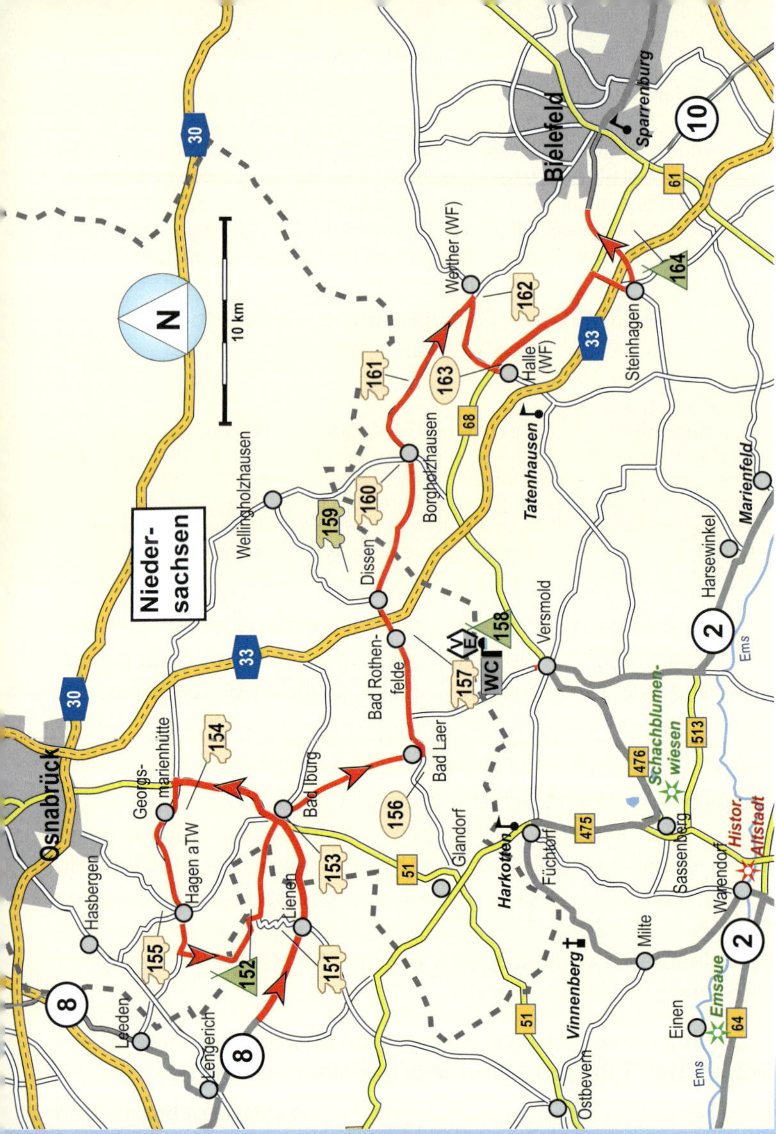

Osnabrück
Nieder-
sachsen
N
10 km
Bielefeld
Sparrenburg
Hasbergen
Georgs-
marienhütte
Hagen aTW
Lienen
Bad Iburg
Bad Laer
Glandorf
Bad Rothen-
felde
Dissen
Wellingholzhausen
Borgholzhausen
Werther (WF)
Halle
(WF)
Steinhagen
Tatenhausen
Versmold
Harsewinkel
Marienfeld
Harkotten
Füchtorf
Sassenberg
Schachblumen-
wiesen
Warendorf
Histor.
Altstadt
Milte
Vinnenberg
Einen
Emsaue
Ems
Ostbevern
Lengerich
Leeden
WC

TOUR 9 — 95 km

Teuto Mitte – Weite Aussichten

Lienen – Bad Iburg – Georgsmarienhütte – Hagen am TW Bad Laer – Bad Rothenfelde – Dissen – Borgholzhausen Werther – Halle – Steinhagen

Stellplätze:	Lienen, Bad Iburg, Georgsmarienhütte, Bad Laer, Bad Rothenfelde, Dissen, Borgholzhausen, Werther, Halle
Campingplätze:	Bad Rothefelde, Steinhagen/Bielefeld
Besichtigen/ Stadtrundgang:	Bad Iburg, Bad Laer, Bad Rothenfelde, Werther, Halle
Spaziergang/ Wandern:	Georgsmarienhütte, Hagen Almhütte, Dissen Fernsehturm Steinegge und Rehquelle, Burg Ravens berg, Wasserschloss Tatenhausen, Leberblümchen am Jakobsberg

Kleine Städtchen und Kurorte mit hübschen Entdeckungen liegen auf unserer Tour und es lohnt sich, die Zentren oder Parks in Ruhe zu besichtigen und zu genießen. Am beeindruckendsten fanden wir jedoch die Aussichten, die sich immer wieder ergaben von den Hängen des Teutoburger Waldes oder von den Aussichtstürmen, die meistens zu Fuß zu erreichen sind. Gerade zu Zeiten, wenn sich bei den südlicheren bekannten Hightlights des Teuto die Touristen tummeln, hat uns diese Tour mit ihrer beeindruckenden Landschaft und den beschaulichen Orten überzeugt!

Von Nordwesten bis Bielefeld gehört der Teutoburger Wald zusammen mit dem nördlich gelegenen Wiehengebirge zum Natur- und Geopark TERRA vita. Er umfasst etwa 1500 Quadratkilometer und gehört zum Geopark-Netzwerk der UNESCO. Die Parkverwaltung beschildert Wanderwege als terra.tracks und betreut Sehenswürdigkeiten.

Aussicht vom Luisenturm übers Münsterland

Aussicht vom Malepartus

Wir starten in dem kleinen Ort **Lienen** am Südhang des Teutoburger Waldes. Im Ort selbst gibt es den hübschen **Barfußpark** rund um einen kleinen Teich mit einem 1000 Meter langen Rundweg über verschiedene Bodenbeläge und durch Wasser sowie einen Wasserspielplatz (Parken am nördlichen Ortsrand GPS N 52°08‘52.9“ E 7°58‘33.6“, Fußweg folgen, 2. links). Die Straße am Parkplatz vorbei führt hoch zum Waldrand mit Wohnmobilstellpatz und Hallenfreibad sowie um einige Kehren über den Teutokamm, wo es rechts abgeht zur **Almhütte Malepartus** mit Außenterrasse und grandiosem Weitblick.

(151) Offizieller WOMO-Stellplatz: Lienen, Am Hallenfreibad

GPS: N 52°09‘17.6“ E 7°58‘14.0“, Holperdorper Str. 37. **Max. WOMOs:** 10.

Ausstattung: Keine.
Beschreibung: Großer, langgestreckter Schotterplatz mit Hecke und Bäumen, Parkmöglichkeiten an beiden Seiten, viel Platz und sehr ruhig.
Preis: Kostenlos.
Anfahrt: In Lienen Richtung Holperdorp/Malepartus/Hallenfreibad.
Hinweis: Zum Malepartus führt ein schöner Spaziergang mit einigen Höhenmetern: an der Holperdorper Straße nach links, hinter den Häusern am Waldrand rechts, bei der nächsten Wegekreuzung beschildert links hoch zum Malepartus, unterhalb der Terrasse schräg links hoch (1,3 km / 70 Hm eine Richtung).

(152) WOMO-Campingplatz: Lienen - Eurocamp

GPS: N 52°10‘03.3“ E 7°59‘01.4“, Holperdorp 44 **Tel.:** 05483 290
Geöffnet: Ganzjährig.
Ausstattung: V/E, großer Spielplatz mit langer Seilrutsche und Wasserspielplatz, Gaststätte Holperstübchen.
Beschreibung: Nicht parzellierte Plätze auf Wiese und entlang an Hecken und Bäumen.
Preis: Stellplatz 7 €, Person 5 €, Kind bis 16 Jahre 3 €, PKW 2 €, Strom 3 €, Dusche 0,5 €.
Anfahrt: Von Lienen Richtung Holperdorp, nach der Serpentinenstraße links und nächste rechts.

Schloss Iburg über dem Charlottensee

Entlang der Südseite des Teuto fahren wir weiter nach **Bad Iburg**, einem beliebten Kneippkurort mit Kurpark am See, Baumwipfelpfad, Altstadt und dem über allem thronenden Schloss. Von Lienen kommend führt die B 51 unterhalb des Schlosses am WOMO-Platz vorbei zum Kurpark und zum dortigen großen Parkplatz (GPS N 52°09'34.0" E 8°02'16.3", kostenpflichtig).

Schloss Iburg thront hoch über dem Kurpark und der Stadt. Der Zugang zum Schloss liegt auf der Stadtseite, vom Park führen Fußwege auf beiden Seiten am Hang des Schlossbergs entlang zu Altstadt und Schloss (Schlossmuseum Fr/Sa/So 14:00-17:00 3 €, Rittersaal Mai–Okt. 14:00-16:00, 1 € und im Rahmen von Führungen, 4 €.

Schloss Iburg

1070 wurde auf dem Felssporn eine Burg gebaut, in der zehn Jahre später ein Benediktinerkloster gegründet wurde. Über 6 Jahrhunderte war die Burg, später Schloss, Wohnsitz der Bischöfe von Osnabrück. 1668 wurde Sophie Charlotte, erste Königin von Preußen, im Schloss geboren. Vier Jahre später wurde die Bischofsresidenz in das neugebaute, städtischere Osnabrücker Schoss verlegt. Das Benedikitinerkloster hatte Bestand bis 1803. Heute wird das Schloss genutzt von verschiedenen Behörden und der Polizei. Zwei Kirchen erheben sich zwischen den Klostergebäuden, die nach außen herausragende Schlosskirche und die zwischen die Trakte gebaute Pfarrkirche. Besonders bemerkenswert ist der Rittersaal, dessen gemalte Decke scheinbare Balustraden und Höhe vortäuscht. Am südlichen Hang wurde der historische Knotengarten wiederhergerichtet.

Turm des Baumwipfelpfades

Östlich der Burg lohnt ein Spaziergang durch die schmalen Straßen der Altstadt mit vielen Cafés sowie dem Uhrenmuseum.

Am Handwerkerbrunnen

Der **Kurpark** erstreckt sich rund um den Charlottensee, der auf der Westseite zu Füßen des Schlosses liegt. Vom Aussichtspunkt westlich des Sees führt eine breite Fußgängerbrücke über die B 51 zum Baumwipfelpfad. Auf 450 Metern Gesamtlänge ermöglicht er Einblicke in den Kronenbereich des alten Laubwaldes, im zugehörigen Treppenturm gibt es einen Aufzug (ganzjährig 9:30/10:00-16:00/17:30, 8 €, Kind 6-17 Jahre 4 €, Kind 0-5 Jahre frei, Familie bis 4 Kinder bis 17 Jahre 22 €).

Vorm Turm des Baumwipfelpfades nach rechts gelangt man zum Waldkurpark und Gourmetrestaurant im Jagdschloss.

Dazwischen, am Wassertretbecken, startet der **Bad Iburger GesundheitsPfad „barfuß wanderfit“**, einer von vier Gesundheitspfaden im Osnabrücker Land. Drei verschiedene Streckenlängen von 1,4/ 2,2/ 3,2 Kilometern verlaufen auf unterschiedlichen Bodenbelägen, Waldboden, Rindenmuch, Asphalt, Schotterrasen und wassergebundene Wegdecke, und haben ein oder zwei Wassertretstellen und zwei bis fünf Barfuß-Übungen. Am Start können Schuhe eingeschlossen oder sicherheitshalber mitgenommen werden, falls die Füße doch weh tun.

Vor dem Turm nach links am Waldrand Richtung Parkplatz sind an einigen Seen lauschige Wege angelegt mit schönen Sitzgelegenheiten, auch Teil des Barfußweges.

Ein See am Barfußpfad südlich des Baumwipfelpfades

(153) Offizieller WOMO-Stellplatz: Bad Iburg

GPS: N 52°09‘25.3“ E 8°02‘24.8“ , Charlottenburger Ring.
Max. WOMOs: 10.
Ausstattung: Keine.
Beschreibung: Schotter- und Wiesenfläche am Fuß der Burg, schön mit Bäumen gerahmt, etwas laut durch die B51, ideale Lage für die Besichtigung von Bad Iburg.
Preis: 8 €.
Anfahrt: An der B 51 gegenüber vom Waldhotel Felsenkeller.

Rundgang Bad Iburg, 2 km

Vom Stellplatz gehen wir über den anschließenden Parkplatz. An dessen rechtem Ende biegen wir rechts auf den Fußweg und beim zweiten Abzweig rechts. Wir spazieren jetzt am Hang des Schlosses Burg zum Knotengarten. Vor dem Garten links hoch über die Serpentine oder die Stufen erreichen wir das Schloss Iburg. Hier nach rechts gehen wir auf der Schlossstraße hinunter in die Stadt und biegen rechts in die Rathausstraße ab. Vorbei am schmalen Fachwerkhaus der „Iburger Geschichte“ biegen wir die nächste links ab und kommen zur Fleckenkirche aus dem 14. Jahrhundert und zum Handwerkerbrunnen. Hier nach links spazieren wir über den Hanseplatz mit vielen Cafés, vorbei an Haus Wedekämper mit auffälligem Risalit. Am Hanseplatz können wir einen Abstecher nach rechts unternehmen zum Uhrenmuseum (T-Kreuzung links, nächste rechts). Alternativ setzen wir unsere Runde fort nach links und nächste rechts in die Beckerteichpforte. Bei der Eisdiele biegen wir links ab in den Park. Das hier als Kneipp-Erlebnispark gestaltete Gelände bietet Fontänen, Wassertretstelle und weitere Aktionsmöglichkeiten. Wir treffen auf den Charlottensee, umrunden ihn und sollten auf jeden Fall hoch zum Aussichtpunkt am Beginn der breiten Fußgängerbrücke spazieren. Hier können wir über die Brücke geradeaus Richtung Baumwipfelpfad laufen und dort den Barfußpfad oder die Pfade rund um die Seen erkunden oder auf dem Fußweg zwischen Seeufer und B51 zurück zum Stellplatz gehen.

Von Bad Iburg lohnt es, einen Abstecher auf die Nordseite des Teutohauptkammes zu unternehmen in die ruhigeren Orte Georgsmarienhütte, Hagen und Holperdorp.

Nach dem Pass der B51 befindet sich rechts ein großer Parkplatz. Hier steht der **Hermannsturm** am Berg. 21 Meter hoch und 1975 gebaut aus Stahlbeton ersetzte er den fast 80 Jahre alten „Eisernen Hermann“. Nach mehrjähriger Sperrung ist der Hermannsturm inzwischen wieder renoviert und geöffnet. Zu Fuß sind auf nur 1,5 Kilometern steile 120 Höhenmeter zu überwinden (GPS N 52°10‘54.2“ E 8°03‘50.9“, entlang der B 51 50 Meter Richtung Bad Iburg und ersten Abzweig rechts und sofort links hoch in den Wald, an der nächsten Kreuzung links, Hauptweg folgen und bei Wegekreuzung zweimal rechts, Weg um Rechtskurve folgen, nächste Kreuzung links, T-Kreuzung mit dem Hermannsweg links).

Georgsmarienhütte hat sich unübersehbar um eine Eisenhütte entwickelt, heute ein riesiges Stahlwerk (kostenlose Gruppenführungen). Ein Besuch lohnt aber für einen Spaziergang durch den urwüchsig-wilden **Kasinopark** und hoch zum **Varusturm**, einem Betonaussichtsturm und Zwillingsturm des Hermannsturmes, am Hang des Teuto, der aktuell geschlossen ist, nach Renovierung aber wieder geöffnet werden soll. Guter Startpunkt für den Spaziergang ist der WOMO-Stellplatz.

Mit Georgsmarienhütte verbunden und nur 6,5 km westlich liegt die **Gedenkstätte Augustaschacht**. Das Gebäude wurde 1876 als Pumpenstation für das Stahlwerk gebaut und war ab 1939 als Zwangsarbeiter- und Umerziehungslager Ort unermesslichen Leidens (GPS N 52°13'20.7" E 7°59'21.5", Di-Sa 14:00-17:00, So 11:00-17:00, Eintritt frei).

(154) Offizieller WOMO-Stellplatz: Georgsmarienhütte, Schützenhaus

GPS: N 52°12'00.7" E 8°02'26.3", Schützenstraße. **Max. WOMOs:** 3.

Ausstattung: Keine.
Beschreibung: Großer, dreieckiger Parkplatz mit drei ausgewiesenen Stellplätzen am Straßenrand, die aktuell von Containern blockiert werden, schöner sind sowieso die Plätze am Rand unter Bäumen.
Preis: Kostenlos.
Anfahrt: von der B 51 abbiegen Richtung Zentrum, vor Lidl links, vor dem Panoramabad rechts und sofort zweimal links, oben rechts, dann sofort auf der linken Seite.

Spaziergang zu Holsteteich, Kasinopark und Varusturm, 2/ 4,4 km

Vom Stellplatz aus gehen wir die Stufen hinab auf den Parkplatz der Gaststätte, an dieser vorbei und hinter der großen Infotafel mit Speisekarte nach links. Der nächste Pfad rechts runter, beschildert als „Terra track" bringt uns zum Hosteteich, einem langgezogenen kleinen Staubecken mit hübschem Wasserfall und Bänken mitten im wildwuchernden Wald. Wir spazieren an der rechten Seite des Teiches entlang, halten uns an seinem Ende leicht rechts und an der folgenden Kreuzung geradeaus. Nach der Unterführung unter der Parkstraße wandern wir weiter durch dichten Wald zu den beiden Teichen des Kasinoparks. An diesen gehen wir auf der rechten Seite vorbei und umrunden die Teiche vor der Außenterrasse des Restaurants am Kasinopark. Entlang der anderen Seite der Teiche und dann geradeaus kommen wir wieder unter der Parkstraße hindurch.
Jetzt halten wir uns bei einem Abzweig links und bei der Kreuzung geradeaus und spazieren an der anderen Seite des Holsteteiches vorbei. An dessen Ende gehen wir entweder auf bekanntem Weg zum Stellplatz zurück (gesamt 2 km/ 40 Hm), oder laufen hoch zum Varusturm:
Hinweis: Der Varusturm ist aktuell noch geschlossen! Am Ende des Holsteteiches biegen wir rechts ab und wandern 300 Meter aufwärts. Beim

Kleiner Wasserfall am Holsteteich – Kasinopark

querverlaufenden Forstweg biegen wir rechts ab und bei der sofort folgenden Verzweigung links. Jetzt geht es weniger steil aufwärts. Bei der nächsten T-Kreuzung biegen wir noch einmal links ab und können nach einer leichten Rechtskehre die letzten Meter über Stufen zum Varusturm hochsteigen. Vom Turm aus geht es auf dem Forstweg weiter und bergab. Immer geradeaus treffen wir auf eine Straße, die uns nach links zum Stellplatz bringt (ab Holsteteich bis Stellplatz 2,2 km/ 60 Hm).

Mit **Hagen** am Teutoburger Wald erreichen wir eine unaufgeregte Gemeinde in einer flachen Senke des Teutoburger Waldes. Rund um Hagen floriert der Kirschanbau bereits seit dem späten Mittelalter. Ein 2,5 Kilometer langer Kirschlehrpfad informiert über Anbau und Sorten. Er startet am **Kirsch-Informationszentrum** und führt am WOMO-Stellplatz vorbei. Von den Hängen um Hagen bieten sich schöne Aussichten, zum Beispiel am Rastplatz des Kirschlehrpfades am Jägergrund oberhalb des WOMO-Platzes oder bei der Almhütte. Im Ort sind mehrere beeindruckende **Fachwerkbauten** erhalten. Hagen ist außerdem für eine aktive Reiter- und Pferdeszene bekannt.

Fachwerkgehöft in Hagen

Blick vom Rastplatz des Kirschlehrpfades am Jägergrund

In der historischen Töpferei Niehenke kann man an Besichtigungen und Töpferkursen teilnehmen, sie liegt nordwestlich in Richtung Hasbergen.

(155) Offizieller WOMO-Stellplatz: Hagen Am Teutoburger Wald

GPS: N 52°12'12.3" E 7°58'40.2", Zum Jägerberg. **Max. WOMOs:** 15.
Ausstattung: V/E, Strom (Gebühr).
Beschreibung: Schotter- und Pflasterplatz in sehr schöner Lage am Ortsrand, umgeben von Wald, Kirschplantage und Wiesen.
Preis: Kostenlos.
Anfahrt: Von Georgsmarienhütte 1. Kreisverkehr 1. Ausfahrt, 2. Kreisverkehr 2. Ausfahrt, direkt vor drittem Kreisverkehr rechts in den Jägerberg, nach 500 m auf der rechten Seite.

Wanderung zur Almhütte , 2,8 km/ 100 Hm

Parken GPS N 52°11'18.9" E 7°57'46.7", Am Borgberg, Zufahrt teilweise einspurig, Beschilderung der Wanderung: „Ahornweg".
Wir folgen der Straße am Parkplatz um die Rechtskurve und biegen links in die alte Allee ein. Sie führt hoch zur Wassertretstelle und einem weiteren Parkplatz. Kurz vor Ende dieses Parkplatzes biegen wir rechts ab auf einen schmalen Fußweg, der beschildert ist mit „Ahornweg" und auf den ersten 100 Metern etwas zugewuchert sein kann. Dann taucht er in den Wald ein und führt an einer Pferdekoppel entlang. Nach der Rechtskehre am Ende der Koppel führt der Pfad links hoch.

Auf der Holperdorper Straße

Wechselnd moderat und steiler steigen wir durch Mischwald bergauf bis zu einer Kreuzung mit einem Forstweg. Hier biegen wir links ab und folgen jetzt dem Forstweg immer geradeaus bis zur Almhütte. Hier warten Bänke und eine schöne Aussicht über Hagen. Zurück geht es auf gleichem Weg.

Die schönste Strecke von Hagen zurück nach Bad Iburg führt über die gut einspurige Straße durch **Holperdorp**. Hierzu fahren wir zuerst Richtung Natrup-Hagen/A1, nehmen am Kreisverkehr am Gartencenter am Anfang des nächsten Ortes Gellenbeck die dritte Ausfahrt, die Holperdorper Straße und folgen der Beschilderung nach Bad Iburg (zweimal links abbiegen). Eingerahmt von zwei Bergzügen des Teuto liegen die verstreuten Gehöfte von Holperdorp inmitten von Wiesen und kleinen Feldern, pure Vorgebirgs-Idylle!

Weiter führt unsere Tour nach **Bad Laer** – mit Dehnungs-e und gesprochen „Bad Laar“ . Als Soleheilbad ist Bad Laer durchaus gut besucht, trotzdem deutlich ruhiger als andere Badeorte. Hier dreht sich fast alles um die Sole der Quelle „Springmeyers Kolk“ mit 7,2% Salzgehalt, die bereits im 17. Jahrhundert Gäste anzog. Heute kann man im warmen Solewasser baden oder Kurse besuchen im SoleVital und im Solefreibad. Die Quelle befindet sich im **Kurpark**, der rund um einen See angelegt wurde mit üppigen Blumenrabatten, Barfußpfad, Wassertretbecken und kleinem Gradierwerk. In der historischen Mühle wurde die Parkgastronomie eingerichtet.

Nur einen Steinwurf entfernt liegt das historische Zentrum, ein **Doppelrundling** mit einigen erhaltenen Gebäuden rund um die Kirche und dem als Park gestalteten Thieplatz (Parken für nicht zu lange WOMO am Kurpark GPS N 52°06‘18.8“ E 8°05‘16.9“, von dort ins Zentrum: gegenüber der historischen Mühle in die Kesselstraße).

Mariä Geburt, Bad Laer

Nordöstlich von Bad Laer erhebt sich der **Kleine Berg oder Blomberg**, „Blumenberg" benannt wegen der wilden Orchideen, Lerchensporn und Bärlauch, die den Wald im Frühling leuchten lassen.

Am Parkplatz beim Restaurant „Auf Blombergs Höhen" starten gleich zwei interessante Wanderungen (GPS N 52°06'27.3" E 8°06'01.0"), die allerdings bis auf wenige Abschnitte identisch sind. Als TERRA.vita track beschildert ist der **GeoPfad Bad Laer**, der mit acht doppelten Schautafeln, jeweils für Erwachsene und kindgerecht, geologische Prozesse erklärt (4,9 km/120 Hm). Der **RückenfitPfad** ist einer der vier Gesundheitspfade im Osnabrücker Land mit sechs Stationen für gesunde Haltung und Muskelstärkung (5,2 km/115 Hm). Für beide gilt: Am höchsten Punkt sind es noch 300 Meter zum Aussichtsturm am Lüdenstein.

(156) WOMO-Stellplatz: Bad Laer - Sportplatz

GPS: N 52°06'03.5" E 8°04'48.9", Glandorfer Straße. **Max. WOMOs:** 2.
Ausstattung: Keine.
Beschreibung: Gepflasterter Parkplatz, gerahmt von Bäumen und Büschen, außerhalb der Freibadsaison ruhig.
Anfahrt: Von Bad Iburg kommend im Zentrum rechts Richtung Freibad/ Glandorf.
Hinweis: Das Solefreibad ist auf der gegenüberliegenden Straßenseite.

Am Südrand des Kleinen Berges fahren wir weiter zum Kurort Bad Rothenfelde. Noch vor dem Ort kann man zu Fuß zur **Bismarck-Hütte** und weiter zum **Aussichtsturm am Lüdenstein** aufsteigen (GPS N 52°06'27.9" E 8°08'22.1",

Blütenpracht im Kurpark Bad Laer

Hüttenschmanker'l, 10:00-18:00, 0,5 km/50 Hm, plus 1 km/40 Hm zum Turm, je eine Richtung).

Im Kurpark Bad Rothenfelde

In **Bad Rothenfelde** versorgen gleich drei Quellen die Kurgäste mit Sole: Die 1724 entdeckte Alte Quelle, die heute außer Betrieb ist, und zwei um 1930 erschlossene Quellen. Mit dem carpesol gibt es eine Therme mit Spa und Sauna und daneben ein Sole-Freibad. Der **Kurpark** erstreckt sich entlang von Neuem und Altem Gradierwerk über fast einen Kilometer. Im **Rosengarten** am östlichen Ende des Kurparks strahlen im Sommer die Blüten von 6500 Rosenstöcken um die Wette. Die **Alte Quelle** liegt im Konzertgarten am westlichen Ende. Dort starten Führungen zur Nutzung der Sole, kurz führen sie auf Stegen durch den unterirdischen Solegang (Sa/So von Ostern - Okt., alle 30 min zwischen 15:00-17:00, 1,50 €/1 €, Kinder bis 12 Jahre frei).

Von Osten auf den Kleinen Berg und zur Bismack-Hütte führt der **Gesundheitspfad Wanderherz** zum Training von Herz-Kreislauf und Kondition (GPS N 52°06‘35.5“ E 8°09‘22.9“, 4,5 km/90 Hm).

(157) Offizieller WOMO-Stellplatz: Bad Rothenfelde Campotel

GPS: N 52°05‘55.3“ E 8°10‘19.0“, Heidland 65. **Max. WOMOs:** 55+.
Ausstattung: V/E, Strom, (Gebühr), Dusche und Toilette, Brötchenservice, siehe auch Campingplatz.
Beschreibung: Gepflegte Schotterplätze mit Rasenstreifen, sehr saubere und großzügige Sanitäranlagen, sehr hilfsbereiter Betreiber.
Preis: 15 €.
Anfahrt: Von Bad Laer kommend am Kreisverkehr geradeaus, dann zweite Abfahrt von der Umgehungsstraße, nächste links (beschildert).

(158) WOMO-Campingplatz: Bad Rothenfelde - Campotel

GPS: N 52°05‘55.3“ E 8°10‘19.0“, Heidland 65. **Tel.:** 05424/ 210600.
Geöffnet: Ganzjährig.
Ausstattung: Kleiner Laden, günstige Gerichte in Halle 19, Sauna, kleiner Badeteich, Hüpfburghalle, Waschcenter.
Beschreibung: Stellplätze überwiegend parzelliert mit Bäumen/ Hecken.
Preis: 22,50 / 33 € plus Kurtaxe für WOMO, 2 Erw., 3 Kinder.
Anfahrt: Siehe WOMO-Stellplatz.

Dissen liegt auf der anderen Seite der A33 und am Hang des Teuto-Hauptkammes. Hier haben verschiedene Lebensmittelhersteller ihren Sitz, unter anderem Homann Feinkost, Schulte Fleisch- und Wurstwaren und Fuchs Gewürze. Dissen bietet mit dem **Fernsehturm auf der Steinegge** und den **Rehquellen** sehenswerte Naturerlebnisse. Im Zentrum des Ortes steht die St. Mauritius Kirche aus dem 13. Jahrhundert, Am Kirchplatz sind eine ganze Reihe Fachwerkbauten erhalten.

Das **Waldgasthaus Röwekamp** liegt beim Schützenhaus nördlich von Dissen am Hang des Teuto. Vom großen Parkplatz bietet sich eine fantastische Sicht über das Münsterland, bei gutem Wetter sieht man unter anderem die Türme des Zementwerks bei Beckum. Außerdem ist von hier aus der kurze, aber steile Aufstieg zur Steinegge mit dem Fernsehturm, einem

(159) WOMO-Gaststättenplatz: Dissen Waldgasthaus Röwekamp

GPS: N 52°07'31.2" E 8°12'52.2", Röwekamp 1. **Max. WOMOs:** 3.
Ausstattung: Keine.
Beschreibung: Der freundliche Restaurantbesitzer erlaubt Wohnmobilisten, auf dem sehr großen Parkplatz zu übernachten, gepflastert und teilweise Schotter und Bank mit grandioser Aussicht (diese bitte aus Rücksicht auf andere auf gar keinen Fall zuparken!).
Preis: Kostenlos, Einkehr erwünscht.
Anfahrt: Vom Zentrum Richtung Borgholzhausen, am Kreisverkehr 3. Ausfahrt, T-Kreuzung links, dann Schützenstraße folgen.
Hinweis: Im Gasthaus mit Biergarten gibt's wechselnde Speisekarten mit klassisch deutscher Küche, u.a. Schnitzel, Steak und Rouladen, Omas Bratkartoffeln, Reibekuchen, Salate, Di-Fr ab 18:00, So ab 11:00.

Berauschende Aussicht vom Fernsehturm auf der Steinegge

der großartigsten 360°-Rundumblicke des Münsterlandes, beschildert (an der Zufahrt zum Hotel/Parkplatz rechts, 1 km/ 90 Hm eine Richtung).

Ein empfehlenswerter Abstecher führt von Dissen durch die Wälder des Teuto in Richtung Wellingholzhausen. Nach gut vier Kilometern ist ein Wanderparkplatz zum **Gebiet der Rehquellen** auf der linken Seite erreicht, hier sind mehrere Wanderungen beschildert (GPS N 52°08'28.4" E 8°13'19.1"). Einen Kilometer weiter liegt das Restaurant Waldschänke mit Außenterrasse und guter, etwas teurerer Küche mit Lebensmitteln direkt vom Erzeuger.

Spaziergang zu den Rehquellen und Kalksinterterrassen, 1,5 km/ 20 Hm

Am hinteren/östlichen Parkplatzende gehen wir zuerst nach links in Richtung Kalksinterterrassen. Ein gut beschilderter Weg und Holzstege führen entlang des aus den Rehquellen entspringenden Baches, Infotafeln erläutern die Entstehung des porösen, braunen und empfindlichen Steinmaterials. Zurück am Parkplatz wandern wir nach links auf einem Fußweg parallel zur Straße weiter. Auf die kleine Rehquelle kann man von einer Aussichtsplattform aus blicken, sie versteckt sich oft unter Laub und Geäst. Der Weg führt zur Straße, die wir überqueren und geradeaus weitergehen. An der nächsten Wegekreuzung liegt links unterhalb die Große Rehquelle, ein teilweise mit Steinen begrenztes Quellbecken mit Picknick- und Relaxbänken, ein lauschiger Platz im Wald für ein Picknick. Von hier aus gehen wir wieder zurück.

Unser nächster Stopp ist in **Borgholzhausen**, das in einer Senke zwischen Johannisegge und Barenberg liegt. Hier können die Ruine der Burg Ravensberg besichtigt werden, der Aussichtsturm Luisenturm und die ruhige Innenstadt, in der einzelne Fachwerkhäuser erhalten blieben.

Borgholzhausen – Geschichtssplitter

Dass Borgholzhausen an einem Pass durch den Teutoburger Wald lag, hat schon früh zur Besiedlung geführt. So wurden mehrere Urnenfriedhöfe aus der Bronzezeit von etwa 1500 v. Chr. gefunden. Etwa 2500 Jahre später im Mittelalter wurde die Burg Ravensberg als Höhenburg mit Vor- und Hauptburg sowie Ringmauer gebaut. Nach mehrfachen Besitzerwechseln wurde Mitte des 17. Jahrhunderts der Bergfried erneuert. 25 Jahre später wurde die Burg bei einem Angriff weitgehend zerstört, nur der Bergfried blieb stehen. Die Burg verfiel und wurde als Steinbruch für den Bau von Häusern genutzt. Um das Gelände als Ausflugziel interessant zu gestalten, wurde 1868 das Forsthaus, heute Gaststätte, gebaut. Seit 2003 kümmert sich eine Stiftung um Erhalt und Nutzung der Burg.

Burg Ravensberg

Im Erlebniswald

Die **Burg Ravensberg** liegt 800 Meter und 50 Höhenmeter vom zugehörigen Parkplatz entfernt (GPS N 52°05‘11.7“ E 8°17‘23.6“). Von der Terrasse der Gaststätte hat man einen wunderbaren Blick nach Süden (Sa/So/Feier-/Brückentage 11:00-18:00, Nov.-März 12:00-17:00). Vom Parkplatz beschildert ist auch der Weg zum **Erlebniswald in der Cleverschlucht**, wo Kinder Holztipis bauen und von Hügeln rutschen können.

(160) Offizieller WOMO-Stellplatz: Borgholzhausen, Freilichtbühne

GPS: N 52°06'22.8" E 8°17'47.9", Bergstraße. **max. WOMOs:** 2.
Ausstattung: Strom (Gebühr).
Beschreibung: Schotterparkplatz mit Bäumen, 700 Meter zur Innenstadt, an der Freilichtbühne vorbei sehr steile 900 Meter /110 Hm zum Luisenturm.
Preis: Kostenlos.
Anfahrt: Beschildert „Freilichtbühne".
Alternative: Stellplatz an der Ravensberger Straße 35, max. WOMOs: 3, GPS N 52°05'51.8" E 8°17'55.8", Strom und V/E (Gebühr), Beschreibung: Großer Schotterplatz am Ortsrand in ruhiger Lage mit Rasenfläche auf einer Seite und Bäumen auf der anderen.

Ravensberger Straße

Fast hoch bis zum **Luisenturm am Hang der Johannisegge** führt eine Straße, die letzten 150 Meter allerdings einspurig. Damit ist der Luisenturm der letzte Aussichtsturm, der noch angefahren werden kann. Vom Parkplatz sind es noch 300 Meter zum Turm (GPS N 52°06'34.8" E 8°17'03.0", am Parkplatz ist Wenden möglich, solange er nicht vollgeparkt ist). Im Kroe-Haus mitten in einem großen Park am Ortsrand finden regelmäßig Kunstausstellung statt (März-Sept. jeder 3. So).

Der Luisenturm

Auf der Fahrtstrecke nach Werther kommen wir an zwei weiteren Ausflugszielen vorbei. Kinder können sich bei Bauer Bernd auf dem **Erlebnisbauernhof** austoben im Hanflabyrinth, Strohspielhaus, Mais-Bad, auf GoKarts und Trampolin sowie die Hoftiere beobachten (GPS N 52°06'07.2" E 8°20'05.5"). Ebenfalls nordöstlich liegt das **Wasserschloss Brincke**, dass zwar nicht besichtigt, aber über die Gräften auf einem Spaziergang von außen betrachtet werden kann ebenso wie die Brincker Mühle (GPS N 52°06'42.9" E 8°20'30.9").

Blick vom Luisenturm über den Teuto nach Westen

(161) WOMO-Bauernhofplatz: Borgholzhausen Bauer Bernd

GPS: N 52°06'06.7" E 8°20'05.0", Bielefelder Straße. **Max. WOMOs:** 3.
Ausstattung: Keine.
Beschreibung: Stellplätze auf Wiese mit Bäumen.
Preis: Jahresvignette für alle Landvergnügen-Höfe 49,90 €.
Anfahrt: An der Bielefelder Straße von Borgholzhausen nach Werther.
Hinweis: Bitte telefonisch anfragen, 05425 7047.

Jetzt rollen wir am Nordrand des Teuto nach **Werther**. Hier und in Bielefeld verbrachte der Expressionist Peter August Böckstiegel seine ersten 15 Lebensjahre und zog einige Jahre vor seinem Tod zurück.

Sulpturenpfad Haus Werther

Im Ortszentrum sind einige große Fachwerkhäuser erhalten, unter anderem als ältestes das Walbaum'schen Haus von 1621 am hübschen Venghausplatz. Das ehemalige **Rittergut Haus Werther** wurde Ende des 13. Jahrhunderts erstmals erwähnt. Ab dem Ende des 19. Jahrhunderts wurden in den Gebäuden Zigarren gerollt und vertrieben. Seit 1994 beherbergen die Räume Bibliothek und Begegnungstätte von Werther. Ein **Skulpturenpfad** verbindet den Stadtpark hinter der Grundschule und Haus Werther, er wird seit 2003 etwa alle zwei Jahre um ein Werk erweitert. Eine genaue Beschreibung der Skulpturen findet man im Internet bei Suche nach „Skulpturenpfad Werther".

Der futuristische Bau des **Museum Peter August Böckstiegel** mit Bistro&Café findet sich östlich von Werther (GPS N 52°04'25.2" E 8°26'18.7", Mi-So 12:00-18:00, 7/ 4 €, Kinder bis 18 Jahre frei). Für die, die noch nicht genug gefahren sind: In Werther gibt es eine Indoor-Kartbahn.

(162) Offizieller WOMO-Stellplatz: Werther Am Freibad

GPS: N 52°04'13.2" E 8°24'33.4" Meyerfeld. **max. WOMOs:** 2.

Ausstattung: Picknickbank, Strom und Dusche gegen Gebühr mit Schlüssel, erhältlich bei der Aral-Tankstelle Bielefelder Str. (Pfand 20 €).

Beschreibung: Zwei ausgewiesene Stellplätze am Rande des großen Parkplatzes, hübsch mit kleiner Rasenfläche und Bäumen.

Preis: Kostenlos.

Anfahrt: Von Borgholzhausen kommend an der ersten großen Kreuzung geradeaus, nächste rechts.

Rundgang durch Werther, 2,9 km

Vom Stellplatz gehen wir auf der Zufahrtsstraße „Meyerfeld zurück und biegen nach dem Freibadgelände rechts ab auf den Fußweg. Wir überqueren die Bielefelder Straße und spazieren geradeaus über den Parkplatz, dann links auf die Alte Bielefelder Straße. Ihr folgen wir bis zur T-Kreuzung mit der Ravensberger Straße und biegen rechts ab. Dann gehen wir bei der zweiten Möglichkeit nach rechts auf den Venghauss Platz. Gegenüber vom Walbaum'schen Haus spazieren wir in die Tiefenstraße und biegen nach der ersten Häuserreihe links ab. Ein Fußweg bringt uns in den Park hinter der Grundschule und zu den Skulpturen 2 und 3 des Skulpturenpfades. Um Skulptur 1 zu sehen, biegen wir am kleinen Platz mit der Figur 2 „Tetris" links ab und blicken hoch auf der Rückseite des nächsten Gebäudes links zu „X-Man". Zurück folgen wir dem ursprünglichen Weg vorbei am Stadtteich bis zur nächsten Straße und gehen links.

An der Querstraße wählen wir den gegenüberliegenden Fußweg rechts vom Parkplatz. An der nächsten Verzweigung halten wir uns links. Das Anliegersträßchen wird zum Fußweg durch den Park am Schwarzbach und führt an weiteren Skulpturen geradewegs auf Haus Werther zu. Dort befinden sich drei weitere Skulpturen links vor der Gräfte, im Innenhof und im Park. Zurück bis zur Tiefenstraße geht es auf gleichem Weg.

Walbaum'sches Haus

Wir folgen der Tiefenstraße nach links bis zur Evangelischen Kirche St. Jacobi. Am Chorraum vorbei gehen wir über den anschließenden Parkplatz zur Alten Bielefelder Straße, dort links, beim nächsten Parkplatz rechts und auf bekanntem Weg über die Bielefelder Straße zurück.

Wir wechseln nochmal die Seite des Teuto-Hauptkammes, um nach Halle (Westfalen) zu kommen. Dabei passieren wir am Pass den **Wanderparkplatz Ascheloh** mit Picknickbank, der auch ohne Wanderambitionen einen Stopp lohnt.

Wanderparkplatz Ascheloh zwischen Halle und Werther

Bekannt ist **Werther** für die Tennisturniere im Gerry-Weber-Stadion, das historische Zentrum und den Süßigkeitenhersteller Storck.

In **Halle** erstreckt sich rund um die St. Johanniskirche ein geschlossener **Kirchring aus Fachwerkbauten**, das **Haller Herz**, das auf dem mit Bäumen bepflanzten Platz und seinen Cafés zum Verweilen einlädt. Auch die gotische Kirche selbst blickt auf eine lange Geschichte zurück, sie wurde Mitte des 13. Jahrhunderts gebaut, und um 1450 und 1886 zuerst durch das südliche, dann das nördliche Seitenschiff ergänzt. Im und beim Haller Herz befinden sich das **Museum für Kindheits- und Jugendwerke** bedeutender Künstler, unter anderem Felix Klee, August Macke und Pablo Picasso, sowie das Kiskerhaus mit einer Ausstellung zur Bildenden Kunst. Südlich des „Haller Herz" liegt der Ronchin-Platz, so benannt nach der französischen Partnerstadt. Das Bronzedenkmal des **Haller Willem** erinnert an Wilhelm Stuckemeyer, der das damals übliche Transportwesen betrieb und bis zum Bau der Eisenbahn mit der Kutsche zweimal täglich von Halle nach Bielefeld fuhr. Dann folgt der Skulpturenpark, das Gelände des alten Friedhofs, eine beliebte Ruheoase mit kleinem Rundweg. In der alten Lederfabrik 1,5 Kilometer südlich des Zentrums sind viele Kunstateliers angesiedelt (Besichtigung zu jeweiligen Öffnungszeiten sowie jeden 1. Samstag im Monat, s. WOMO-Platz).

Im Haller Herz

Der Aufstieg zur **Kaffeemühle** lohnt für die schöne Aussicht übers Münsterland. Hier plante der Bremer Kaffeehändler

Hagedorn um 1800 einen großen **Landschaftspark** und ließ den auch äußerlich an eine Kaffeemühle erinnernden Pavillon als Aussichtspunkt anlegen. Auf dem mit „A1" beschilderten und mit 13 Infotafeln versehenen **Geschichtspfad** lässt es sich gemütlich durch das Waldgebiet schlendern (2,3 km/ 50 Hm).

(163) WOMO-Stellplatz: Halle, Am Schützenberg

GPS: N 52°04'01.9" E 8°21'52.4", Schützenberg.
Max. WOMOs: 3.
Ausstattung: Keine.
Beschreibung: Asphaltierter Platz im Grünen, umgeben von Bäumen, hier stehen auch die Container des Waldkindergartens (Foto oben).
Anfahrt: Von Werther kommend an der T-Kreuzung rechts, nach dem gelben Gebäude der Bausparkasse/Volksbank 2. rechts in die Wertherstraße, 3. rechts in Spitzenkamp.
Alternative: Parkplatz an der Lederfabrik, GPS N 52°03'03.4" E 8°21'13.4", max. WOMOs: 2, ruhige Stellplätze auf Parkplatz mit Blick ins Grüne hinter etwas erhöhtem Parkdeck, 1,5 km zum Haller Herz eine Richtung (Foto unten).

Spaziergang ins Haller Herz und zur Kaffeemühle, 2 km/ 1,5 km

Zum Haller Herz: Vom Stellplatz Schützenberg gehen wir auf der Zufahrtsstraße zurück und biegen sofort links ab in die erste Straße oberhalb der Häuser. Zwischen Wald, Feld und Grundstücken treffen wir auf die Apothekerstraße und gehen rechts. Ab jetzt immer geradeaus kommen wir vorbei am Start des Geschichtspfades Kaffeemühle und am großen Haller Baum und treffen im Ort auf die Durchgangsstraße, die Lange Straße. Hier liegt das Haller Herz genau gegenüber, die Zugänge leicht rechts oder links. Auch die außenherum verlaufenden und wie ein Dreieck zusammenführenden Straßen, Bahnhof- und Rosenstraße, sind sehr hübsch.
An der Spitze des Dreiecks auf der gegenüberliegenden Seite des Haller Herzes liegt der Ronchin-Platz, und die Bahnhofstraße führt geradeaus weiter zum Skulpturenpark (1 km bis Zentrum, 1,4 km bis Park, eine Richtung).

Zur Kaffeemühle: Am Parkplatzende führt ein Trampelpfad links hoch zur Schneise , die sich vom Hagedorndenkmal zur Kaffeemühle hoch zieht. Der offizielle Weg startet wie ins Zentrum, aber bei der T-Kreuzung der Apothekerstraße links hoch und dritter Abzweig links (750 m/40 Hm, eine Richtung).

Im Haller Herz

Impressionen aus Steinhagen

Wir verlassen Halle nach Südwesten und kommen zum **Wasserschloss Tatenhausen**. Auf Fundamenten eines Vorgängerbaus wurde die Anlage ab 1540 im Stil der Weserrenaissance erbaut. Schloss und Schlosspark sind nicht öffentlich zugänglich, aber eine Außenbesichtigung mit einem Spaziergang im zugehörigen Wald und vielleicht einem Boxenstopp beim Gasthof Tatenhausen gegenüber vom Schloss bilden einen lohnenden Ausflug. Empfehlenswert ist der beschilderte Wanderweg **„Rund ums Wasserschloss"** (s. Infotafel am Parkplatz, 6,2 km, Schild „weißes Schloss auf blauem Grund", Parken GPS N 52°02'32.6" E 8°19'38.2").

Steinhagen ist eng verbunden mit dem Steinhäger, einem Wacholderschnaps, der nur hier gebrannt werden darf. Von ehemals 20 Brennereien produzieren heute noch zwei die aromatisierte Spirituose, die die beerenähnlichen Zapfen nutzen. Früher wuchsen diese in großer Zahl an den Hängen des Teuto, da das hier hingetriebene Vieh die meisten anderen Sprossen verbaß. Im Zentrum von Steinhagen treffen wir auf einen hübschen **Dorfplatz** mit einigen Fachwerkhäusern rund um Kirche aus dem 14. Jahrhundert. Neben Restaurants und Cafés wartet

Wasserschloss Tatenhausen

das ehrenamtlich betriebene **Historische Museum**, das über Steinhäger und die Schnapsbrennerei informiert (April–Okt. Do/Sa 15:00-17:00, jeden 1. So im Monat 15:00-17:00). Auf der anderen Seite der Durchgangsstraße liegt der **Bürgerpark** am Pulverbach mit kleinem Strand am Ententeich (GPS N 52°00'19.1" E 8°24'41.0", nur kleine WOMOs).

Wacholderheide

Auf den Höhen des Teuto nördlich von Steinhagen verbergen sich zwei botanische Besonderheiten.

Die hellblauen **Leberblümchen am Jakobsberg** blühen ab etwa Mitte März. Der beschilderte Leberblümchenweg startet bei der Rock'n Blues Café-Gaststätte Friedrichshöhe (GPS N 52°02'00.7" E 8°24'59.4", 4 km/120 Hm, weiße Blümchen auf lila Grund). Am **Petersberg** wächst noch die früher häufige **Wacholderheide**. Der kürzeste Aufstieg zum Petersberg und zur Aussicht von der Schutzhütte an der Schwedenschanze beginnt an einem Parkplatz an der Nordseite des Teuto-Hauptkammes (GPS N 52°02'08.9" E 8°26'03.5").

(164) WOMO-Campingplatz: Bielefeld Camping Park Meyer zu Bentrup

GPS: N 52°00'22.7" E 8°27'24.5", Vogelweide 2. **Tel.:** 0521 4592233.
Geöffnet: Ganzjährig.
Ausstattung: Hofladen und Biergarten, Badesee, Brötchenservice, viele Spielmöglichkeiten mit Trampolin, Seilbahn und Wasserspielplatz, Dart, GoKart u.a. zum Ausleihen, viele auch ungewöhnliche Tiere.
Beschreibung: Überwiegend parzellierte Stellplätze, teilweise mit Schatten, Sanitäranlagen teilweise älter aber gepflegt und sauber.
Preis: Womo 10 €, Person 7 €, Kind bis 16 Jahre 4 €, Strom 2,50 €, Dusche 0,30 €.
Anfahrt: Steinhagen Richtung A 33 verlassen, nach Autobahn- und Eisenbahnüberquerung nächste rechts in die Osterfeldstraße, Verzweigung rechts weiter auf Osterfeldstraße, dieser folgen.

Wir verlassen Steinhagen nach Norden Richtung A 33, fahren aber anstatt auf die Autobahn immer geradeaus, um den Teuto-Hauptkamm auf der Bergstraße zu überqueren. Genau auf der Passhöhe kommen wir beim beliebten **Hotel-Restaurant Peter auf'm Berge** vorbei (Parken 2 €). Vom Restaurant ist der Aussichtsturm auf der Bergkuppe „Hühnenburg" 1,5 Kilometer entfernt (80 Höhenmeter , geöffnet nur So/Feiertags). Dann rollen wir Richtung Bielefeld und erreichen den Stadtrand bei Tierpark, Bauernhausmuseum und WOMO-Platz am Klettergarten.

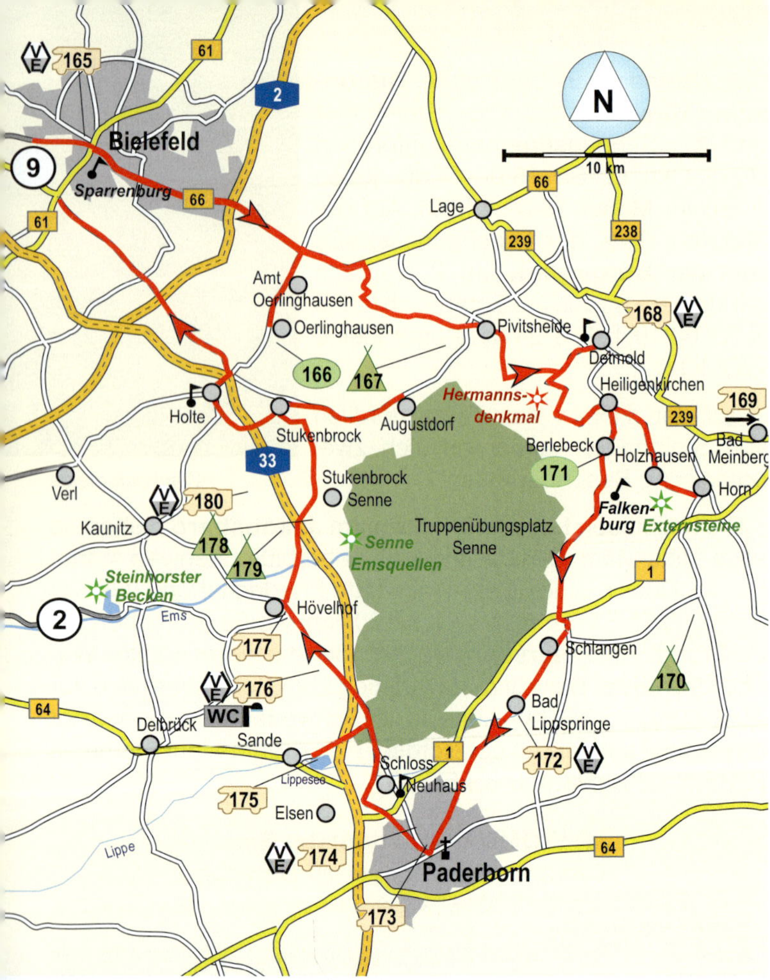

Aussicht von der Falkenburg Richtung Hermannsdenkmal

TOUR 10 — 125 km

Teuto Ost – Beliebte Highlights

Bielefeld – Oerlinghausen – Pivitsheide – Detmold – Horn-Bad Meinberg – Bad Lipspringe – Paderborn – Holte-Stukenbrock

Stellplätze:	Bielefeld, Oerlinghausen, Detmold, Horn-Bad Meinberg, Berlebeck, Bad Lippspringe, Paderborn, Lippesee, Hövelhof,
Campingplätze:	Detmold Pivitsheide, Horn-Bad Meinberg, Schloss Holte-Stukenbrock
Besichtigen/ Stadtrundgang:	Bielefeld, Oerlinghausen, Detmold, Hermannsdenkmal, Externsteine, Horn, Bad Mienberg, Bad Lippspringe, Paderborn, Schloss Neuhaus
Spaziergang/ Wandern:	Oerlinghausen, Donoper Teich, Externsteine, zur Falkenburg, Bad Lippspringe, Lippesee, Ems quellen, Holter Wald und Schloss Holte

Mit den Externsteinen und dem Hermannsdenkmal liegen gleich zwei Sehenswürdigkeiten auf unserer Tour, die jährlich je eine halbe Million Touristen aus aller Welt anziehen. Auch die Senne mit der Emsquelle gehört zu den bekannten Zielen unserer Reise. Daneben erwarten uns aber auch viele Sehenswürdigkeiten mit weniger Touristenrummel. Dazu zählen die Städte Bielefeld und Paderborn, die neben historischen Bauten mit einem gemütlichen Flair locken, und der Kurort Bad Lippspringe. Und wir können schöne Wege im Teuto erkunden, die vor allem mit Ruhe und landschaftlicher Schönheit aufwarten. Also, auch hier ist für alle etwas dabei!

Der östliche Teutoburger Wald und das südlich gelegene Eggegebirge bilden zusammen den Naturpark Teutoburger Wald/Eggegebirge. Schwerpunkte der Arbeit sind neben Naturschutz Angebote für Familien und Wanderer.

Unsere letzte Tour startet in **Bielefeld**. Damit erreichen wir die größte Stadt auf unseren Touren, wobei sie mit 334.000 Einwohnern Münster nur um wenige Prozent überholt. Neustadt und Altstadt erstrecken sich nördlich der Sparrenburg, die alles überragt. Auch ein kostenloser Tierpark, ein Freilichtmuseum und die Kunsthalle locken Besucher an.

Bielefeld – Geschichtssplitter

Bielefeld liegt am nördlichen Ende eines Quertales durch den Teutoburger Wald und damit seit Menschengedenken an einem wichtigen Verkehrsweg. 1214 im Hochmittelalter wurde die Stadt Bielefeld erstmals erwähnt. Sie sollte die Südgrenze der Grafschaft Ravensberg sichern und entwickelte sich aufgrund der Lage am Bielefelder Pass schnell zu einem wichtigen Zentrum für Wirtschaft und Handel. Um 1240 wurde mit dem Bau der Sparrenburg begonnen, die sowohl als Wohnsitz des Landesfürsten diente wie auch zur Bewachung und Schutz des Passes. Die Stadt entwickelte sich rasant und so wurde ab 1293 im Bereich zwischen Altstadt und Burg die Neustadt gegründet. Über Jahrhunderte bestanden Alt- und Neustadt nebeneinander und wurden erst 1520 vereinigt.

Während des dreißigjährigen Krieges 1616-48 geriet die Sparrenburg unter holländische, spanische, schwedische und französische Besetzung, zeitgleich wütete die Pest von 1636-37.

Danach brachte der Handel mit Leinen, den die Bauern des Ravensberger Landes als Flachs anbauten und Zuhause verarbeiteten, einen neuen Aufschwung und Wohlstand. 1718 gab es 17 Adelshöfe in der Stadt. Ab Ende des 18. Jahrhunderts begann die Sparrenburg langsam zu verfallen und wurde als Steinbruch genutzt. Zu dieser Zeit lebten hier etwa 5.500 Einwohner. Als maschinell gewebte Stoffe aus anderen Ländern die Preise massiv drückten, führte die Not der Bielefelder zu Unruhen während der Märzrevolution 1848. Viele wanderten aus in die USA. Die Tabakproduktion schuf ab 1860 neue Einnahmequellen auch für Heimarbeit. Dann zog die industrielle Textilverarbeitung in Bielefeld ein und mit ihr der Maschinenbau. Nachdem auf den Stumpf des ehemaligen Bergfriedes der Sparrenburg bereits ein Aussichtsturm aufgesetzt worden war, kam die Stadt 1879 in den Besitz der Burg und ließ ein neogotisches Palais auf dem Burggelände bauen.

Im September 1944 wurden bei einem schweren Luftangriff 649 Menschen getötet und weite Teile der Altstadt zerstört.

Blick von der Promenade auf Bielefeld mit Neustädter Marienkirche und Nicolaikirche

Im Zentrum der Bielefelder Altstadt befindet sich die gotische **Nicolaikirche** aus dem 13. Jahrhundert, die Anfang des 14. Jahrhunderts erweitert und nach 1944 wiederaufgebaut wurde. Zur Innenausstattung gehört ein aufwendig geschnitzter Flügelaltar, ein Antwerpener Retabel. Am benachbarten **Alten Markt** befindet sich das **Altstädter Rathaus** aus dem 15. und 16. Jahrhundert, das 1820 klassizistisch erweitert und nach 1945 in Anlehnung an den spätmittelalterlichen Bau wieder-aufgebaut wurde. Am Alten Markt stehen auch das **Crüwellhaus** von 1530 mit einem spätgotischen Staffelgiebel und das **Battig-Haus** von 1680, dessen Volutengiebel die Kriegszerstörungen überstand.

Nicolaikirche mit Leinenweberdenkmal

In der Altstadt sind noch einige der ehemaligen **Adelshöfe** zu sehen: der Waldhof, der wahrscheinlich schon vor der Stadtgründung bestand, der Wendtsche Hof und am Klosterplatz der Woermanns Hof mit reich verziertem Fachwerkobergeschoss von etwa 1640, der für den Bau der Klosterplatzschule um etwa die Hälfte gekürzt wurde. Im Grest'schen Hof, einem Renaissance-Bau aus der zweiten Hälfte des 16. Jahrhunderts, wurden Teile eines starken, viereckigen Mauerturmes der Stadtbefestigung verbaut. Er liegt an der Grenze zur Neustadt und beherbergt heute ein Gymnasium.

Die ehemalige **Neustadt** beginnt etwa südlich der Straßen „Am Bach" und „Waldhof" und wird von der vierspurigen Kreuzstraße, der B 66, durchzogen.

Am Alten Markt

Sie wurde rund um die **Neustädter Marienkirche**, eine hochgotische Hallenkirche mit zwei Türmen von 1293 gebaut. An der B66/Kreuzstraße befinden sich zwei Museen: Die **Kunsthalle** stellt Werke des 20. Jahrhunderts in einem kubischen Bau aus (Di-So 11:00-18:00, Mi bis 21:00, 8 €, ermäßigt 4 €, Kind bis 18 Jahre frei). Sie ist umgeben von einem Skulpturenpark. Das **Naturkunde-Museum** mit der Dauerausstellung natur / mensch / umwelt und Geostollen und mehreren Sonderausstellungen ist im Spiegelhof untergebracht, einem Adelshof von 1540 im Stil der Weserrenaissance. Der auffällige Bau des Landgerichtes Bielefeld, ebenfalls direkt an der Kreuzstraße, ist nicht historisch, er wurde 1914-17 im Stil der Neorenaissance errichtet.

Von der **Sparrenburg** hat man einen fantastischen Blick auf die Stadt. Hier warten das Besucherinformationszentrum, ein Kiosk mit Bänken im Schatten und ein Restaurant. Außerdem können die Kasematten als Führung und der Aussichtsturm besichtigt werden (Außengelände tagsüber ganzjährig geöffnet, kostenlos, Kasematten 5/ 4 €, Turm 2,50/ 2 €). In Verlängerung der Burgbrücke erstreckt sich die **Promenade**, auf dem Bergkamm, ein Parkgelände mit Bänken, Bäumen, Spielplatz und schöner Aussicht (kleine Fahrzeuge können am Parkplatz „Schöne Aussicht" parken und von dort zur Burg laufen, GPS N 52°00'41.6" E 8°31'59.6"). Für Familien mit Kindern interessant sind die **Bielefeld-Rallys** zur Sparrenburg und Alt- und Neustadt, die einen Stadtrundgang mit spannenden Fragen zu den Sehenswürdigkeiten auflockern (pdf zum Ausdrucken: www.bielefeld.jetzt/rallye).

Der Woermanns Hof

Westlich von Sparrenburg und B 61 befinden sich weitere Sehenswürdigkeiten in direkter Nähe zum WOMO-Stellplatz: Im **Heimat-Tierpark Olderdissen** leben in einem weitläufigen Gelände Tiere, die hier beheimatet sind oder waren, wie Braunbären, Wölfe, Gämsen, Murmeltiere und Fischotter (Mo-So 9:00-21:30, kostenlos).

Das Bielefelder **Bauernhausmuseum** rund um ein Drei-Ständer-Hallenhaus von 1590 und acht weiteren historischen Gebäuden sowie Café informiert über das bäuerliche Leben um 1850 (Febr. -23.12., Mi-Fr 10:00-18:00, Sa/So/Feiertag 11:00-18:00, 4/ 2 €, Familie 8 €, Kind bis 4 Jahre frei).

Der **Botanische Garten** zeigt auf vier Hektar die Schönheit der Natur (GPS N 52°00'52.6" E 8°30'45.2"). Ein schönes Ausflugsziel ist auch das **Historische Museum** Bielefeld in einer alten Spinnerei nord-östlich der Altstadt im Ravensberger Park und neben dem Freibad. Die Ausstellungen behandeln Industriegeschichte und Geschichte der Stadt (Parkplatz Wiesenbad GPS N 52°01'30.3" E 8°32'42.7", dort vor dem Bad Fußweg rechts, nächster links, Straße links, dann Durchgang zwischen Industriebauten, Di-Fr 10:00-17:00, Sa/So/Feiertag 11:00-18:00, 6 €, 6 bis 18 Jahre 3 €, Familie 11 €).

(165) Offizieller WOMO-Stellplatz: Bielefeld Am Klettergarten

GPS: N 52°01'17.3" E 8°30'47.8", Am Johannisberg.
Max. WOMOs: 10+.
Ausstattung: V/E, Strom (Gebühr).
Beschreibung: Gepflastert, parzelliert mit schmalen Rasenstreifen, von Hecke gefasst und auf zwei Seiten Bäume, ruhige Lage.
Preis: 5 €.
Anfahrt: Bei Zufahrt von Steinhagen wie in Tour 9 beschrieben der Straße am Tierpark vorbei folgen und dann links abbiegen Richtung Johannisberg/ WOMO-Stellplatz, nächste rechts und am ersten Parkplatz vorbei.
Vorsicht: Die Brückenunterführung auf der direkten Route in die Altstadt hat eine Durchfahrtshöhe von 3,40 m.
Hinweis: In der Saison oft besetzt, dann stehen viele WOMOs auf dem großen angrenzenden Schotterplatz.
Fußweg zum Aussichtspunkt Johannisberg und Winzer'scher Garten: Zufahrtstraße am Kletterpark vorbei folgen, dann gerade an Hotelparkplatz und Hotel vorbei (650 Meter eine Richtung).
Fußweg zum Tierpark: Fußweg am Stellplatz vorbei zurück Richtung Zufahrt folgen, nächste Verzweigung links und an Parkplatz und Fitnessparcour vorbei, an der Dornberger Straße links, nächster Fußweg links (beschildert „Tierpark"), Straße geradeaus queren in den Park (650 m eine Richtung).
Zum Bauernhausmuseum: Wie zum Tierpark, aber an der Dornberger Straße nächste rechts (580 m eine Richtung).

Rundgang zur Sparrenburg und durch Bielefeld, 5,1 km/ 120 Hm

Vom Stellplatz aus laufen wir zum Kletterpark, auf dem Fußweg an dessen linker Seite vorbei, und biegen dahinter schräg rechts ab. Immer am Hang abwärts treffen wir auf eine lang geschwungene Fußgängerbrücke über die B61 und Eisenbahn. An ihrem Ende überqueren wir die große Kreuzung am Adenauerplatz bei den ersten Ampeln nach rechts, gehen hinter dem ellipsenförmigen Gebäude nach rechts und sofort links in „Am Sparrenberg". Die zweite Straße rechts bringt uns zur Burg. Unterhalb der Umfassungsmauer biegen wir links ab auf den Fußweg am Hang, der uns zur Brücke und Burgeingang führt.

Wir gehen auf gleichem Weg zurück, biegen unterhalb des Turmes in der hinteren Mauerecke rechts ab und gehen teils auf Stufen abwärts. Die Straße überqueren wir leicht links versetzt in den nächsten Fußweg. Dann überqueren wir die B66 / Kreuzstraße. Auf der anderen Seite nach rechts kommen wir am Spiegelhof/ Naturkunde-Museum vorbei. Danach biegen wir links ab vor der Neustädter Marienkirche. Die nächste Straßenkreuzung überqueren wir diagonal und laufen durch den Park der Menschenrechte. Vor dem Altstadt-Carré gehen wir nach rechts, in die nächste Straße links und geradeaus in die Fußgängerzone. In die breite Obernstraße biegen wir rechts ab zum Alten Markt mit Rathaus und einigen historischen Fassaden. Vor dem Theater am Alten Markt nach links sehen wir die Nicolaikirche, an deren Chorseite sich das Leinenweberdenkmal im Altstädter Kirchpark befindet.

Zurück am Alten Markt gehen wir auf der Obernstraße zurück, biegen bei der nächsten Kreuzung rechts ab und beim grün gekachelten Kachelhaus und Mirabellenplatz links. Direkt am Eingang zum Klosterplatz liegt links der Woermanns Hof. Wir verlassen den Klosterplatz auf der gegenüberliegenden Seite nach links und überqueren die Obernstraße geradeaus. An der nächsten Abzweigung sehen wir links den Waldhof, laufen aber geradeaus auf den Grest'schen Hof/Gymnasium zu. An diesem rechts vorbei kommen wir zum Skulpturenpark und Kunsthalle. Jetzt sind wir wieder an der großen Kreuzung am Adenauerplatz, die wir zur langgeschwungenen Fußgängerbrücke hin überqueren.

Wir können jetzt auf bekanntem Weg zurückgehen, oder durch den Winzer'schen Garten und zum Aussichtpunkt Johannisberg. Dazu biegen wir direkt nach der Brücke auf den Fußweg oberhalb der Stützmauer rechts ab. Der Weg führt zur Hochstraße, an der wir nach links gehen. Beim nächsten Abzweig rechts führt dann sofort ein Fußweg nach rechts in den Park. In Serpentinen geht es zwischen den ab 2013 gepflanzten Weinstöcken aufwärts. Mit schöner Aussicht auf Stadt und Sparrenburg laufen wir hoch bis zum Aussichtspunkt. Von dort halten wir uns rechts an den Hotelgebäuden und zugehörigem Parkplatz vorbei und folgen der Straße zum Stellplatz.

Wir verlassen Bielefeld auf der B66 und biegen bei Asemissen rechts ab nach **Oerlinghausen**. Der Ort klettert am Hang des Tönsberges aufwärts und bietet neben dem empfehlenswerten Archäologischen Freilichtmuseum und einem der größten Segelflugplätze Europas mit der Wistinghauser Senne einen ersten Eindruck der Sennelandschaft.

Oerlinghausen – Geschichtssplitter

Seit Jahrtausenden war die Kuppe des Tönsberges für die Menschen von Bedeutung. Auf ihrer östlichen Seite bauten die Germanen um 400 v.Chr. eine mächtige Wallburg. Sie nutzte die am Hang gelegene Sachsenquelle und diente wahrscheinlich bis etwa 800 n.Chr. als Fliehburg. Am Südhang wurden archäologische Spuren gefunden, die auf eine zugehörige Siedlung schließen lassen.

Der Ort Oerlinghausen entstand im 13. Jahrhundert um die Alexanderkirche. Im 15. Jahrhundert wurde in der Wallanlage eine dem Heiligen Antonius gewidmete Kapelle gebaut, deshalb „Töns"berg als Kurzform von Antonius.

Vor und während der Industrialisierung lebten die Oerlinghausener in Ermangelung von ausreichend Ackerland von der Leinenweberei und der Herstellung von Zigarren. Da das Oerlinghausener Leinen besonders fein war, viel die Krise durch die Herstellung von auf Webstühlen hergestellten Leinens etwas milder aus. Trotzdem wanderten viele Familien in die USA aus.

Während des Nationalsozialismus blühte ein nationalsozialistischer Germanenkult mit Feierlichkeiten auf, die auch deutschlandweit übertragen wurden. Viele jüdische Bürger verließen Oerlinghausen, die letzten Verbleibenden wurden deportiert.

Um die Spitze des Tönsberges schmiegt sich das alte Oerlinghausen mit seinen gepflasterten Straßen und Tweten, den Treppenstiegen zwischen den Straßenniveaus. In der **Alten Synagoge** bietet heute der Kunstverein unregelmäßig Ausstellungen an. Oberhalb auf dem Kamm bietet sich eine schöne Aussicht von der **Kumsttonne**, einem Windmühlenstumpf von 1753.

Aussicht an der Kumsttonne

Im Freilichtmuseum Oerlinghausen

Das **Archäologische Freilichtmuseum** am Südhang in Nähe des Stellplatzes präsentiert sehr anschaulich verschiedene Wohnformen der Menschen vom Sommerlager eiszeitlicher Rentierjäger bis zur frühmittelalterlichen Hofanlage in sechs Baugruppen, die sich im bewaldeten Gelände verteilen (GPS N 51°57'04.5" E 8°39'46.8", April-Sept. Mo-Fr 9:00-18:00, Sa/So/Feiertage 10:00-18:00, Oktober Mo-Fr 9:00-16:00, Sa/So/Feiertage 10:00-17:00, Winter nur Gruppen). Hier startet auch die **Wanderung „Aktiver Rucksack"**, zu dem ein Rucksack mit Material ausgeliehen werden kann (6 km).

Der **Segelflugplatz** liegt bei Oerlinghausen-Südstadt und ist mir ca. 25.000 Starts im Jahr einer der größten Segelflugplätze Europas. Begrenzt von Teutohauptkamm im Norden und Flugplatz im Westen erstreckt sich die **Wistinghauser Senne**. Auf dem sandigen Grund wurden Nadelwälder wieder durch Laub-Mischwälder ersetzt und Schottische Hochlandrinder

(166) WOMO-Stellplatz: Oerlinghausen Wanderparkplatz Kalkofen

GPS: N 51°57'34.0" E 8°39'44.1", Am Kalkofen. **max. WOMOs:** 5.
Ausstattung: Keine.
Beschreibung: Sehr großer Schotterparkplatz umgeben von Wald, sehr ruhige Lage, ideal für eine Besichtigung der Highlights von Oerlinghausen, leicht abschüssig, aber Stellmöglichkeit ist auch ohne Aufbocken zu finden.
Anfahrt: Von der B 66 kommend Richtung Oerlinghausen, Abfahrt Oerlinghausen Zentrum, nach Überquerung der L 751 erste rechts, Straßenverlauf folgen bis Aldi, dahinter links, 2. links „Am Kalkofen".
Hinweis: Im unteren Bereich des Parkplatzes führt ein Fußweg hinter den Gebäuden des Freibades entlang zu dessen Eingang.
Zum Freilichtmuseum sind es 400 m, s. Rundweg.

und Exmoor-Ponys angesiedelt, um die Heideflächen durch extensive Beweidung offen zu halten. Nach Osten geht die Wistighauser Senne über in den Truppenübungsplatz Stapel bei Augustdorf. Am westlichen Rand der Senne befindet sich eine noch aktive Sandgrube. Der Campingplatz der Segelflugschule steht nur für Nutzer des Flugplatzes zur Verfügung. Der FKK Campingplatz FSG Seneriffa liegt östlich des Flugplatzes in der Senne.

Rundweg zu den Highlights von Oerlinghausen, 4/ 2,6 km

Start am Stellplatz. Wir marschieren auf der Straße parallel zum Parkplatz aufwärts und folgen am Ende dem Fußweg. Am Triftweg biegen wir rechts ab. Um zum Freilichtmuseum zu kommen, gehen wir bei der nächsten Straße rechts und sehen sofort das Hauptgebäude. Um ins Zentrum zu kommen, folgen wir dem Triftweg weiter geradeaus und gehen bei der Querstraße links in den Welschenkamp. Bei der nächsten Verzweigung halten wir uns rechts in die Holter Straße, deren Verlauf wir bis zur Alexanderkirche folgen. Direkt an der Kirche vorbei wählen wir den Fußweg parallel zur Hauptstraße und biegen beim kleinen Simonsplatz rechts ab, um ab jetzt der Hauptstraße zu folgen. Vorbei an Volksbank und Parkplatz biegen wir hinter den Altdeutschen Bierstuben rechts ab. In der folgenden Kehre geht es geradeaus weiter auf einem Fußweg. Nach ein paar Stufen überqueren wir die Hermannsstraße und gehen leicht links versetzt auf der Himmelsleiter weiter bergan, die uns mit 250 Stufen hoch zur Kumsttonne mit Aussicht und Picknickplatz führt. Von der Kumsttonne ist die Wallburg mit Hünenkapelle auf dem Hermannsweg 2,5 km entfernt, der Berggasthof Tönsberg 400 Meter auf gleichem Weg (je eine Richtung, wenig Steigung).

Wir aber gehen auf dem Kammweg zurück Richtung Oerlinghausen vorbei am ehemaligen jüdischen Friedhof. An der T-Kreuzung sehen wir rechts die ehemalige Synagoge und biegen links ab zur Alexanderkirche. Von hier aus spazieren wir auf bekanntem Weg zurück (4 km/ 80 Hm).

Wieder am Parkplatz angelangt folgen wir der Zufahrtstraße an den Tennisanlagen vorbei, halten uns in der Verzweigung links und biegen anschließend auf den breiten Fußweg ab, der links hoch in den Wald führt (Beschilderung A8). Er führt oberhalb des Naturschutzgebietes „Steinbruch am Barkhausener Berg" entlang. Dann lichtet sich der Wald auf der rechten Seite und bietet einen schönen Ausblick über Oerlinghausen-Südstadt, den Flugplatz und die Senne. Wir gehen weiter geradeaus bis zu einem großen Picknick- und Aussichtsplatz oberhalb der Sandgrube. Von dort spazieren wir auf gleichem Weg zurück (2,6 km/ 20 Hm).

Aussicht über die Wistinghauser Senne

Das römische Marschlager in der Oerlinghausener Senne

Auf den Bildern von LIDAR-Messungen entdeckte ein Hobbyforscher 2017 eine Wallanlage im Wald westlich des Merkhauser Baches zwischen Oerlinghausen und Sennestadt. Ausgrabungen ab 2019 bestätigten, dass es sich bei diesem einzigartigen Fund um ein römisches Marschlager handelt, wahrscheinlich aus der Zeit des römischen Kaisers Augustus, also um die Zeitenwende. Weil das Gebiet nie landwirtschaftlich genutzt wurde, haben sich die Wälle gut erhalten.

Auf einer Größe von 26 Hektar, etwa 36 Fußballfeldern, fanden drei Legionen mit zusammen etwa 25.000 Soldaten Platz. Nach einem Tagesmarsch hoben sie rund um das Gelände einen 1,50 m breiten und 80 cm tiefen Graben aus, dessen Erdreich sie zu einem etwa 60 cm hohen Wall aufschütteten, der heute noch bis zu 40 cm Höhe erhalten ist. In den Wall wurden lange, spitze Holzpflöcke gerammt, von denen jeder Legionär einen trug, und mit Seilen verbunden. Die Soldaten übernachteten in Lederzelten, die eine fest zugeordnete Anordnung hatten. Am nächsten Morgen wurden Pfähle und Zelte wieder eingepackt für den weiteren Marsch.

Dieses Römerlager ist etwa 23 km oder einen Tagesmarsch vom südlichen Römerlager Anreppen entfernt und etwa doppelt so weit vom nördlich gelegenen Römerlager Porta Westfalica – also müsste dazwischen noch ein Lager gewesen sein. Das Lager soll erlebbar gemacht werden mit einer Infotafel bei Haus Neuland sowie wahrscheinlich digital im Freilichtmuseum Oerlinghausen und im Lippischen Landesmuseum. Das Suchen und Mitnehmen von Fundstücken ist streng verboten!

Von Oerlinghausen können wir auf Nebenstrecken über Oetenhausen, Währentrup und Hörste Richting **Pivitsheide** fahren. Der Campingplatz Quellental liegt bei Kussel in einem Taleinschnitt am bewaldeten Hang des Teuto.

(167) WOMO-Campingplatz: Detmold Quellental

GPS: N 51°55'59.9" E 8°46'16.2", Quellenstraße 55.**Tel.:** 0151 55903499.
Geöffnet: 01. März bis 31. Oktober.
Ausstattung: Hier zählt vor allem die ruhige, naturnahe Lage.
Beschreibung: Wiesengelände im bewaldeten Tal mit einzelnen Hecken und Bäumen.
Preis: WOMO inkl. 2 Pers. 20 €, Person 5 €, Kind bis 12 Jahre 3 €, Umweltgebühr 2 €, Dusche 1 €, Strom 1 €/kWh.
Anfahrt: Vor Pivitsheide rechts Richtung Augustdorf, im Wohngebiet von Kussel rechts in die Quellenstraße.
Hinweis: Das Freibad Fischerteich ist 750 m entfernt.

Zu den Rethlager Quellen mit Bänken, die in einem felsigen Rund aus Felsspalten und dem Kies austreten, kommt man, indem man der Straße um den Campingplatz folgt, an dessen Ende links im Tal aufwärts geht und an der nächsten Verzweigung geradeaus, dann beschildert rechts. Bitte schützen Sie die Quellen, indem Sie den Quellbereich nicht betreten (500 m eine Richtung).

Die Rethlager Quellen

Am romantischen Donoper Teich

Von Pivitsheide lohnt ein Abstecher durch das **Naturschutzgebiet Donoper Teich – Hiddeser Bent**. Vom Parkplatz am Donoperteich sind es nur wenige Meter zum gleichnamigen, kleinen Stausee, an dessen Abfluss sich ein natürlicher Wasserspielplatz im Wald befindet (GPS N 51°55'37.6" E 8°48'14.0"). Entlang der Strecke folgen drei weitere Wanderparkplätze, von denen der mittlere über eine Picknickbank verfügt.

Dann erreichen wir **Detmold** von der Südseite, also beim Hermannsdenkmal und Freilichtmuseum, die weiter unten beschrieben werden. Als „Kulturstadt am Teutoburger Wald" lockt Detmold mit einer quirligen Innenstadt rund um das Residenzschloss mit viel alter Bausubstanz und reicher Auswahl an Cafés und Restaurants von vegan bis Currywurst.

Detmold – Geschichtssplitter

Bereits 783 als Theotmalli erwähnt, lag Detmold an einer Furt durch die Werre, die durch weite, sumpfige Niederungen floss. 1263 erhielt Detmold Stadtrechte. Die Stadt bildete einen Ring von etwa 500 Metern Durchmesser und wurde von zwei Straßen in Nord-Süd- und Ost-Westrichtung geviertelt. Gesichert war sie durch einen Wall mit Stadtmauer und Toren und die Burg des Landesherren. Trotzdem blieb Detmold als Ackerbürger- und Handwerkerstadt klein, wurde immer wieder von Plünderungen und Bränden heimgesucht und hatte Mitte des 15. Jahrhunderts etwa 350 Einwohner. Nach einer Eroberung durch die Kölner 1447 wurden die Festungsanlagen verstärkt und die Stadt zur ständigen Residenzstadt des Grafen. Gut 100 Jahre später war das Schloss im Stil der Weserrenaissance fertiggestellt. In der ersten Hälfte des 17. Jahrhunderts wüteten Pest und der dreißigjährige Krieg. Erst danach kam es zu einem wirtschaftlichen Aufschwung mit der Errichtung klassizistischer Gebäude, unter anderem das Rathaus, und der Planung der Neustadt südlich der Altstadt. Im Zweiten Weltkrieg war Detmold weniger von Bombardierungen betroffen als andere Städte. Bis 1995 war eine britische Garnison bei Detmold stationiert, die bei ihrem Abzug viel leerstehenden Wohnraum hinterließ. So entwickelte Detmold sich zu einer bunten, lebendigen Stadt mit vielen Zugezogenen, darunter auch Spätaussiedler aus Russland und Menschen aus anderen Ländern, aber auch mit der negativen Entwicklung einzelner sozialer Brennpunkte in Vororten.

Zwei Ansichten vom Detmolder Schloss: von der Parkseite...

Das **Fürstliche Residenzschloss** nimmt mit seinem Schlosspark und dem Schlossteich fast ein Viertel der Altstadt ein. Gebaut ab 1549 stammen unter anderem die Mauern des Schlossturmes von einem Vorgängerbau aus dem 13. Jahrhundert. Der Park mit seinen gepflegten Rasenbereichen und alten Bäumen wird von den Detmoldern für Erholungspausen genutzt, das Schloss kann im Rahmen von Führungen besichtigt werden (Zeiten s. www.schloss-detmold.de, Erwachsene 6 €, ermäßigt 4 €, Familie 15 €).

Der Marktplatz mit dem klassizistischen **Rathaus** und der spätgotischen Erlöserkirche aus dem 16. Jahrhundert liegt im Zentrum der Altstadt und grenzt an Schlossteich und -park. Hier steht auch der Donopbrunnen mit der Figur der Nymphe, der seit 1883 mit Wasser der Berlebecker Quellen gespeist wurde, um die Detmolder mit sauberem Trinkwasser zu versorgen. Damals waren sowohl Werre wie auch alle Brunnen gefährlich verschmutzt. Vor allem südlich von Park und Marktplatz erstreckt sich die **Altstadt** mit insgesamt 700 Baudenkmälern. Die **Adolfstraße** ist ein besonders schöner Straßenzug mit mittelalterlichen Fachwerkhäusern mit vorspringenden Obergeschossen, die teilweise auf der alten Stadtmauer gebaut wurden. Aber auch in der Krummen und der Langen Straße lassen sich viele historische Bauten

Die Hof-Apotheke beim Marktplatz

...und über den Schlossteich

entdecken, die aus drei Stilepochen stammen. Fachwerkhäuser aus dem späten Mittelalter nach dem großen Stadtbrand von 1547 und Bürgerhäuser mit klassizistischen oder dekorierten Fassaden aus der Biedermeier- oder Gründerzeit des 19. Jahrhunderts.

Das **Lippische Landesmuseum** gegenüber vom Schloss verfügt über eine umfangreiche Sammlung von Kulturgütern zu den Themen Naturkunde, Ur- und Frühgeschichte, Landesgeschichte, Volkskunde, Kunst, Möbeldesign sowie Kulturen der Welt (Di-Fr 10:00-18:00, Sa/So/Feiertag 11:00–18:00, 5 €, ermäßigt 3,50 €, Kind bis 17 Jahre frei, Familie 10 €). Umfasst wird die Altstadt im Südwesten vom teils hübsch gestalteten Mühlengraben und im Nordosten von der begradigten Werre. Südlich der Altstadt liegt der **Palaisgarten** mit Brunnen und Wasserspielen und einem alten Baumbestand.

(168) Offizieller WOMO-Stellplatz: Detmold Werrebogen

GPS: N 51°55‘45.8“ E 8°53‘09.5“, Hornsche Str. 50. **Max. WOMOs:** 10.
Ausstattung: V/E Grauwasser, Strom (Gebühr), WLAN.
Beschreibung: Gepflasterte Stellplätze, mit Hecken parzelliert, ruhige Lage.
Preis: 10 €.
Anfahrt: An der Straße nach Horn-Bad Meinberg, linke Seite nach Gymnasium und Realschule.
Hinweis: Stadtrundgang s.u., zum Freizeitbad Aqualip 500 m.

Die Werre – ein Fluss der OWL verbindet

Ein Projekt, das Hochwasserschutz verbinden soll mit attraktiver Landschaftsgestaltung und Identitätsprägung wird die Umgebung des WOMO-Stellplatzes in den nächsten Jahren verändern: „Die Werre – ein Fluss der OWL verbindet“. 17 Projektbausteine wurden entlang des 72 Kilometer langen Nebenflusses der Weser entwickelt, der durch **Ostwestfalen-Lippe** fließt. In Detmold haben Schüler und Schülerinnen der beiden angrenzenden Schulen gemeinsam mit Mitarbeitern der Stadt und einem Ingenieurbüro für den Bereich „Kuhkamp“ eine eigendynamische Sekundär-Aue geplant, die neben Naherholung auch als Grünes Klassenzimmer genutzt werden soll.

Rundgang Detmold, 3,4 km

Da die Werre-Renaturierung mit den geplanten Fußwegen noch aussteht, gehen wir entlang der Zufahrtstraße, der Hornsche Straße, nach rechts Richtung Zentrum und biegen an der ersten Kreuzung rechts ab in die Leopoldstraße. Gegenüber des wenig ansprechenden Hochhauses der Bezirksregierung biegen wir links in die Exterstraße, dann die zweite rechts in die Adolfstraße und kommen in eine andere Welt. An der kleinen, gepflasterten Straße reihen sich mittelalterliche Fachwerkhäuser mit vorspringenden Obergeschossen dicht aneinander. An der nächsten Kreuzung biegen wir links ab und kommen vorbei an der neugotischen Martin-Luther-Kirche zum Marktplatz mit Rathaus und Erlöserkirche. Zwischen Kirche und Rathaus hindurch betreten wir den Schlossplatz durch einen Tordurchgang. Ein kurzer Abstecher vor dem Durchgang nach rechts kann zur Hofapotheke führen, die teilweise mit historischen Schränken ausgestattet ist.

Im Park laufen wir nach links auf die klassizistische Schlossfront zu, an dieser entlang und verlassen den Park auf der gegenüberliegenden Seite. An der Straße nach links und sofort hinter dem Schlossteich links kommen wir am Lippischen Landesmuseum vorbei und zwei beeindruckenden, großen Fachwerkgebäuden. Am hübsch gestalteten Platz am Mühlengraben mit dem steinernen „Donut am Wall" biegen wir links ab und laufen wieder Richtung Markt. Nach einem Geländer zum Schlossteich schauen wir an der nächsten Kreuzung links auf die schöne Gruppe verschachtelter Fachwerkhäuser und biegen dort rechts in die Gasse oder „Twete" „Unter der Wehme". An der nächsten Kreuzung machen wir einen Abstecher nach rechts zu den schönen Fachwerkbauten der Krummen Straße, gehen wieder zurück und geradeaus auf der Krummen Straße bis zur nächsten Kreuzung. Hier links in die Lange Straße und nächste rechts in die Twete „Zur Ehemaligen Synagoge" kommen wir zu einem Platz mit dem Mahnmal, das Repliken von verzierten Säulen der Synagoge zeigt. Am Mahnmal rechts gehen wir zur Exterstraße, der wir nach links zur Bezirksregierung folgen und auf bekanntem Weg zurück zum Stellplatz gehen.

Ohne das WOMO zu bewegen, kann man Freilichtmuseum, Vogelpark, Externsteine und weitere Highlights mit dem Bus erreichen. Die TouristikLinie 792, auch **Naturparkbus** genannt, fährt samstags, sonntags und feiertags stündlich und hat Platz für bis zu 20 Fahrräder (Haltestelle Weerthplatz nördlich der Bezirksregierung, s. Rundgang, Preis z.B. Detmold – Externsteine – Bad Meinberg 19,20 € für 5 Personen, oder 3 Tage auf der gesamten Linie für 14 € pro Person).

Südlich von Detmold wartet mit dem **LWL-Freilichtmuseum** das Größte seiner Art in Deutschland. 120 historische Gebäude wurden auf 90 Hektar Wald und Wiese wieder aufgebaut. Alles dreht sich um 500 Jahre bäuerliches und kleinstädtisches Leben vom Ende des Mittelalters bis heute. Unterteilt ist das Gelände in vier Gebiete, die den Regionen Westfalens entsprechen. Picknickbänke, Bäckerei und Gastronomie laden zu einer Pause ein und mit einer Pferdekutsche kann man vom Eingang zum Paderborner Dorf oder zurückfahren (GPS N 51°55‘26.7“ E 8°52‘05.5“, April-Okt., Di-So und Feiertag 9:00-18:00, 8 €, ermäßigt 4 €, unter 18 Jahre frei, Kutschfahrt 3/ 2 €).

Südlich von Detmold erhebt sich mit dem **Hermannsdenkmal** eines der beliebtesten Ausflugziele der Region. Die 54 Meter hohe Monumental-Statue auf dem 386 Meter hohen Grotenberg wurde 1875 eingeweiht und stellt Hermann, den Cherusker dar, auch Arminius genannt, der bei der Varusschlacht im Teutoburgerwald im Jahr 9 n. Chr. mit seinem germanischen Heer die Römer vernichtend schlug und damit ein Vordringen der Römer verhinderte. Ein großer kostenpflichtiger Parkplatz befindet sich unterhalb des Denkmals. Von dort geht es vorbei an Information und Gastronomie im Stil der 70er und am Kletterpark zur Sichtschneise, die als breiter Pflasterweg mit Rasenbankett zur Rückseite des Cheruskers führt. Auf der Vorderseite der Statue führen Treppen hinunter zu einem Aussichtsbalkon mit Sicht nach Westen über den Teutoburger Wald. Die beste Aussicht hat man von der Aussichtsplattform, die rund um den Sockel der Statue oberhalb der mächtigen Pfeiler verläuft. Da das Denkmal Ziel von über 500.000 Besuchern im Jahr ist, sollte man möglichst Randzeiten wählen (GPS N 51°54‘35.4“ E 8°50‘24.2“, Parken 4 €, Öffnungszeiten Aussichtplattform auf dem Denkmal April-Okt. 9:00-18:30, Winter 10:00-16:00, 4 €, Kind 2 €).

Das Hermannsdenkmal

Aussicht vom Parkplatz des Hermannsdenkmals

Im Vogelpark

Vor allem für Familien mit Kindern ist der **Vogelpark Heiligenkirchen** ein Ziel. Volieren mit vielen unterschiedlichen Vögeln, aber auch einige Säugetiere wie Präriehunde und Kängurus sind hier auf etwa einem Hektar Gelände zu sehen. Es gibt ein Café und einen großen Spielplatz mit Picknickbänken, auf dem einige Geräte einzeln bezahlt werden müssen (GPS N 51°53'58.1" E 8°51'23.8", Mitte März bis Anfang Nov., 9:00-18:00, 8,50 €, Kind ab 3 Jahre 5 €, Besichtigungsdauer 1,5-2 h).

In direkter Nachbarschaft liegt der kleine Ort Berlebeck in einer Senke zwischen den Hängen des Teuto.

Größte und empfehlenswerte Attraktion ist die **Adlerwarte Berlebeck**. Volieren, Adlerhaus, Spielplatz, Bistro und Café gruppieren sich um das Freifluggelände. Zu den etwa 180 fliegende Gesellen aus knapp 50 Arten zählen neben Weißkopfseeadlern auch die größten Greifvögel der Welt, die Andenkondore und in der Afrika-Voliere Palm- und Kappengeier und die langbeinigen Sekretäre. Besonders spannend und witzig gestaltet ist das 40minütige Freiflugprogramm (GPS N 51°53'30.6" E 8°52'16.1", Frühjahr bis Spätherbst, 9:30-17:00, 7/ 5,50 €, Kind 5-14 Jahre 4 €, Freiflugprogramm 11:00 und 15:00).

Von Berlebeck machen wir zuerst einen Abstecher zu einem weiteren Highlight am Teuto, den **Externsteinen**. Vorsicht: in der Hauptsaison herrscht hier überall viel Andrang!

Die Externsteine im Morgendunst

Die Externsteine

Verwitterungsbeständiger Quarzsandstein überstand hier die Erosion des umliegenden Gesteins und zeigt sich in 13 weitgehend freistehenden Felssäulen. Diese selbst sind durch so genannte Wollsackverwitterung entlang von Rissen zu bizarren, bis zu 47,7 Metern hohen Säulen geformt. Mythische Legenden ranken sich um die Externsteine, gesichert aber sind Funde von Feuersteinklingen aus der Steinzeit. Wahrscheinlich aus dem Mittelalter stammen die in die Steine gearbeiteten Grotten, allerdings lassen sich nur die Reliefs genauer datieren. Heute ist der Zugang zu den Steinen gut ausgebaut, eine Notwendigkeit bei einer halben Million Besuchern jährlich. In den Fels geschlagene und mit Geländer gesicherte Treppenaufgänge und eine Brücke erlauben die Besichtigung von Grotten und Felsspitzen. Südlich der Externsteine erhebt sich der Barnacken, der mit 446 Metern höchste Berg des Teutoburger Waldes.

Auf dem Weg liegt der kleine Ort **Holzhausen-Externsteine** am Hang des Teuto. Er lebt von der schönen Umgebung und der Nähe zu den berühmten Felsformationen. Wer dem Trubel bei den Steinen etwas aus dem Weg gehen will, kann hier parken und sich den Externsteinen zu Fuß nähern.

Zu Fuß zu Externsteinen und Vogeltaufe

Parkplatz Schliepsteinweg (GPS N 51°52'30.5" E 8°54'41.0"): Der Weg in Parkplatzverlängerung führt geradeaus zum Damm des kleinen Stausees unterhalb der Externsteine (0,9 km eine Richtung, wenig Höhenmeter).

Parkplatz Externsteine/Bärenstein (GPS N 51°52'19.6" E 8°54'14.4", etwas ruhiger, weil weiter „ab vom Schuss": Am oberen Parkplatzende auf breitem Weg in den Wald, bei der T-Kreuzung rechts halten und diesem Weg folgen am oberen Ende des Stauteiches vorbei, dann an der nächsten Wegekreuzung links und von hinten durch die Externsteine spazieren (1,3 km eine Richtung, wenig Höhenmeter).

Rückweg für beide Parkplätze über den Bärenstein: Von den Externsteinen über den Staudamm gehen, dahinter links abbiegen und zweite schräg rechts auf den Hermannsweg („H"). Serpentinen und Stufen führen auf den Bärenstein. Dem Hermannsweg wieder abwärts folgen, und an der zweiten Kreuzung wenig oberhalb der Straße rechts zum Parkplatz Schliepsteinweg bzw. links zum Parkplatz Externsteine (1,8/1,6 km/50 Hm).

Zur Vogeltaufe: Ein steiler Anstieg führt zum Gedenkstein Vogeltaufe westlich des Ortes mit schöner Aussicht, hier geht es wesentlich ruhiger zu.

Parkplatz Schliepsteinweg: an der Querstraße nach links gehen und dann immer geradeaus bis zur Verzweigung unter dem Hotel Waldesruh. **Parkplatz Externsteine:** Entlang der Zufahrtstraße zurückbis zum Waldhotel Bärenstein, dort schräg links und an der T-Kreuzung links (beschildert „H" Hermannsweg). **Für beide:** Unter dem Hotel Externsteine rechts gehen und Straße folgen, bis ein breiter, steiler Fahrweg nach links beschildert zur Vogeltaufe führt. Oben gibt es sowohl am Weg wie auch am rechts gelegenen Aussichtspunkt Relax- und Picknickbänke (gute 2 km hin und zurück/75 Hm).

An der Vogeltaufe

Direkt an den Externsteinen gibt es einen großen Parkplatz in etwa 500 Meter Entfernung. An dessen den Steinen zugewandtem Ende befinden sich das moderne **Infozentrum** mit einer Wissens-Ausstellung rund um die Steine und einem Parcours für Kinder sowie der Gaststätte Felsenwirt (GPS N 51°52'18.7" E 8°55'37.1", bitte den Beschilderungen folgen! Manche Navis lenken durch das Naturschtzgebiet, Parken 4 €, Besteigung Externsteine 10:00-18:00, 4 €, Kind 2 €, das Gelände um die Externsteine ist frei zugänglich). Ein gemütlicher Spaziergang rund um den **Stausee der Wiembecke** zu Füßen der Externsteine kann einen Besuch abrunden. Wer die Steine ohne Trubel erleben will, sollte knapp 50 Meter nach dem breiten Durchgang zwischen den Felsen dem Hermannsweg links hoch in den Wald folgen für knapp 200 Meter zur **„Schönen Aussicht"** (Vorsicht: keine Absturzsicherung).

Der Doppelort **Horn-Bad Meinberg** ist nicht nur Standort der Externsteine, die beiden Orte lohnen auch als Kurort und wegen der historischen Bebauung einen Stopp.

In **Horn** ist die Struktur des mittelalterlichen Zentrums noch gut zu erkennen. **Burg Horn** entstand wahrscheinlich mit der Stadtgründung im 13. Jahrhundert direkt an der Stadtmauer. Im Laufe der Jahrhunderte wurde sie erweitert und beherbergt heute das Burgmuseum des Heimatvereins und Veranstaltungsräume. Das stattliche, neugotische Rathaus wurde Ende des 19. Jahrhunderts gebaut. In Horn sind viele giebelständige Fachwerkhäuser erhalten, viele davon an der Mittel- und Nordstraße. Vom Parkplatz „Burg" an der Ringstraße aus

Fachwerkhaus in Horn - Marktplatz in Horn

Burg Horn - Erker am Marktplatz

hat man einen schönen Blick auf die Stadt und einen guten Zugang (GPS N 51°52'27.6" E 8°56'32.3", Zugang links der Burg, dahinter rechts auf Burgstraße, an T-Kreuzung der Mittelstraße links zum Rathaus).

In **Bad Meinberg** wurde bereits Ende des 18. Jahrhunderts ein barocker Kurpark angelegt. Auf sechs Hektar finden sich heute Wiesen- und Baumflächen und ein kleiner Stausee der Werre (Parken GPS N 51°53'49.8" E 8°59'19.3"). Dahinter liegt das Bad Meinberger Badehaus mit Schwimmbecken und Saunabereich.

(169) Offizieller WOMO-Stellplatz: Horn-Bad Meinberg Auf dem Straußenhof

GPS: GPS N 51°53'29.7" E 9°03'28.1", Billerbeckerstr. 61.**max. WOMOs:** 3.
Ausstattung: Keine (bisher).
Beschreibung: Stellplätze auf der Wiese beim neu aufgebauten Straußenhof Möller.
Preis: 20 €.
Anfahrt: Von Bad Meinberg auf der L 239 Richtung Belle / Holzminden, in Belle rechts nach Steinheim, zweite rechts.

(170) WOMO-Campingplatz: Horn-Bad Meinberg Eggewald

GPS: N 51°48'12.8" E 8°56'36.9" Kempener Straße 33. **Tel.:** 05255 236.
Geöffnet: Vom 1.11. bis zum 30.03. nur nach telefonischer Rücksprache.
Ausstattung: Ältere, aber sehr saubere Sanitäranlagen, kleiner Pool, sonst vor allem Natur-Idylle.
Beschreibung: Überwiegend parzellierte Stellplätze am Rande eines kleinen Dorfes mitten im Grünen in einem Wiesental umgeben von bewaldeten Berghängen.
Preis: 22 € mit Strom für 2 Personen.
Anfahrt: Von Horn-Bad Meinberg in Richtung Altbeken, durch Veldrom fahren und 3 km weiter rechts nach Kempen abbiegen.
Hinweis: Der Besitzer betreibt auch ein Traktorenmuseum.

Von Horn-Bad Meinberg fahren wir zurück nach Heiligenkirchen und biegen dort links ab nach Paderborn über die **Passhöhe Gauseköte**. Entlang der Straße lassen sich die Berlebecker Quellen besichtigen und die Falkenburg auf einer Wanderung. Es gibt zwei Wanderparkplätze, einen in Berlebeck (GPS N 51°53'33.9" E 8°52'36.8") und einen kurz vor der Passhöhe (GPS N 51°51'55.5" E 8°52'08.1", war beim letzten Besuch wegen Holzarbeiten gesperrt).

Vom Parkplatz in Berlebeck ist der Weg zur **Falkenburg** als „OH! 4 KinderErlebniswelt Natur" beschildert, Vorsicht, es geht dabei ziemlich bergauf!

Berlebecker Quelle, Falkenburg, Gauseköte, Fürstenallee

Ein Großteil des Detmolder Trinkwassers wird aus den Berlebecker Quellen und der Berlebecke gewonnen. Wenige Meter nördlich liegt das alte Wasserwerk mit seinem aufwändigen Sandsteinportal, das 1899 gebaut wurde. Die Falkenburg wurde Ende des 12. Jahrhunderts als Höhenburg gebaut, um die Ländereien nord-östlich des Teuto zu überwachen und zu schützen. Anfang des 15. Jahrhunderts wurde Herzog Heinrich I. von Braunschweig hier gefangen gehalten. Mitte des 15. Jahrhunderts wurde sie durch einen Brand weitgehend zerstört und anschließend als Steinbruch genutzt unter anderem zum Ausbau der Passstraße über die Gauseköte. 2005 begannen umfangreiche Grabungen, bei denen bis zu 2,50 Meter Erdreich abgetragen und umfangreiche Mauerreste entdeckt wurden.
Gauseköte wird der 350 Meter hohe Pass genannt, der Teil der Rhein-Weser-Wasserscheide ist. Die Passstraße verbindet Detmold mit Paderborn und führt dabei zuerst im Tal der Berlebecke aufwärts mit teilweise über 10% Steigung. Auf der Südseite verläuft die Passstraße, nachdem sie die Ebene erreicht hat, durch die Fürstenallee. Diese wurde ab 1725 mit je zwei Reihen Buchen und Eichen zu beiden Seiten der Straße bepflanzt, die eine fürstliche Zufahrt zum Jagdschloss Oesterholz der Grafen zur Lippe bieten sollte. Seit 2009 werden die oft umsturzgefährdeten Bäume durch Jungpflanzen ersetzt, wobei einige alte Bäume bestehen bleiben sollen. Das Fachwerkgebäude des Jagdschlosses auf der westlichen Seite der Strecke beherbergt heute eine Senioreneinrichtung.

(171) WOMO-Wanderparkplatz: Berlebeck

GPS: N 51°53'33.9" E 8°52'36.8", Paderborner Str./ An der Pyramideneiche.
Max. WOMOs: 1.
Ausstattung: Keine.
Beschreibung: Wanderparkplatz im Ort, kleine Rasenfläche und Bäume.
Anfahrt: Von Berlebeck Richtung Paderborn, Parkplatz auf der linken Seite, Asphaltfläche hinter den Bäumen.

Hoch zur Falkenburg, 5,5 km/ 190 Hm

Start: Wanderparkplatz Berlebeck, Beschilderung „OH!4 KinderErlebniswelt-Natur". Vorsicht: Beim letzten Besuch war der Zugang zur Burg mit einer Barke gesperrt, was die meisten Besucher nicht von einem Besuch abgehalten hat. Vom Parkplatz aus gehen wir entlang der Paderborner Straße Richtung Gauseköte und biegen in die nächste Straße links ab. In der Rechtskehre führt ein Fußweg links an der Kirche vorbei und zwischen Wiesen aufwärts. An der T-Kreuzung geht es links hoch zu einem Sträßchen und dort rechts. An der Querstraße gehen wir links und biegen sofort rechts ab auf den Hermannsweg. Wir wandern jetzt durch Wald aufwärts und biegen bei der zweiten Verzweigung scharf links ab auf einen breiten Weg. An der nächsten Wegekreuzung wandern wir rechts steil aufwärts. Er trifft auf einen breiten Fahrweg, auf dem es mit weniger Steigung nach rechts weitergeht. Am nächsten großen Wegedreieck halten wir uns zweimal links. Schon unterhalb der Falkenburg wandern wir bei einem Querweg nach rechts und dann geradeaus an der Schranke vorbei hoch zur Burg.
Zurück von der Burg biegen wir beim Unterstand nach links ab und folgen dem Weg bis zur nächsten T-Kreuzung. Alternative: Hier könnte man links abbiegen, kommt hinunter zur Paderborner Landstraße, wo die Berlebecker Quellen 200 Meter nach links und der Parkplatz 1,3 km nach rechts liegen. Der beschilderte Weg aber führt an der T-Kreuzung nach rechts und wieder aufwärts. Nach einer Links-Rechts-Kehre zweigt am Ende der Rechtskurve ein Fußweg links ab, der ins Tal hinab und an Wiesen entlang führt. Er trifft auf ein Straßenende, wo es geradeaus weiter geht. Wir überqueren die Paderborner Straße und gehen auf dem Fußweg nach rechts, der in einer Linkskurve an den kleinen Teichen vorbei führt. Dahinter biegen wir rechts ab, spazieren vorbei an der Papiermühle und treffen wieder auf die Paderborner Straße, der wir zum Parkplatz folgen.

Auf der Falkenburg

Dann rollen wir in den heilklimatischen Kurort **Bad Lippspringe**. Es sind vor allem die Heilquellen, die Lippequelle und vier große Parkanlagen, die die Stadt interessant machen.

Bad Lippspringe – Geschichtssplitter und Quellen

Aus der Lippequelle sprudelt das Quellwasser mit 740 l/s aus etwa acht Metern Tiefe. Hier tritt versickertes Niederschlags- und Flusswasser der kleinen umliegenden Bäche wieder zutage. Das Quellloch, der Kolk, erscheint vor allem im Sonnenlicht milchig-türkis bis tiefblau. Genannt „Odins Auge" wird er wegen der Sage, Göttervater Odin habe hier eines seiner Augen in die trockene Sennelandschaft geworfen, damit sie erblühen kann.
Für Karl den Großen lag der Ort an der Lippequelle und an der wichtigen Ost-Westverbindung entlang des Flusses strategisch so günstig, dass er dort zwischen 776 und 782 drei Reichsversammlungen abhielt. Fast 500 Jahre später, 1312, wurde die Burg Lippspringe vom Paderborner Domkapitel errichtet und die Lippe aufgestaut für den Wassergraben. Nach mehrfachen schweren Beschädigungen und Renovierungen wurde die Burg im Siebenjährigen Krieg 1756-63 unbewohnbar.
Mit der Entdeckung der 20,5 °C warmen Arminiusquelle im Jahr 1832 begann die Entwicklung der Stadt als Heilbad. Später suchte sich die Quelle einen neuen Austritt, die Neue Arminiusquelle. So wie die benachbarte Liborius-Quelle mit 15,9 °C sollen die Wasser als Trinkkur bei Magen-, Darm- und Stoffwechselerkrankungen helfen.
Die Martinusquelle mit 27,9°C dagegen kommt im städtischen Freibad sowie im Freizeit-Spaßbad „Westfalen-Therme" zum Einsatz.
Die Jordanquelle hängt unterirdisch mit der Lippequelle in Verbindung. Ihre Wassermenge schwankt stark, in trockenen Sommern kann sie trocken fallen.

Von den vier Parks grenzen je zwei aneinander: Der 1840 als Landschaftspark angelegte **Arminiuspark** am Prinzenpalais

Odins Auge, die Lippequelle mit Burgruine und Kongresshaus

geht über in den stärker bewaldeten **Jordanpark** mit Jordanquelle und Wasserspielplatz. Zusammen bedecken sie eine Fläche von 6,5 Hektar nordöstlich des Zentrums. Ein Besuch des nordwestlich gelegenen **Kaiser-Karls-Park**, der 2017 als Landesgartenschau hergerichtet wurde, kostet Eintritt (9:00-19:00, Mitte April – Ende Okt. 10:00-17:00, Verweildauer bis max. 21:00, Preise Haupt-/Nebensaison 9,50/ 4 €, mit Gästekarte 5/ 2 €, Kind 3–17 Jahre 1/ 0,5 €, Familie 15/ 7 €, Hunde nicht gestattet). An den Kaiser-Karls-Park grenzt der **Heilwald** mit thematischen Rad- und Wanderwegen. Er wurde Anfang des 19. Jahrhunderts gepflanzt, um die Wanderdüne aus der Senne aufzuhalten.

Im Armuniuspark

An der „Sonne“ mit 1,40 m Durchmesser vor dem Prinzenpalais beginnt der empfehlenswerte, sechs Kilometer lange **Planetenweg**. Er führt als Rundweg am Gartenschaupark vorbei, durch den Heilwald, entlang dem Bach Strothe, dem Dedinger Heide See und zurück durch Jordanpark. So zeigt er auf einer abwechslungsreichen Runde die Highlights Bad Lippspringes (Flyer mit Karte googeln unter „Plantenweg Bad Lippspringe“). Die Westfalen-Therme bietet Spaßbad und einen großen Sauna-Wellness-Bereich am Nordrand des Heilwaldes.

(172) Offizieller WOMO-Stellplatz: Bad Lippspringe

GPS: N 51°46‘52.6“ E 8°49‘27.9“, Burgstraße 10. **Max. WOMOs:** 11.
Ausstattung: V/E, Strom (Gebühr).
Beschreibung: Gepflasterte Stellplätze in ruhiger Lage hinter dem Kongresshaus.
Preis: 12 € inkl. Gästekarte.
Anfahrt: Beschilderung Parkplatz Kongresshaus folgen, gegenüber.
Hinweis: Bei Vollbelegung evtl. Ausweichmöglichkeit auf dem Parkplatz des Waldfriedhofes GPS N 51°46‘57.4“ E 8°47‘59.3“.

Lippe- und Arminiusquelle befinden sich auf der anderen Seite von Kongresshaus / Burgruine, der Arminiuspark mit Palais rechts neben dem Kongresshaus.
Kürzester Weg zum Kaiser-Karls-Park/ Heilwald: An der Arminiusquelle zwischen den Häusern hindurchgehen und dahinter sofort rechts auf die schmale Marktstraße. Sie führt als Einbahnstraße, dann als Fußgängerzone immer geradeaus auf den Kaiser-Karls-Park zu. **Zum Heilwald:** Kurz vor dem Kaiser-Karls-Park nach links durch den kleinen Park mit Schäferbrunnen, auf der anderen Seite rechts und vor der Klinik Martinusquelle rechts..

Blick über Börnepader zum Quellbecker der Dammpader

Mit **Paderborn** erreichen wir eine lebendige Stadt, die mit den schön angelegten Parks an den Paderquellen punktet. In fünf Kanälen strömen die Wasser durch die Innenstadt und überraschen mit angenehmem Klima und entspannten Grünanlagen.

Paderborn - Geschichtssplitter

Namensgeber der Stadt sind die Quellen oder „Borne" der Pader, die nach nur vier Kilometern in die dort viel kleinere Lippe mündet. Aus fünf Quellteichen treten durchschnittlich fünf Kubikmeter Wasser pro Sekunde aus, das aus Niederschlägen und Bächen der karstigen Paderborner Hochfläche stammt.

Paderborn lag an einem Zweig der Via Regia, der etwa 2000 Jahre alten Straßenverbindung unter königlichem Schutz, die Europa durchzog von Santiago de Compostela nach Moskau und Kiew und von Stettin und Antwerpen nach Rom – eine europäische Handelsverbindung zu Zeiten, als Reisen durch die weiten, wilden Lande sehr gefährlich war. Die Gegend war Schauplatz der Sachsenkriege. 776 ließ Karl der Große die Pfalz Paderborn an den Paderquellen bauen und ab 777 fanden hier mehrere Reichsversammlungen statt. Im 9. Jahrhundert wurde Paderborn zum Bistum ernannt.

Ein verheerender Großbrand im Jahr 1000 zerstörte die Pfalz und den frühen Dom. Ab 1009 wurde ein neuer Dom gebaut. Er wurde ab 1051 erweitert und um den heutigen großen Westturm ergänzt. Auch die Pfalz wurde im 11. Jahrhundert wieder aufgebaut. In den folgenden Jahrhunderten kam es zu weiteren zerstörerischen Bränden, die weite Teile der Stadt in Schutt und Asche legten, in den Jahren 1058, 1165, 1289, 1340 und 1506. Nach dem letzten wurde eine künstliche Wasserversorgung gebaut, um die Löschmöglichkeiten zu verbessern, die „Wasserkunst" an der Dielenpader. Als Wasserkunst wurde damals jegliches künstliche Anheben und Umleiten von Wasser bezeichnet. Auch die städtischen Brunnen, die Kümpe, wurden über Holzrohre mit Paderwasser beschickt, das zuvor durch eine Kolbenpumpe 20 Meter in die Höhe gepumpt wurde.

1614 wurde die erste westfälische Universität gegründet, aus der die Theologische Fakultät hervorging.

Bei Luftangriffen am Ende des Zweiten Weltkrieges starben über 300 Menschen und 85% der Altstadt wurden zerstört. Ab 1964 wurde die Kaiserpfalz ausgegraben und später als Museum wieder aufgebaut. 1972 wurde die Universität Paderborn gegründet.

Waschfrauen an der Warmen Pader

Im Zentrum der Stadt erhebt sich der gotische **Dom** mit großer Hallenkrypta, der hauptsächlich aus dem 13. Jahrhundert stammt. Das Wahrzeichen der Stadt, das Drei-Hasen-Fenster, befindet sich im Innenhof der Nordseite des Dom-Kreuzgangs. „Der Hasen und der Löffel drei, und doch hat jeder Hase zwei" beschreibt, wie die Hasenohren ein Dreieck formen. Gewidmet ist der Dom St. Maria, St. Loborius, einem Bischofs von Le Mans aus dem 4./5. Jahhundert, und St. Kilian, und der Liborischrein gilt als wertvollstes Stück des Domschatzes. Er wird beim Liborifest Ende Juli in einer feierlichen Prozession durch die Stadt getragen.

Krypta des Domes

Direkt nördlich des Doms liegen die **Kaiserpfalzen**. Von der karolingischen Pfalz Karls des Großen sind die Grundmauern zu sehen. Die spätere, ottonisch-salische Pfalz wurde wieder aufgebaut und beherbergt das **LWL-Museum in der Kaiserpfalz** mit Ausstellungen und Führungen zum Leben in und um die Kaiserpfalzen und die Verbindungen von Adel und Klerus (Di-So 10:00-18:00, 4,50 €, bis 17 Jahre frei).

Am Eingang zum Museum steht die schlichte Bartholomäuskapelle mit ihrer bestechenden Akustik. Gebaut um 1017 als Pfalzkapelle von griechischen Bauleuten, gilt sie als älteste Hallenkirche auf deutschem Boden und bedeutendstes kunstgeschichtliches Bauwerk der Stadt.

Historisches Rathaus Paderborn

Das **historische Rathaus** wurde ab 1613 im Stil der Weserrenaissance gebaut und nach 1945 wiederaufgebaut.

Das **Adam-und-Eva-Haus** von 1560, so benannt wegen der Darstellung von Sündenfall und Vertreibung aus dem Paradies auf dem Schnitzfries, gilt als schönstes Fachwerkhaus (Parken Innenstadt s. WOMO-Platz Maspernplatz).

Mit der Paderhalle für Musik- und Kunstveranstaltungen und dem „Theater Paderborn – Westfälische Kammerspiele" am Neuen Platz verfügt Paderborn über zwei große, innerstädtische Veranstaltungsgebäude. Außerdem gibt es insgesamt 12 Museen. Bemerkenswert ist das **Heinz Nixdorf MuseumsForum**, das als weltgrößtes Computermuseum auf 6000 Quadratmetern Ausstellungsfläche über 5000 Jahre Informationstechnik informiert, angefangen von der Erfindung von Zahl und Schrift bis hin zur künstlichen Intelligenz (Di-Fr 9:00-18:00, Sa/So 10:00-18:00, 8 €, ermäßigt 5 €, Familie 16 €). Das Deutsche Traktoren und Modellautomuseum wartet mit einer Sammlung von über 120 Traktoren auf.

Die drei WOMO-Stellplätze Paderborns liegen alle in Nähe der Pader und erstrecken sich von der Innenstadt Richtung Padersee (Dritter Platz: siehe Alternative).

(173) Offizieller WOMO-Stellplatz: Paderborn Maspernplatz

GPS: N 51°43'21.8" E 8°45'17.6", Hathumarstraße 22. **Max. WOMOs:** 7.

Ausstattung: Strom (Gebühr).
Beschreibung: Mitten in der Stadt am Rand des großen Parkplatzes, aspaltiert/gepflastert, teilweise Schatten.
Preis: 7 €.
Anfahrt: Von Bad Lippspringe kommend auf der Detmolder Straße bis zum Inneren Ring, dort rechts auf den Heierswall, nächste links, auf linke Parkplatzseite abbiegen.
Hinweis: Der Heiersturm am Rande der Stellplätze war Teil der mittelalterlichen Stadtbefestigung. Platz ist ideal für Stadtbesichtigung.
Das **Hallenbad Schwimmoper** liegt direkt auf der anderen Seite der Ringstraße (Heierswall).
Wer dem Pfad durch den Grüngürtel der Pader folgt (vom Platz aus zuerst Brücke überqueren), kann gemütlich zum Padersee und um ihn herumspazieren (gesamt 5,8 km).

(174) Offizieller WOMO-Stellplatz: Paderborn Rolandsbad

GPS: N 51°43'41.2" E 8°44'44.6", Fürstenweg 36. **Max. WOMOs:** 16.
Ausstattung: V/E, Strom (Gebühr).
Beschreibung: Ausgewiesene, schräg angeordnete Asphaltplätze am hinteren Rand des Parkplatzes, umgeben von Bäumen und Büschen, ruhige Lage, trotzdem nah zur Innenstadt.
Preis: 5 €.
Anfahrt: Von Bad Lippspringe kommend auf der Detmolder Straße bis zum Inneren Ring, dort rechts auf den Heierswall, an der nächsten großen Kreuzung rechts auf Neuhäuser Str., zweite rechts Fürstenweg.
Hinweis: Im Grünstreifen hinter den Womo-Stellplätzen verläuft die Stollbergallee, ein Fuß- und Radweg. Nach rechts am Rolandsbad vorbei sind es 800 Meter zum Maspernplatz an der Paderhalle.
Gute Lage für Spaziergänge zum Padersee und kleine Radtouren zum Schloss Neuhaus (einfache Entfernung 3,5 km) oder zum Lippesee (einfache Entfernung 6,5 km).
Alternative: Offizieller WOMO-Stellplatz Heinz Nixdorf MuseumsForum, GPS N 51°43'56.0" E 8°44'11.6", Fürstenallee 7, max. Womos: 3, keine Ausstattung, kostenlos, Stellplätze am Randstreifen eines Parkplatzes, straßennah, trotzdem relativ ruhig, in direkter Näde des Padersees.

Stadtrundgang Paderborn, 2,3 km

Wir starten am Park-/Stellplatz Maspernplatz. Vorbei am großen Gebäude der Paderhalle und dem Maspernturm zur Linken sowie dem Wasserspielplatz zur Rechten gehen wir geradeaus und halten uns bei der Parkplatzzufahrt auf den Fußweg leicht links. Wir überqueren zwei Pader-Kanäle und biegen an der T-Kreuzung links ab. Wer stattdessen hier zuerst einige Schritte nach rechts geht, blickt auf die alte Mühle mit Mühlrad und Mühlencafé, in der die Wasserkraft heute zur Stromerzeugung genutzt wird. Nach links durch den Park kommen wir zum Paderborner Brauhaus und setzten unseren Weg geradeaus und leicht links versetzt fort. Jetzt spazieren wir auf dem schmalen Damm zwischen Warmer Pader, so genannt wegen ihres mit 14-16°C etwas wärmeren Wasser, und der Dammpader entlang. Links von uns erstreckt sich einer der Parks an den Paderquellen. Wir kommen an der Skulptur der Waschfrauen vorbei, biegen am Ende des Quellbeckens links ab und stoßen auf das Quellbecken der Börnepader, der durch die Wasserkunst das Trinkwasser entnommen wurde. Hier können wir einen kurzen Abstecher machen zum Denkmal der Wasserkunst mit Wasserrad: nach links und zweiten Abzweig nach rechts. Ohne Abstecher biegen wir am Quellbecken der Börnepader rechts ab und steigen die Treppe am Kopfende hoch zur Straße. Hier biegen wir nach rechts ab, an der nächsten Kreuzung nach links in die Fußgängerzone. Vorbei am Marienplatz mit der Mariensäule kommen wir zum Rathausplatz. Das Wasserbecken vor dem Rathaus ist eine historische Kümpe. Links am Rathaus vorbei erreichen wir den Marktplatz mit dem schräg gegenüber liegenden Dom. Wir umrunden den Dom auf seiner

Neptunbrunnen

Turm-Seite und gelangen auf der anderen Seite zu den Kaiserpfalzen mit LWL-Museum und Bartholomäuskapelle. Geradeaus zwischen Kapelle und Dom liegt der Eingang zum Dom-Kreuzgang mit dem Drei-Hasen-Fenster.
Unsere Runde setzen wir fort, indem wir hinter der Bartholomäuskapelle links abbiegen an einer kleinen Rotunde vorbei. Der Fußwerk führt zum Quellbecken der Dielenpader, an dem wir rechts vorbeigehen.
An der nächsten Straße biegen wir links ab und folgen ihr um die Rechtskurve bis zum Adam-und-Eva-Haus an der nächsten Verzweigung.
Wir gehen zurück und biegen vor der Straßenkehre rechts ab in „Auf den Dielen" zwischen Fachwerkhäusern und dem Geißelschen Garten, der sich zwischen Dielen- und Rothobornpader erstreckt. Die T-Straße überqueren wir geradeaus und wählen leicht nach rechts versetzt den Rad-/Fußweg weiter entlang der Dielenpader. Wo wir auf dem Hinweg die Brücken über die beiden Paderkanäle überquert haben, biegen wir jetzt nach rechts ab und spazieren an der Paderhalle vorbei zum Womo-Stellplatz.

Südlich von Paderborn bietet der **Waldpark Haxtergrund** ein beliebtes Naherholungsziel. Hier gibt es Spazierwege, Waldlehrpfad, Geocaching-Lehrpfad, Gaststätte und Bistro mit Außenterrassen. Außerdem startet hier der Alte Pilgerweg Paderborn, ein 20 Kilometer langer Rundweg mit zehn Informationstafeln, der teilweise der „Via Regia" folgt (Parken GPS N 51°41'12.9" E 8°47'17.1").

Unsere Tour führt von Paderborn aus wieder nach Norden zum prächtigen **Schloss Neuhaus** mit Barock- und Landschaftspark, das im Gebiet des Zusammenflusses von Lippe, Pader und Alme liegt.

Schloss Neuhaus – Geschichtssplitter

Bereits im Jahr 1257 ließen die Paderborner Bischöfe hier eine Residenz errichten. Nach Streitigkeiten mit der Bürgerschaft der Stadt zogen sie 1370 endgültig nach Neuhaus. Aus dieser Zeit stammt der älteste Gebäudeflügel. Im 16. Jahrhundert wurde das Schloss zur heutigen, vierflügeligen Anlage mit Barockgarten ausgebaut im Stil der Weserrenaissance. Im Rahmen der Landesgartenschau 1994 wurden Schloss und Nebengebäude restauriert und Schloss- und Auenpark angelegt.

Schloss Neuhaus und sein Barockgarten

Das Schloss, das von Gräften umgeben ist, kann auf Fußwegen umrundet werden. Auf der Nordseite verfügt es über einen klassischen Barockgarten, der von ehemaligen Wirtschaftsgebäuden und der Schlosshalle begrenzt ist. Auf der Westseite befindet sich das **Naturkundemuseum im Marstall**. Im SchossSommer von Mai bis Oktober finden kulturelle Veranstaltungen statt auf der Freilichtbühne (Parken GPS N 51°44'39.7" E 8°42'27.0", über die blaue Brücke und dann geradeaus zum Schloss, am Kreis vor der Brücke nach Norden in den Auepark mit Skulpturen und Wasserspielen).

Das Naherholungsgebiet **Lippesee** ist unser nächstes Ziel. Ein fünf Meter hohes Wehr staut die Talsperre Sander-Lippe, so der offizielle Name. Am Nordufer gibt es verschiedenste Wassersport- und Freizeitmöglichkeiten, wie den kleinen Badestrand Salitos Beach mit Bistro, Segeln, Surfen, Tretbootfahren sowie einen WOMO-Stellplatz. Der Fußweg rund um den See, der teilweise auf Asphalt verläuft, ist 7,1 km lang. Im Nordbereich ist der Seezugang durch verschiedene Anrainer weitgehend

Am Lippesee – links: Salitos Beach , rechts: Blick über den See

verbaut. Wer also ans Wasser will, sollte sich am Badestrand vorbei auf den Weg Richtung Aussichtsplattform mit kleinem Strand und Südseite des Sees machen. Im See wird immer noch hochwertiger Kies abgebaut. Für die Befahrung des Sees mit eigenen Booten muss Gebühr bezahlt werden, Baden ist nur bei Salitos Beach erlaubt und Schwimmen im See verboten (Parken GPS N 51°45'41.8" E 8°40'55.5" am Strandbad, in der Saison oft voll - GPS N 51°45'11.1" E 8°40'13.5" Südufer bei Gut Lippesee).

(175) Offizieller WOMO-Stellplatz: Paderborn - Lippesee

GPS: N 51°45'38.6" E 8°40'40.4" Sennelagerstr. 62. **Max. WOMOs:** 10+.

Ausstattung: Keine.
Beschreibung: Bei der DLRG-Station am Nordufer des Lippesees, schön angelegt mit Wiesenstreifen und Bäumen, kein direkter Seezugang, Seeblick nur auf wenigen Plätzen, A33 ist nachts zu hören.
Preis: Kostenlos.
Anfahrt: Von Schloss Neuhaus auf der B 64 nach Delbrück, rechts nach Sande, der Sennelagerstraße folgen, an der Beschilderung Salitos / Eisklang rechts abbiegen zur Seestraße, dort direkt gegenüber.

(176) Offizieller WOMO-Stellplatz: Hövelhof - Apelhof

GPS: N 51°48'07.3" E 8°40'42.3", Paderborner Str. 172. **Tel.:** 05257 2232.
Ausstattung: Stellplatz am Campingplatz, Badesee mit Sandstrand, Sanitärgebäude, Kiosk mit Biergarten, V/E.
Beschreibung: Stellplätze auf WOMO-Platz oder Urlauberwiese, mit jungen Bäumen parzelliert.
Preis: Auf WOMO-Platz 10 € plus Strom, auf Urlauberwiese 5,50 € plus Erwachsener 5 €, Kind 4-16 Jahre 4 €, Dusche 0,7 €.
Anfahrt: An der Paderborner Straße Richtung Hövelhof, beschildert.

Jetzt fahren wir auf der Paderborner/Bielefelder Straße Richtung Schloss Holte-Stukenbrock. Wir rollen am westlichen Rand der Senne entlang und vorbei an mehreren Sehenswürdigkeiten.

Die Senne

Am Westhang des Teutoburger Waldes erstreckt sich zwischen Bielefeld und Paderborn die Heidelandschaft der Senne auf sandigem Boden. Von etwa 250 Quadratkilometern Gesamtfläche wird die Hälfte von britischen Streitkräften als Truppenübungsplatz genutzt.
Die Sande wurden beim Abschmelzen eines Gletschers vor etwa 200.000 Jahren in den südwestlichen, tiefer gelegenen Ebenen abgelagert und durch starke Winde zu Dünen aufgeschichtet. Nach der letzten Kaltzeit vor rund 10.000 Jahren bildeten sich auf dem nährstoffarmen Boden lichte Wälder mit kleinwüchsigen Bäumen. Wegen seiner Unfruchtbarkeit wurde der Raum erst ab dem 12. Jahrhundert langsam besiedelt entlang der Bachläufe. Durch Verbiss durch das Vieh und Holzeinschlag entstanden offene Heidegebiet. Die Ems entspringt in der Senne.

Der kleine Ort **Hövelhof** liegt am Rande der Senne. Im Ortszentrum befindet sich das Jagdschloss der Fürstbischöfe zu Paderborn, ein zweigeschossiger Fachwerkbau von 1661 mit diagonal gestellten Erkern an den Ecken. Das **Heimatzentrum Senne** im Ortsteil Bentlake zeigt in fünf Gebäuden die frühere Lebensweise in der Senne (N 51°49‘13.1“ E 8°40‘32.7“, Mi/Fr 14:00-17:00). Der Russenpatt verläuft parallel zur Bielefelder Straße Richtung Stukenbrock-Senne. Er besiegelte das Schicksal zehntausender russischer Kriegsgefangener, die mit dem Zug bis Hövelbrock gebracht wurden und von dort zum Lager „Stalag 326“ marschieren mussten.

(177) Offizieller WOMO-Stellplatz: Hövelhof - Bahnhof

GPS: N 51°49‘29.0“ E 8°39‘38.0“, Bahnhofstraße. **Max. WOMOs:** 6.
Ausstattung: Strom (Gebühr), Frischwasser und Toilette am Bahnhof.
Beschreibung: Einzelne Schotterplätze, durch Hecken getrennt, direkt an der Bahnlinie.
Preise: Kostenlos.
Anfahrt: Auf der Paderborner Straße in den Ort, an der Ampelkreuzung rechts auf Allee, 2. links Bahnhofstraße, am Bahnhof weiter geradeaus.

Typische Sennelandschaft: Sand und Heide, Birken und Kiefern

Einen Abstecher nach **Stukenbrock-Senne** sollten wir wegen des Zugangs zu den Emsquellen unternehmen, nach der Überquerung der A33 geht es rechts ab.

Ems-Erlebniswelt

Zuerst führt die Straße vorbei an der Gedenkstätte für das **Stalag 326**, in dem von 1941 bis 1945 russische Strafgefangene als Arbeitskräfte vor allem für das Ruhrgebiet unter fürchterlichen Bedingungen interniert wurden. Die Gedenkstätte liegt auf dem Gelände der Polizeischule und kann an einzelnen Tagen besichtigt werden, auch mit Führungen (Tage und Zeiten s. Internet).

Einige hundert Meter weiter informiert die **Ems-Erlebniswelt** mit einer kleinen Ausstellung und einem interaktiven Außengelände über den Flusslauf (April – Okt. Di-Fr 15:00-17:00, Sa/So 10:00-17:00, März/Nov. nur Sa/So, Eintritt frei).

An der Ems-Erlebniswelt vorbei führt der nächste Abzweig nach rechts zum Wanderparkplatz Emsquellen mit großem Spielplatz (GPS N 51°52'07.1" E 8°41'31.5"). Das Ems-Infozentrum, das mit der folgenden Wanderung aber auch mit dem Auto erreicht werden kann, ist Startpunkt des EmsRadweges, der über 386 km bis an die Nordsee führt.

Wanderung zu den Emsquellen, 4,8 km

Start Wanderparkplatz Emsquellen. Vom Parkplatz aus folgen wir der Zufahrtsstraße weiter Richtung Süden. Sie trifft auf den breiten Querweg Jägergrund, dem wir nach links folgen und um die anschließende Rechtskehre. Immer am Rand des Truppenübungsplatzes entlang wandern wir geradeaus, an einem Abzweig vorbei und in der Linkskehre ebenfalls geradeaus. Vorbei an einem Unterstand mit Picknickbänken biegen wir kurz vor der Aussichtplattform rechts ab und steigen über Stufen hinab zum Quellgebiet der Ems. Stege führen über den sumpfigen Grund. Auf der anderen Seite gehen wir wieder aufwärts und halten uns jetzt immer rechts am Holzzaun oberhalb der Ems entlang. Bei einem Fahrweg biegen wir rechts ab und überqueren die Ems an einer breiten, flachen Stelle, ein schöner Wasserspielplatz. An der nächsten T-Kreuzung nach links kommen wir zum Ems Infozentrum und zum Gartencafé Emsquellen. Von dort gehen wir zurück, biegen aber nicht rechts ab zur Brücke über die Ems, sondern wandern hier geradeaus weiter.

Die Emsquellen

Wir erreichen die Linkskehre, an der sich nach rechts der Unterstand und Zuweg zu den Quellen befindet. Hier nach links auf jetzt bekanntem Weg und nach der nächsten Linkskehre auf den Fahrweg nach rechts kommen wir zurück zum Parkplatz.

Zurück auf der Paderborner Straße kommen wir an zwei Campingplätzen vorbei.

(178) WOMO-Campingplatz: Schloss Holte-Stukenbrock - Am Furlbach

GPS: N 51°52'16.6" E 8°40'21.1", Am Furlbach 33. **Tel.:** 05257 3373.
Geöffnet: Ganzjährig.
Ausstattung: Saubere Sanitäranlagen, V/E.
Beschreibung: Sehr ruhige Lage im Grünen und von Wald umgeben.
Preis: WOMO 8/10 €, Person 4,50 €, Kind 1-17 Jahre 2-3 €, Dusche 1 €, Strom pauschal 2,50 €.
Anfahrt: An der Paderborner Straße, beschildert.
Hinweis: Der Sennesee mit Rundweg liegt in direkter Nähe.

(179) WOMO-Campingplatz: Schloss Holte-Stukenbrock - Jägerkrug

GPS: N 51°51'59.0" E 8°39'09.4", Am Furlbach 59a. **Tel.:** 0151 42802379.
Geöffnet: Ganzjährig.
Ausstattung: Imbiss mit Biergarten, kleiner Spielplatz.
Beschreibung: Der ehemalige Festcamper-Platz wird vom neuen Betreiber wieder komplett hergerichtet, schöne Lage im Grünen, in direkter Nähe der A 33.
Preis: WOMO 8 €, Person 4,50 €, Kind 3-15 Jahre 3 €, Strom 3,50 €.
Anfahrt: Von der Paderborner Straße links abbiegen Richtung Hövelriege, nach der Autobahnüberquerung zweite links (Alte Poststr.).

Als nächstes erreichen wir das **Safariland Stukenbrock**, das mit dem Slogan „Dein Afrika-Erlebnis in Deutschland" wirbt. Auf einer Fläche von 18 Hektar oder etwa 500x350 Metern leben die Tiere in Freigehegen, die auf asphaltierten Straßen befahren werden können und durch Sicherheitsschleusen getrennt sind. Da WOMO-Fahrer nicht mit dem eigenen PKW durch den Safaripark fahren können, bleiben die Touren im Safari-Bus und die VIP-Offroad-Ranger-Safari.

Ein Vergnügungspark und ein Indoor-Spielpark ergänzen das Angebot (10:00-18:00, Kassenschluss 16:00, an einzelnen Tagen geschlossen, Tagesticket 28,50, 3-12 Jahre 24,50, Safaribus 3,50, Parkplatz 3,50 €).

Schloss Holte

Der Doppelort **Schloss Holte-Stukenbrock** erstreckt sich östlich (Stukenbrock) und westlich (Schloss Holte) der A33. Das kleine Heimathaus Stukenbrock mit Ausstellung zum Leben in der Senne ist aktuell geschlossen.

Das **Jagdschloss Holte**, ein barockes Wasserschloss aus dem 17. Jahrhundert, ist in Privatbesitz, beherbergt Mietwohnungen und kann nicht besichtigt werden. Am besten lässt es sich für Womo-Fahrer betrachten bei einem Spaziergang durch den parkähnlich angelegten **Holter Wald**.

Spaziergang Erlebnispfad Holter Wald und Schloss Holte, 3 km

Parken hinter der Gesamtschule GPS N 51°54‘20.7“ E 8°36‘35.5“.
Vom Parkplatz gehen wir Richtung Schule und zur Dechant-Brill-Straße. An dieser biegen wir links ab, laufen auf dem Radweg vor den Schulgebäuden entlang und wählen den breiten Schotterweg nach rechts in den Wald. Zuerst entdecken wir das Bienenhaus, eine der zwölf Stationen des Erlebnispfades Holter Wald. An der nächsten Wegekreuzung biegen wir rechts ab, kommen an weiteren Stationen vorbei und zu einer T-Kreuzung. Hier verlassen wir den Erlebnispfad, gehen nach rechts und an der Schlossstraße nach links auf den parallelen Radweg. Vorbei am Holter Schlosskrug biegen wir in die nächste Straße nach links ein und kommen zum Eingangsportal des Jagdschlosses Holte.
Weiter auf dem Sträßchen wenden wir uns an der Holter Straße nach links, ebenfalls auf den Radweg. Vor den ersten Häusern auf der linken Seite biegen wir links ab. Am ersten Abzweig gehen wir geradeaus und am zweiten nach rechts. Jetzt spazieren wir an einem romantischen Teich entlang. Beim nächsten breiten Fußweg biegen wir rechts ab und in der Folge zweimal links, um so die meisten Erlebnisstationen zu sehen. Dann treffen wir auf eine T-Kreuzung, wo wir auf dem bereits bekannten Weg nach rechts und an der Straße nach links zum Parkplatz zurück gehen (Strecken zum/vom Schloss entlang Schloss-/Holter Straße 550 m/ 350 m auf Radwegen).

Am Erlebnispfad Holter Wald

(180) Offizieller WOMO-Stellplatz: Schloss Holte-Stukenbrock - Gewerbegebiet Am Sennebach

GPS: N 51°52'14.2" E 8°37'05.0", Liemker Str. 27. **Max. WOMOs:** 10.
Ausstattung: V/E, Strom (Gebühr).
Beschreibung: Wiese in der Ecke zweier Fabrikgebäude, wird auf zwei Seiten von hohen Wänden, auf den anderen von Hecke und Bäumen begrenzt, ruhige und sichere Übernachtung „ab vom Schuss".

Preis: 5 €.
Anfahrt: Von Schloss Holte auf der Dechant-Brill-/ im Verlauf Tenge-Rietberg-Straße nach Süden, an der T-Kreuzung rechts, links in zweite durchgehende Straße (nicht Sackgasse) St.-Michael-Str., T-Kreuzung rechts und nächste links, nach der Kreuzung hinter dem großen Parkplatz links und zur Gebäuderückseite fahren.

Fans der Sennelandschaft können noch einen Abstecher nach Augustdorf unternehmen. Hier liegt das **Augustdorfer Dünenfeld**, das von einem Aussichtsturm betrachtet werden kann. Der Erlebnispfad Augustdorfer Dünenfeld führt über 4,1 km durch den Kiefernwald. Er startet mitten in der Jugendsiedlung Heidehaus, wo es keinen Platz zum Parken eines WOMOs gibt. Deswegen können wir an der breiten Zufahrtsstraße beim Aussichtsturm parken und starten (GPS N 51°54'55.8" E 8°42'23.0"). Wir sollten die Karte oder einen gpx-track runterladen, denn der Weg ist nicht gut markiert (pdf mit vielen Informationen und Karte googlen „ Teutoburger Wald Duenenpfad").

Aussichtsturm

Jetzt erreichen wir wieder die Ausläufer von Bielefeld und beenden somit die letzte Tour dieses Reiseführers.

Ausrüstung

Für die beschriebenen Touren benötigen Sie keine besondere Ausrüstung, weder persönlich noch für's WOMO. Allerdings sollten Sie vorher überlegen, ob Sie wandern wollen und entsprechende Schuhe und Rucksack benötigen oder Packtaschen und Schlösser für eine längere Fahrradtour. Und natürlich die Standard-Ausrüstung des WOMOs überprüfen.

Baden, Wellness, Wassersport

In Münsterland und Teutoburger Wald gibt es viele Schwimmbäder, Bäder mit Saunabereichen und Kurbäder. Bringen Sie am besten Schwimmsachen, Saunahandtücher und Bademäntel mit, dann kann ein Schlechtwettertag wunderbar erholsam werden!

Wassersport kann an vielen Seen betrieben werden. Oft kann Material geliehen werden.

Campingplätze und offizielle Wohnmobilstellplätze

Im Buch sind die meisten Campingplätze und offiziellen Wohnmobilstellplätze verzeichnet, so dass Sie genug Auswahl haben ganz nach Ihren Wünschen und Vorstellungen. Offizielle Wohnmobilstellplätze gibt es in den meisten Orten, oft sind sie hübsch angelegt, bieten Ver- und Entsorgung und kosten wenig oder nichts. Campingplätze, die wir für wenig geeignet halten, sind nur im Text kurz erwähnt mit Begründung.

Bei den Wohnmobilstellplätzen rechnen wir aufgrund des Andrangs mit der Ausweisung weiterer offizieller Plätze, denn natürlich wollen die Gemeinden wissen, wo ihre Besucher übernachten. Offizielle Plätze bieten zudem Sicherheit.

Münsterland – Pferdeland

Essen und Trinken

Die Region ist relativ dicht besiedelt, so dass Einkaufen kein Problem darstellt. Ebenso gibt es in vielen Orten, auch den Kleineren, Gaststätten und Restaurants. Da hier die Geschmäcker sehr weit auseinandergehen, haben wir sie nur erwähnt, wenn sie in besonderem Zusammenhang zu einem Ausflugsziel oder einem Wohnmobilstellplatz stehen.

Parklandschaft unter Wolkenspiel

Freie Stellplätze

Da viele ehemals freie Stellplätze zu offiziellen Wohnmobilstellplätzen ernannt wurden und fast alle Orte Stellplätze ausgewiesen haben, ist die Anzahl freier Stellplätze nicht so hoch. Die freien Stellplätze dienen vor allem dazu, eine Übernachtungsmöglichkeit an Orten zu finden, in denen es keinen offiziellen Platz gibt. Sie dienen definitiv nicht zum Campen und zum längeren Aufenthalt.

Insofern ist der sehr verständliche Wunsch nach Reisen mit dem Wohnmobil und die aktuell große Zunahme an Wohnmobilfahrern für das freie Übernachten durchaus ein Problem. So sind sind zum Beispiel Wanderparkplätze in Naturschutzgebieten keine Übernachtungsplätze, und was passiert, wenn sich dort Nacht für Nacht WOMOs tummeln, muss ich wohl nicht weiter beschreiben.

Tatsächlich übernachten wir selbst am liebsten weit draußen in der Natur, weit ab vom Schuss und haben vor 20 Jahren ganze Reisen so verbracht. Heute aber, mit der Zunahme an Reisemobilen, haben wir dies deutlich eingeschränkt und orientieren uns unter anderem am Besucheraufkommen – was vielleicht außer der Saison geht, geht noch lange nicht in der Hauptsaison.

Weil mir dieses Thema persönlich sehr wichtig ist, hier noch eine kurze Geschichte: Auf unserer Marokkoreise 2008 standen wir mit einem Transit in einer der ganz offensichtlich ärmsten Gegenden Marokkos am Lake Tislit im Hohen Atlas, 12 € pro Nacht für zugegeben wenig Infrastruktur, eine absolut grandiose Aussicht und eine warmherzige Wirtin, die uns und unsere Kinder verwöhnte mit Selbstgebackenem und Resten vom Büfett der »Hotel«gäste. Dann kam ein nagelneues, vollausgestattetes Wohnmobil, die beiden Besitzer sprachen mit der Wirtin, fuhren weiter, und stellten sich 400 Meter entfernt an das weit einsehbare Seeufer. Die Wirtin erzählte uns, dass ihnen die 8 € pro Nacht für Zwei zu teuer waren. In diesem Moment habe ich mich für meine WOMO-»Kollegen« sehr geschämt.

Deshalb bitte ich Sie von Herzen: Nehmen Sie bei der Wahl eines freien Stellplatzes Rücksicht auf Ihre Mitmenschen und die Natur. Belegen Sie an einem Sommerbadetag keine fünf PKW-Stellplätze für den exklusiven Blick auf See oder Meer. Fühlen Sie sich nicht als Pächter des Platzes, auf dem Sie parken, sondern als Gast.

GPS / Navigation

Tatsächlich sind auch wir, alte Kartenliebhaber, heute mit Navi unterwegs, und das vereinfacht das Fahren sehr. Trotzdem sollten Sie die Orientierung auf einer Straßenkarte behalten. Gerade mit größeren Fahrzeugen sollten Sie zudem aufpassen, dass das Navi Sie nicht als »Abkürzung« über kleinste beziehungsweise einspurige Nebenstrecken schickt.

Bienenstöcke – Entdeckungen am Wegesrand

Kartenmaterial und Literatur

Ergänzend zu Navi und den Übersichtskarten im Buch sollten Sie Kartenmaterial an Bord haben. Da reicht für die Region auch ein einfacher, aktueller Straßenatlas von der Tankstelle. Wenn Sie sich ausbiebiger mit Münsterland und Teutoburger Wald beschäftigen wollen, gibt es Literatur aus allen Stilrichtungen, angefangen von Kunstreiseführern über Kochbücher bis zu Krimis mit Lokalkolorit.

Storch in frühjahrsnasser Wiese bei Coesfeld

Wer länger an einem Ort bleibt, dem sei unbedingt ein Stopp in der nächsten Tourist-Info empfohlen. Wir haben uns bemüht, Sie möglichst umfangreich zu informieren, aber natürlich haben die örtlichen Tourist-Informationen zusätzliche Tipps über die Region.

Kleingeld / Münzen

Viele Ver-/Entsorgungsautomaten, Stromsäulen und Bezahlstationen funktionieren mit Münzen. Sorgen Sie deshalb immer für einen ausreichenden Vorrat an 1 und 2 €-Münzen und 50 Cent-Stücken.

Naturschutzgebiete

Im Regierungsbezirk Münster gibt es 526 kleine und größere Naturschutzgebiete. Überrascht? Waren wir auch. Es lohnt sich, auch diese Seite des Münsterlandes kennenzulernen, wogegen Reisende im Teutoburger Wald eher mit »wilder« Natur rechnen. Viele Gebiete bieten sich an zum Spazierengehen und Wandern (siehe Wandern).

Reisezeit

Das Münsterland kann ganzjährig bereist werden. Ein Aufenthalt im Winter belohnt mit mehr Ruhe und anderen Landschaftseindrücken! In beiden Regionen fällt in der Regel nur vereinzelt und wenig Schnee. Übernachtungsmöglichkeiten werden oft ganzjährig bereit gehalten, siehe auch Öffnungszeiten bei Campingplätzen.

Diese Aussage trifft im Prinzip auch auf den Teutoburger Wald zu, der mit dem 446,6 m hohen Barnacken seine höchste Erhebung erreicht. Die Straßen sind allerdings kurvenreicher und es ist eher mit glatter Fahrbahn zu rechen, zum Beispiel wegen Bodenfrost oder Schneeresten im Schatten von Bäumen.

Radfahren

Das Münsterland ist ideales Radfahrerland mit vielen markierten Radwegen. Entlang größerer Verbindungsstraßen sind überwiegend getrennte Radwege angelegt und Städte achten auf radfahrerfreundliche Verkehrsführung. In den Touren sind verschiedene, beschilderte Radrouten und Themenrouten angeben, aber nicht detailliert beschrieben.

Ver- und Entsorgung

Bei den Stellplätzen sind Ver- und Entsorgungsmöglichkeiten angeben, Campingplätze verfügen normalerweise über entsprechende Möglichkeiten. Planen Sie also einen entsprechenden Boxenstopp immer rechtzeitig ein!

Wandern

Tatsächlich sind Münsterland und Teutoburger Wald ideale Wandergebiete. Auf die Menge an Naturschutzgebieten wurde ja schon hingewiesen! In diesem Buch sind immer wieder kurze »Schnuppertouren« beschrieben. Wer Interesse gefunden hat und mehr sehen möchte, dem empfehle ich meinen Wanderführer »Münsterland und Teutobuger Wald« im Conrad Stein Verlag, ISBN 978-3-86686-736-9. In 28 Wanderungen stelle ich die verschiedenen Naturräume der Region dar und lege den Fokus dabei auf die vielfältigen Naturschutzgebiete. Moore und Venngebiete, Wälder, Feuchtwiesen, renaturierte Flussauen und weite Aussichten erwarten Sie. Dabei wandern Sie einen Teil der Strecken auch durch die typische und ebenfalls eindrückliche Münsterländer Parklandschaft.

Wohnmobilfahrer

Als Wohnmobilfahrer haben wir nicht nur die Freiheit, mit dem eigenen Schneckenhaus auf Rädern von Ort zu Ort zu reisen, sondern auch Verantwortung gegenüber der bereisten Region und ihren Einwohnern. Dazu gehört selbstverständlich, jeglichen Müll mitzunehmen und vielleicht auch das Teil aufzuheben, das ein Vorgänger vergessen hat, sowie Entsorgung einzig an den dafür ausgewiesenen Stellen vorzunehmen. Genauso sollten wir Rücksicht nehmen auf unsere Mitmenschen, andere Reisende ebenso wie Einheimische. Zu diesem Thema habe ich schon etwas geschrieben unter »Freie Stellplätze«.

Lassen Sie uns als Mitglieder der großen WOMO-Gemeinde mit gutem Beispiel vorangehen! Ganz im Sinne von:

»Leave no trace, take only pictures!«

Stichwortverzeichnis

Sträßchen ins Recker Moor

Unser WOMO-Online-Service

Passend zu unseren Reiseführern bieten wir in unserem Shop unter **www.womo.de** an:

- Die **GPS-Koordinaten** zu allen Stell- und Campingplätzen unserer WOMO-Reiseführer.
- Die besten **Autokarten**, die garantiert die komplette Reiseroute abdecken.
- Von jedem Reiseland mindestens einen Rother-**Wanderführer** über die schönsten Wanderregionen.

WOMO-Verlag
An der Liethe 4
36452 Kaltennordheim
OT Mittelsdorf
verlag@womo.de
www.womo.de
036946/20691

Der WOMO-Knackerschreck

- ist die universelle und sofort sichtbare Einbruchssperre.
- Wird einfach in die beiden Türarmlehnen eingehängt, zusammengeschoben und abgeschlossen.
- Passend für Ducato, Peugeot, Renault Master, MB Sprinter bis 2018 und VW (alle Typen).
- Krallen aus 10 mm massivem, einbrennlackiertem Stahl, d. h. nahezu unverwüstlich.

Nur **59,90 €** – und nur bei **www.womo.de**

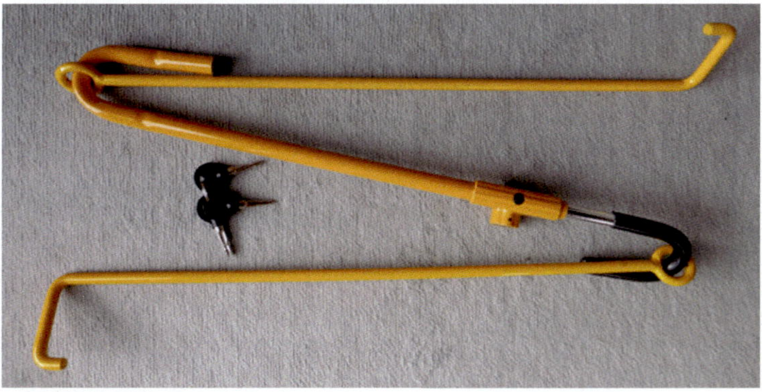

Alle WOMO-Reiseführer auf einen Blick

Wohnmobilhandbuch	Reinhard Schulz
Wohnmobilkochbuch	Waltraud Roth-Schulz
Albanien	Ulrike und Frank Staub
Allgäu	Heiner Newe und Heiderose Thomsen-Newe
Andalusien	Christian und Christina Winkler
Auvergne	Esther Vergenz
Baden-Württemberg	Heiner Newe und Heiderose Thomsen-Newe
Baltikum	Stefanie Holtkamp und Andrea Bergmann
Bayern Nordosten	Heiner Newe und Heiderose Thomsen-Newe
Bayern Nordwesten	Heiner Newe und Heiderose Thomsen-Newe
Bayern Südosten	Christian und Christina Winkler
Belgien/Luxemburg	Ulrike und Frank Staub
Bretagne	Anette Scharla-Dey und Franz Peter Tschauner
Burgund	Ralf Gréus
Dänemark	Anke Globi
Elsass	Ralf Gréus
England Norden	Christian und Christina Winkler
England Süden	Christian und Christina Winkler
Finnland	Uwe und Annegret Rohland
Französische Alpen	Heiner Newe und Heiderose Thomsen-Newe
Französische Atlantikküste Nord	Esther Vergenz
Französischer Jura	Heiner Newe und Heiderose Thomsen-Newe
Griechenland	Reinhard Schulz und Waltraud Roth-Schulz
Harz	Heiner Newe und Heiderose Thomsen-Newe
Heitere Wohnmobil Geschichten	Peter Simm und Silvia Sussmann
Hessen Teil 1	Anette Scharla-Dey und Franz Peter Tschauner
Hessen Teil 2	Anette Scharla-Dey und Franz Peter Tschauner
Hunsrück/Mosel/Eifel	Anette Scharla-Dey und Franz Peter Tschauner
Irland	Uwe und Annegret Rohland
Island	Alexander und Jutta Ramin
Korsika	Reinhard Schulz und Waltraud Roth-Schulz
Kroatien/Montenegro	Peter Simm und Silvia Sussmann
Languedoc/Roussillon	Ralf Gréus
Lothringen	Friedrich Riehl und Toshiko Riehl-Takada
Ligurien	Ralf Gréus
Lüneburger Heide	Heiner Newe und Heiderose Thomsen-Newe
Marokko	Ulrike und Frank Staub
Mecklenburg-Vorpommern Teil 1	Stefanie Holtkamp und Andrea Bergmann
Mecklenburg-Vorpommern Teil 2	Stefanie Holtkamp und Andrea Bergmann
Mittelitalien	F. Riehl und T. Riehl-Takada, Klaus Huber
Münsterland	Regina Stockmann
Namibia	Frank Linke und Ute Nast-Linke
Neuseeland Nordinsel	Dieter Giesen und Andrea Lossen
Neuseeland Südinsel	Dieter Giesen und Andrea Lossen
Niederlande	Friedrich Riehl

Weitere Informationen in unserem Buchshop unter **www.womo.de**

Nord-Frankreich	Esther Vergenz
Nord-Spanien	Reinhard Schulz und Waltraud Roth-Schulz
Normandie	Anette Scharla-Dey und Franz Peter Tschauner
Norwegen Norden	Reinhard Schulz und Waltraud Roth-Schulz
Norwegen Süden	Reinhard Schulz und Waltraud Roth-Schulz
Ostfriesland	Heiner Newe und Heiderose Thomsen-Newe
Ost-Spanien	Reinhard Schulz und Waltraud Roth-Schulz
Österreich Osten	Christian und Christina Winkler
Österreich Westen	Christian und Christina Winkler
Peloponnes	Reinhard Schulz und Waltraud Roth-Schulz
Pfalz	Ralf Gréus
Piemont/Aostatal	Ralf Gréus
Polen Norden	Nicola Kluftinger
Polen Süden	Helmut und Angelika Breidenbach
Portugal Norden	Stephanie Seufert
Portugal Süden	Stephanie Seufert
Provence Osten/ Côte d'Azur	Ralf Gréus
Provence Westen/ Côte d'Azur	Ralf Gréus
Pyrenäen	Andrea Bergmann und Stefanie Holtkamp
Rumänien	Christian und Christina Winkler,
Sachsen	Anette Scharla-Dey und Franz Peter Tschauner
Sardinien	Reinhard Schulz und Waltraud Roth-Schulz
Schleswig-Holstein	Heiner Newe und Heiderose Thomsen-Newe
Schottland	Uwe und Annegret Rohland
Schwarzwald/Bodensee	Ralf Gréus
Schweden Norden	Uwe und Annegret Rohland
Schweden Süden	Reinhard Schulz und Waltraud Roth-Schulz
Schweiz Osten	Andrea Bergmann und Stefanie Holtkamp
Schweiz Westen	Andrea Bergmann und Stefanie Holtkamp
Sizilien	Christian und Christina Winkler
Slowakei	Ulrike und Frank Staub
Slowenien	Peter Simm und Silvia Sussmann
Südafrika	Frank Linke und Ute Nast-Linke
Süditalien Osten	Reinhard Schulz und Waltraud Roth-Schulz
Süditalien Westen	Reinhard Schulz und Waltraud Roth-Schulz
Südtirol	Reinhard Schulz und Waltraud Roth-Schulz
Südwest-Frankreich	Stefanie Holtkamp und Andrea Bergmann
Thüringen	Katja Eisenschmidt
Toskana/Elba	Ralf Gréus
Trentino/Gardasee	Peter Simm und Silvia Sussmann
Tschechien	Steffen und Eva Peuker
Umbrien/Marken	Ralf Gréus
Ungarn	Peter Simm und Silvia Sussmann
Venetien/Friaul	Christian und Christina Winkler
Wales	Christian und Christina Winkler

Info-Blatt aus dem WOMO-Buch: Münsterland '22

Lokalität Seite Datum
(Stellplatz, Campingplatz, Wandertour, Gaststätte, usw.)
unverändert gesperrt/geschlossen folgende Änderungen:

Lokalität Seite Datum
(Stellplatz, Campingplatz, Wandertour, Gaststätte, usw.)
unverändert gesperrt/geschlossen folgende Änderungen:

Lokalität Seite Datum
(Stellplatz, Campingplatz, Wandertour, Gaststätte, usw.)
unverändert gesperrt/geschlossen folgende Änderungen:

Lokalität Seite Datum
(Stellplatz, Campingplatz, Wandertour, Gaststätte, usw.)
unverändert gesperrt/geschlossen folgende Änderungen:

Lokalität Seite Datum
(Stellplatz, Campingplatz, Wandertour, Gaststätte, usw.)
unverändert gesperrt/geschlossen folgende Änderungen:

Lokalität Seite Datum
(Stellplatz, Campingplatz, Wandertour, Gaststätte, usw.)
unverändert gesperrt/geschlossen folgende Änderungen:

Meine E-Mail:

Rückmeldung bitte per Post oder an die Autoren-E-Mail:
Autoren-E-Mail: **stockmann@womo.de**